MERIAN
Reiseführer

London

Die Autorin *Gina Thomas wurde 1957 als Tochter eines deutschen Vaters und einer englischen Mutter geboren. Sie studierte in London Geschichte und Kunstgeschichte und war sechs Jahre lang in der politischen Redaktion der »Frankfurter Allgemeinen Zeitung« tätig, bevor sie als Kulturkorrespondentin des Blattes nach Großbritannien entsandt wurde.*

TRAVEL HOUSE MEDIA

6 **MERIAN TOP TEN**
Höhepunkte der Stadt, die Sie gesehen haben sollten.

8 **Übersichtskarte**
London und Umgebung

10 **WILLKOMMEN**
»In London findet sich alles, was das Leben zu bieten hat.« Die Weisheit des Gelehrten Dr. Samuel Johnson aus dem 18. Jahrhundert bestätigt sich bis heute.

20 **Bilderbogen**
Die spektakulärsten Ausblicke, ungewöhnliche Ansichten.

30 **LITERARISCHE STIMMEN**
Das pulsierende Leben ihrer Heimatstadt faszinierte die Schriftstellerin Virginia Woolf ein Leben lang. Ihre Romane zeugen davon.

38 **DER GUTE TIPP VON MERIAN**
Autorenempfehlungen, mit denen Sie vor Ort mehr erleben.

40 **Hotels**
43 **Essen und Trinken**
44 **Einkaufen**
48 **Märkte**
50 **Sport und Erholung**

LEBENSADER Themse **Seite 10**

WÄCHTER des Tower **Seite 38**

GOURMETTEMPEL und mehr **Seite 90**

Sehenswertes 52
In-Treffs 53
Am Abend 55
Besondere Orte 58
Land und Leute 64

ZU GAST 68

Die besten Adressen für einen gelungenen Aufenthalt, besondere Gaumenfreuden, berauschende Einkaufserlebnisse oder bleibenden Kunst- und Kulturgenuss

Hotels 70
SPEZIAL Nobelresidenzen mit Stil 74
Essen und Trinken 82
SPEZIAL Dim Sum bis Grand Menu 90
Einkaufen 94
SPEZIAL Fortnum & Mason 100
Wellness und Beauty 104
Am Abend 108
Feste und Events 118

Britische MASSARBEIT Seite 128

BLICKPUNKTE 126

Ägyptische Sphinxe, Besenkammern und Napoleons Zahnbürste – Londons weit gestreute Denkmäler, Parks und Museen bergen viele Schätze und Geheimnisse.

Sehenswürdigkeiten 128
SPEZIAL Steinerne Witwentränen 132
SPEZIAL Die grüne Metropole 144
Museen 170
SPEZIAL Siegestrophäen 174
SPEZIAL Seemacht England 180

Exklusives PFERDERENNEN Seite 118

198 FOKUS
Hintergrundgeschichten, Porträts, Anekdoten: Hier finden Sie Amüsantes und Überraschendes rund um London und seine Bevölkerung.

200 **Savile Row – Eleganz für den Gentleman**
203 **Spitalfields**
204 **Ein Relikt aus Feudalzeiten – die Großgrundbesitzer**
206 SPEZIAL **Sibyllinische Spielregeln**
209 **Spione, die aus der Kälte kommen**
211 **Stadtbesichtigung: der 11er-Bus**
212 **Gedenken und Erinnerung**

214 GESTERN UND HEUTE
Von den alten Römern zum Finanzzentrum des 21. Jahrhunderts – Wege in die Geschichte einer Weltstadt.

218 **Geschichtstabelle**
226 SPEZIAL Das Mysterium Monarchie

232 REISE-SERVICE
234 **Wissenwertes von A–Z**
250 **Sprachführer**
254 **London kulinarisch**
256 **Glossar**

258 **Orts- und Sachregister**
262 **Bildnachweis**
264 **Impressum**

Titel: Soldat der Nationalgarde
Foto: Laif/Hemisphere

Liebevoll gepflegte TRADITION **Seite 198**

Symbole der MODERNE **Seite 214**

Stätten zum STAUNEN **Seite 170**

OASEN der Erholung **Seite 144**

MOBIL durch die Stadt **Seite 234**

ROUTEN UND TOUREN

Herausnehmbarer Stadtplan

im Maßstab 1 : 14.000 (vordere Tasche)

Karten und Pläne

London und Umgebung	8/9
Hampstead Heath	50
Tower of London	158
National Gallery	186
Boroughs	234
U-Bahn-Plan	248

Herausnehmbare Tourenkarten

(hintere Tasche)

Tower Bridge bis Canary Wharf	Tour 1
Primerose Hill und Regent's Park	Tour 2
Old Father Thames	Tour 3
Tempelritter und Juristen	Tour 4
Kulturbummel durch Hampstead	Tour 5
Auf den Spuren der Rothschilds	Tour 6

HINWEISE

Erläuterung der Symbole

(Familien-Symbol)	Für Familien und Kinder besonders geeignet
(Rollstuhl-Symbol)	Behindertengerechte Einrichtung
(Hunde-Symbol)	Hunde erlaubt
CREDIT	Alle Kreditkarten akzeptiert
(durchgestrichene Karte)	Keine Kreditkarten akzeptiert

Preise für eine Ü im DZ ohne F

••••	ab 185 £
•••	ab 150 £
••	ab 90 £
•	ab 40 £

Preise für Hauptgerichte ohne Getränke

••••	25–30 £
•••	15–20 £
••	10–15 £
•	Imbiss

Querverweise

in das Planquadrat der Übersichtskarte auf Seite 8/9, z. B. ➤ **W1, [c 3]** oder (mit Großbuchstabe) in das entsprechende Planquadrat des herausnehmbaren Stadtplans ➤ **[G 3]**

1 FORTNUM & MASON

Der Hoflieferant, der die Offiziere des Kolonialreichs mit Delikatessen versorgte, ist auch nach 300 Jahren Anlaufstelle für Gourmets und Liebhaber des urenglischen Afternoon Tea (S. 100).

2 KENWOOD HOUSE

Ein klassischer englischer Landsitz in unmittelbarer Stadtnähe mit allem, was dazugehört: herrschaftliches Haus, weitläufige Parklandschaft und eine bedeutende Bildersammlung (S. 143).

3 KEW GARDENS

Königliche Paläste, skurrile Prunkbauten, exotische Gewächse. In dem berühmten botanischen Garten wird bewahrt und geforscht, um die Pflanzenwelt vor den Folgen des Klimawandels und der Umweltverschmutzung zu schützen (S. 146).

4 WESTMINSTER ABBEY

Die gotische Prachtkirche ist seit Jahrhunderten Kulisse für Krönungszeremonien und Monarchenhochzeiten. Außerdem dient sie als königliches Mausoleum sowie als Grab- und Gedenkstätte für die Großen der Nation (S. 169).

5 BRITISH MUSEUM

Das ganze Wissen der Menschheit unter einem Dach zu vereinen – das war das Ziel des 1753 gegründeten Museums, dessen Schätze aus allen Weltkulturen zwei Millionen Jahre Geschichte umspannen (S. 171).

6 GREENWICH

Daniel Defoe nannte den edlen Vorort im Osten »den entzückendsten Erdfleck Großbritanniens«. In der ehemaligen Königsresidenz an der Themse liegen die Schlüssel zu Englands Rolle als Seemacht. Mit seinen prachtvollen Bauwerken, dem königlichen

Park und den Museen ist Greenwich einen Tagesausflug wert (S. 180).

7 NATIONAL GALLERY

Kaum eine andere Gemäldegalerie der Welt bietet einen derart anschaulichen Überblick über die Entwicklung der europäischen Kunst von der italienischen Renaissance bis zum frühen Picasso (S. 185).

8 TATE MODERN

Das imposante Kraftwerk am südlichen Themseufer, das die Kunst von 1900 bis zur Gegenwart beherbergt, ist mehr ein Erlebnis als ein Museumsbesuch. Norman Fosters Hightech-Millennium-Brücke verbindet die »Energie-Kathedrale« mit der Paulskathedrale. Am schönsten aber ist die Anreise mit dem Boot (S. 193).

9 SPITALFIELDS

Der Schmelztiegel Londons im Herzen des East End. Seit Jahrhunderten von Einwanderungswellen geprägt, ist das Viertel heute mit seiner brodelnden Mischung aus Sonntagsmärkten, Kirchen, Moscheen, Kunst und Lokalen der Inbegriff der multikulturellen Gesellschaft (S. 203).

10 ROYAL COURTS OF JUSTICE UND INNS OF COURT

Das Gericht für die wichtigsten Zivil- und Berufungsverfahren des Landes liefert den Stoff, aus dem Romane geschrieben sind. Es liegt in nächster Nähe zu den malerischen Inns of Court, den vier Kollegien, in denen die britische Anwaltschaft seit dem Mittelalter angesiedelt ist (Tour 4).

MERIAN TOP TEN
Höhepunkte der Stadt, die Sie gesehen haben sollten, siehe Seite 6/7
Kenton
Wembley
Golders Green
Hampstead
Hornsey
Tottenha
Stoke Newington
Camden Town
Islington
Willesden
Harlesden
Finsbury
Regent's Park
Paddington
Marylebone
s. rechts unten
Acton
City of London
Hyde Park
Hammersmith
Westminster
Chiswick
Kensington
Chelsea
Kew
Barnes
Fulham
Battersea
Camber
Mortlake
Clapham
Richmond
Putney
Brixton
Richmond Park
Wandsworth
Roehampton
Wimbledon Park
Upper Tooting
Streatham
Wimbledon
Kingston Upon Thames
West Norwood
Merton
Morden
Mitcham
A1
A41
A406
A40
A307
A3
A202
A2
A205
A24
A23
0
3 km
© MERIAN-Kartographie

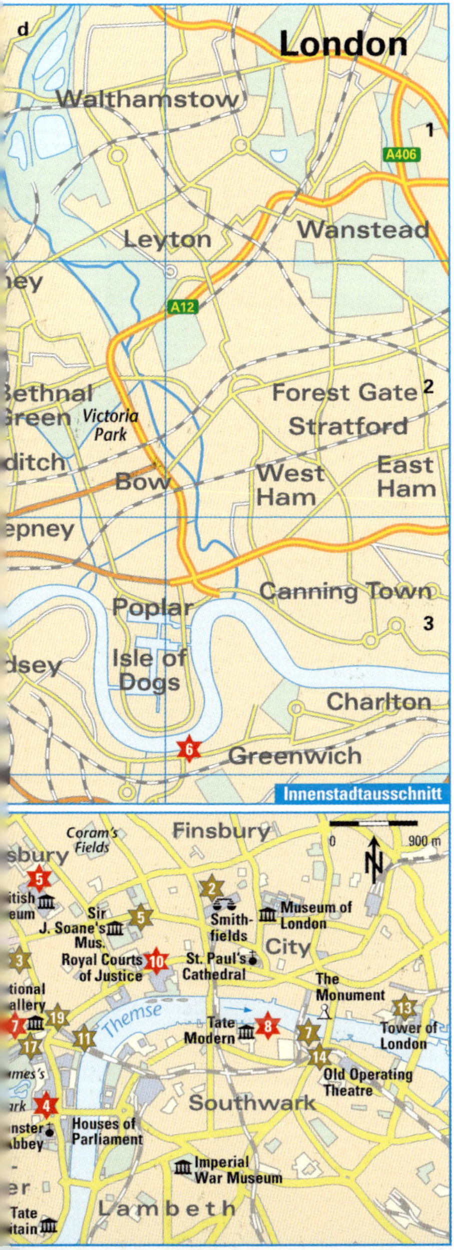

DER GUTE TIPP VON MERIAN

Autorenempfehlungen, mit denen Sie vor Ort mehr erleben, ab S. 38

HOTELS

1 Brown's Hotel, S. 41 ➤ [c 3] ➤ [F 4]

2 The Rookery, S. 42 ➤ [c 3] ➤ [J 3]

ESSEN UND TRINKEN

3 The Gay Hussar, S. 43 ➤ [c 3] ➤ [G 3/4]

EINKAUFEN

4 Marylebone, S. 44 ➤ [c 2/3] ➤ [E 2/3]

5 The London Silver Vaults, S. 46 ➤ [c 3] ➤ [H 3]

6 Books for Cooks, S. 47 ➤ [b 3] ➤ [westl. A 3]

MÄRKTE

7 Borough Market, S. 48 ➤ [c 3] ➤ [K 5]

SPORT UND ERHOLUNG

8 Hampstead Heath, S. 50 ➤ [b/c 1] ➤ [nördl. D 1]

SEHENSWERTES

9 D. R. Harris & Co, S. 52 ➤ [c 3] ➤ [F 5]

IN-TREFFS

10 The Wolseley, S. 53 ➤ [c 3] ➤ [F 5]

11 Gordon's Wine Bar, S. 54 ➤ [c 3] ➤ [G 5]

AM ABEND

12 The Electric Cinema, S. 55 ➤ [b 3] ➤ [westl. A 4]

13 Schlüsselzeremonie im Tower, S. 56 ➤ [d 3] ➤ [L/M4]

BESONDERE ORTE

14 The Old Operating Theatre, S. 58 ➤ [c 3] ➤ [K 5]

15 Regent's Canal, S. 59 ➤ [c 2] ➤ [westl. C 3]

16 Kensington Roof Gardens, S. 61 ➤ [b 3] ➤ [A 5/6]

17 Giros Grab, S. 62 ➤ [c 3] ➤ [F 5]

LAND UND LEUTE

18 The Royal Hospital, S. 64 ➤ [c 3] ➤ [D/E 7/8]

19 Pearly Kings and Queens, S. 66 ➤ [c 3] ➤ [G 4]

WILLKOMMEN IN LONDON

Die »wunderbare Unermesslichkeit« der Metropole versetzt Besucher schon seit Jahrhunderten in Staunen. Eine Zeit lang schien das ausufernde Flickwerk unter der Last der Geschichte zu bröckeln, aber jetzt strotzt die britische Hauptstadt vor Energie. Vergangenheit und Gegenwart führen ein dynamisches Zwiegespräch.

Von der Moderne zur Klassik: Die Millennium-Brücke verbindet Tate Modern mit St. Paul's.

Die funkelnden Neonlichter von Shaftesbury Avenue locken in die kommerziellen Bühnen des West End, wie das Theaterviertel heißt.

Einst nach London entsandte russische Spione bekamen einen London-Führer, der ganz auf

ihre Bedürfnisse zugeschnitten war. Er enthielt beispielsweise eine Liste von Kaufhäusern, Museen und U-Bahn-Stationen mit mehreren Eingängen, die es leichter machten, jemanden abzuhängen, wenn man beschattet wurde. Unter den Sehenswürdigkeiten eignete sich das Natural History Museum am besten für diesen Zweck. Als Treffpunkte wurden bestimmte Cafés und Sehenswürdigkeiten empfohlen, allerdings niemals an einem Sonntag. Generell sei es ratsamer, sich in den Vororten oder in der Provinz zu verabreden, wo die Polizei als weit weniger wachsam gelte. Vor allem aber wurde den Agenten geraten, den Süden Londons zu meiden, denn es sei das »englischste« Gebiet der Stadt und ein Fremder würde nur Misstrauen wecken, da nur wenige Ausländer dort hinkämen.

Das unlängst im britischen Staatsarchiv aufgetauchte Buch aus den späten 1930er-Jahren macht auf besonders prägnante Weise deutlich, wie sich London seit dem Zweiten Weltkrieg verändert hat. Bis in die 1980er-Jahre hinein war der Londoner Sonntag noch »von unausstechlicher Langeweile verpestet«, wie der tschechische Schriftsteller Karel Capek in den 1920er-Jahren und zahlreiche Besucher vor und nach ihm klagten. Die Stadt wirkte, zumal am Vormittag, wie ausgestorben. Seit der Lockerung der Ladenschlussgesetze in der Thatcher-Ära, einem Triumph der freien Marktwirtschaft, ist der Sonntag jedoch fast so betriebsam geworden wie jeder Werktag. Und im Süden Londons, wo der russische Geheimdienst fürchtete, dass seine Agenten auffallen würden wie bunte Hunde, drängt sich genauso wie in anderen Bezirken das Bild einer Vielvölkermetropole auf.

In London werden mehr als 300 verschiedene Sprachen und Dialekte gesprochen, der Schmelztiegel New York bringt es auf nur 200 Sprachen. Die Vielfalt der Identitäten und Kulturen, die das Wesen der britischen Hauptstadt mitbestimmt, war bei der Entscheidung für London als Standort der Olympischen Spiele 2012 denn auch ausschlaggebend. Jeder vierte Londoner ist im Ausland geboren, gegenüber jedem 20. zu Beginn

Nirgendwo auf der Welt sind so viele **Sprachen** vertreten wie hier – nicht einmal in New York

der 1990er-Jahre. Der im Nordwesten gelegene Stadtteil Brent, in dem ethnische Minderheiten einen höheren Bevölkerungsanteil haben als Weiße, gilt als einer der multikulturellsten Bezirke Europas. Dort leben fast 28 Prozent Asiaten, 20 Prozent Schwarze, 1,1 Prozent Chinesen und 3,7 Prozent Menschen gemischten Ursprungs. Wenn man auf der Straße zwei Passanten aus der Menge greifen würde, liegt die Wahrscheinlichkeit, dass sie unterschiedlicher ethnischer Herkunft sind, bei mehr als 80 Prozent.

Auch in London streben die einzelnen Zuwandernationen in bestimmte Stadtteile. Kilburn ist eine irische »Kolonie«, in Spitalfields macht sich die Präsenz der Bangladeschis bemerkbar, in Barnet die der Chinesen. Australier und Neuseeländer versammeln sich um Earl's Court, Polen um Ealing. Brixton ist karibisches Terrain, Dalston türkisches, Ladbroke Grove portugiesisches. In South Kensington, gelegentlich auch das 21. Arrondissement genannt, hat die hübsche Einkaufstraße Bute Street nahe der französischen Schule den neckisch-despektierlichen Spitznamen »frog's alley« bekommen, was so viel be-

Froschfressergasse und das 21. Pariser Arrondissement mitten in der britischen Metropole

deutet wie Froschfressergasse. Das Ballungsgebiet London zählt inzwischen als die siebtgrößte französische Stadt, in etwa vergleichbar mit Rouen, Lille oder Perpignan. Kein Wunder, dass Nicolas Sarkozy als Kandidat der Konservativen im Präsidentschaftswahlkampf 2007 eigens anreiste, um die im Exil lebenden Briefwähler zu umwerben. Der russische Geheimdienst müsste sich mittlerweile nicht mehr sorgen, dass seine Spione aus dem Rahmen fallen könnten. Russen sind, vor allem dort, wo es am teuersten ist, in derart großer Zahl vertreten, dass London mitunter scherzhaft als Londonski bezeichnet wird, sofern wegen der islamischen Einwanderer nicht von Londonistan die Rede ist. London war schon immer ein Magnet nicht nur für Ausländer, sondern auch für Briten aus den Regionen, die sich von den glitzernden Lichtern der Großstadt angezogen fühlten. Zu Beginn des 20. Jahrhunderts behauptete ein Reiseführer, die Stadt habe »mehr Schotten als Edinburgh, mehr Iren als Dublin, mehr Juden als Palästina und mehr Katholiken als Rom«. Im Laufe der Jahrhunderte gibt es kaum einen bedeutenden Briten, aus welchem Bereich auch immer, der sich nicht zu irgendeinem Zeitpunkt seines Lebens in London aufhielt. Es ist bezeichnend, wie stark das durch die Malerei und die Literatur beschworene Bild Londons von Nichtlondonern geprägt wurde.

Die Ansichten des Böhmen Wenceslas Holler, des Venezianers Canaletto, des Franzosen Claude Monet, des Amerikaners James Abbott McNeill Whistler oder

»God Save the Queen«. Jubel und Union Jack für Elisabeth II. bei einem Besuch im East End

der in Deutschland geborenen Maler Walter Sickert und Frank Auerbach gehören zu den nachhaltigsten Darstellungen der Metropole. Sir Arthur Conan Doyle und Robert Louis Stevenson, die mit den Sherlock-Holmes-Abenteuern und der Geschichte von Dr. Jekyll und Mr. Hyde, die romantisch-schaurige Vorstellung der in dichten Nebel gehüllten Straßen genährt haben, waren Schotten. Das Gleiche gilt für J.M. Barrie, dessen Peter Pan seine ewige Jugend in Kensington Gardens verbringt, wo sein Denkmal Generationen von Kindern anzieht. Das Werk kaum eines Autors ist so eng mit London verwoben wie die Romane von Charles Dickens, der in Portsmouth geboren wurde. Das Blumenmädchen Eliza Doolittle, das den Inbegriff des kessen Cockney-Wesens verkörpert, ist die Kreation des Iren George Bernard Shaw, dessen Bühnenstück »Pygmalion« als Vorlage für den Film »My Fair Lady« diente. P.L. Travers, Schöpferin des ebenfalls durch den Film weltberühmt gewordenen zauberkräftigen Kindermädchens Mary Poppins, stammte aus Australien.

Trotz seiner zahlreichen Sehenswürdigkeiten ist London als Ganzes genommen keine schöne Stadt wie Paris oder Rom. Der Zauber liegt, wie schon Theodor Fontane bemerkte, in der »Massenhaftigkeit«. Beim Anblick Londons werde man von demselben Gefühl überwältigt wie beim ersten Anschauen des Meeres, fand der preußische Schriftsteller vor mehr als 150 Jahren. »Die überschwängliche Fülle, die unerschöpfliche Masse – das ist die eigentliche Wesenheit, der Charakter Londons. Dieser tritt einem überall entgegen. Ob man von Paulskirche oder der Greenwicher Sternwarte herab seinen Blick auf dies Häusermeer richtet, ob man die Ci-

Alles in Hülle und Fülle – das **beeindruckte bereits** Fontane am meisten an dieser Stadt

tystraßen durchwandert und von der Menschenwoge halb mit fortgerissen, den Gedanken nicht unterdrücken kann, jedes Haus sei wohl ein Theater, das eben jetzt seine Zuhörerschwärme wieder ins Freie strömt, überall ist dies die Zahl, die Menge, die uns Staunen abzwingt.«

Hermann Fürst von Pückler-Muskau, der in den späten 1820er-Jahren Großbritannien durchreiste auf der Suche nach einer reichen Erbin, deren Vermögen seinen mit Schulden belasteten Besitz retten sollte, war ähnlich beeindruckt von dem »Labyrinth der unermesslichen Stadt«.

Das ausufernde Flickwerk aus Dörfern, die nach und nach vom Stadtdschungel annektiert worden sind, versetzt den Besucher auch heute in Staunen. Im Jahr 1800 lagen acht Kilo-

Die Millionenstadt wächst **unaufhaltsam und umfasst** inzwischen 1600 Quadratkilometer

meter zwischen dem östlichen und dem westlichen Stadtrand. Die Entfernung von Norden bis Süden betrug nur drei Kilometer. Hundert Jahre später war die Bevölkerung Großlondons von rund einer Million auf mehr als sieben Millionen gewachsen, und der Durchmesser hatte sich auf 27 Kilometer ausgedehnt. Inzwischen deckt die von der Ringautobahn M25 wie von einer Stadtmauer umfasste Fläche rund 1600 Quadratkilometer ab.

Dennoch sind es gerade die kleinen Winkel und Gassen, die überraschenden Entdeckungen abseits der ausgetretenen Touristenpfade, die den ganz besonderen Reiz Londons ausmachen. Es gebe in dieser Stadt »so viel terra incognita (unerforschtes Land), dass man, auch nur vom Zufall geführt, stets etwas Neues und Interessantes darin antrifft«, berichtete Pückler-Muskau nach Hause. Und Dr. Johnson, der unnachahmliche Lexikograf des 18. Jahrhunderts, von dem der oftmals zitierte Satz stammt: »Wenn ein Mensch Londons überdrüssig ist, ist er des Lebens überdrüssig, denn in London findet sich alles, was das Leben zu bieten hat«, riet: »Sir, wenn Sie ein richtiges Gefühl für die Größe dieser Stadt gewinnen wollen, dürfen Sie sich nicht mit der Besichtigung ihrer großen Straßen und Plätze zufrieden geben, vielmehr müssen Sie die zahllosen kleinen Gassen und Höfe mustern. Die wunderbare Unermesslichkeit Londons

Improvisierte Architektur: eine typisch vorstädtische Geschäftszeile in Clapham, südlich der Themse

besteht nicht aus der prunkenden Entwicklung ihrer Bauten, sondern aus der Vielzahl, dicht aneinander gedrängter menschlicher Behausungen.«

Schicht um Schicht wird die Londoner Geschichte freigelegt und bestaunt

Die Dichte und die Vielfalt der Stadt, die immer wieder vermochte, sich neu zu erfinden, erinnert an die Abfolge von Gesteinsschichten in der Geologie. Diese stratigrafische Entwicklung lässt sich besonders anschaulich bei dem von Sir Norman Foster 2005 für die internationale Anwaltskanzlei Allen & Overy fertiggestellten Bürokomplex in Spitalfields nachvollziehen. Am Eingang in Bishop's Square blickt man durch den Glasfußboden in die mindestens 700 Jahre alte Geschichte. Dort liegen Überreste eines mittelalterlichen Leichenhauses in der Krypta einer Kapelle des Klosters St. Mary's Spital, das dem Viertel seinen Namen gab. Es diente als Verwahrungsort von Gebeinen, die beim Ausheben von neuen Gräbern zutage traten. Nach der Auflösung der Klöster durch Heinrich VIII. 1539 wurde das Gebäude als Wohnhaus genutzt. Um 1700 wurde die Kapelle zerstört, die Krypta mit Erde zugeschüttet und das Grundstück neu bebaut. Zu Beginn des 20. Jahrhunderts mussten diese Häuserreihen wiederum Lagerräumen für den Markt von Spitalfields weichen, und nun ist an derselben Stelle das gläserne Hauptquartier von Allen & Overy entstanden. Bei den anlässlich der Bauarbeiten unternommenen Ausgrabungen haben Archäologen neben einem Sarkophag mit einem reich verzierten Sarg aus Blei, in dem eine junge Römerin ihren Kopf auf Lorbeerblättern ruhte, andere Überreste entdeckt, die darauf deuten, dass sich hier schon eine römische Grabstätte befand. Zwischen den Steinplatten in Bishop's Square sind zwölf Glaspaneele eingelassen, unter denen Gegenstände zu besichtigen sind, die auf der Baustelle entdeckt wurden, darunter Tonröhren aus dem 18. Jahrhundert und eine bemalte Kachel. So hat man an einem Fleck eine sichtbare Zeitleiste, die Geschichte greifbar macht und zeigt, wie jede Epoche der Stadt ihren Stempel aufprägt.

Die unzähligen in den Himmel emporragenden Kräne zeugen von der Bauwut, die der Skyline das Profil einer Metropole des 21. Jahrhunderts geben wird. Noch in den 1980er-Jahren schien es unwahrscheinlich, dass London gesunden würde nach dem Niedergang des Hafens und dem Wandel von der boomenden Industriehauptstadt einer Weltmacht zum reinen Dienstleistungsunternehmen. Ein einziger klobiger Wolkenkratzer aus den 1970er-Jahren erhob sich in der City über dem mittelalterlichen Straßengeflecht. Dann kam 1986 die Liberalisierung des Finanzwesens, die dem maroden Greis neues Leben einflößte. Nicht umsonst erhielt diese Reform den Beinamen »Big Bang« (Urknall). Unterdessen hat Sir Norman Foster der Londoner City mit dem markanten elliptischen Turm, »erotische Essiggurke« genannt, ein neues Wahrzeichen gegeben, das der Dynamik im Finanzwesen sichtbaren Ausdruck verleiht. Weitere Wolkenkratzer renommierter Architekten wie Sir Richard Rogers und Renzo Piano befinden sich im Bau oder in der Planung. London blickt kraftstrotzend in die Zukunft.

Architekten wie Rogers, Piano **und Foster geben** der Stadt eine neue markante Skyline

Die amerikanische Schauspielerin Bette Midler witzelte einmal: »Wenn in New York drei Uhr ist, ist in London 1938.« Das hat sich infolge der durch »Big Bang« bewirkten Öffnung gegenüber dem globalen Wettbewerb dramatisch geändert. Früher war England eher »das Land ohne Essen«, als jenes »Land ohne Musik«, als das es oftmals abgetan wurde. Mit der kulturellen Vielfalt hat sich die aufstrebende Restaurantszene zum allgemeinen Staunen internationales Renommee verschafft. Eine amerikanische Zeitschrift erklärte London sogar zur Gourmethauptstadt der Welt. Auch die zeitgenössische Kunstwelt strotzt vor Kraft. Die 2003 lancierte Frieze-Kunstmesse, die Spitzensammler und Galeristen jeden Herbst in ein Zelt im Regent's Park lockt, hat sich mit einer raffinierten Mischung aus Improvisationsgeist und Werbegeschick als glamouröses Ereignis etabliert. Vom allgemeinen Fieber erfasst gaben Sammler in einer einzigen Woche im Dezember 2006 bei den Auktionshäusern Sotheby's und Christie's 400 Millionen Pfund für moderne Kunst aus. Einst verrufene Viertel wie Hoxton im Osten oder das desolate Bankside an der Südseite der Themse, die als Fremdland galt, wohin sich Taxifahrer ebenso ungern wagten wie russische Spione, sind Anlaufstellen für hippe Bars, Galerien und Geschäfte geworden.

»Das gute altmodische, gemächliche, traditionelle London ist eine Legende, die wir erfolgreich an Ausländer – und an uns selber verkauft haben«, erkannte der Schriftsteller V. S. Pritchett schon vor 50 Jahren. Statt sich auf den Lorbeeren der Vergangenheit auszuruhen, hat London wieder eine Vorreiterrolle eingenommen. Es swingt, wie in den 60er-Jahren.

Blick von Norman Fosters 30 St. Mary Axe im Herzen der City auf die Hochhäuser der neuen Bürostadt im ehemaligen Hafengebiet

POMP AND CIRCUMSTANCE

Alle Jahre wieder: Bei der Militärparade zum offiziellen Geburtstag der Königin im Juni ziehen die Regimenter alle Register.

AUS DER VOGELPERSPEKTIVE

In den Kapseln des Riesenrads London Eye schweben die Gäste in 135 Meter Höhe und schauen bei klarer Sicht bis zu 40 Kilometer weit nach Windsor.

DOLCE VITA AN DER THEMSE

Zur Kuppel der St. Paul's Cathedral gesellen sich immer mehr Hochhäuser, die das Stadtbild verändern. Logenplätze gibt es im achten Stock des Oxo Tower.

GELEHRTENREPUBLIK

Bis zum Jahr 2000 war der Innenhof des British Museum ein Lagerraum, vollgestellt mit Bücherregalen, heute bildet er den größten überdachten Platz Europas.

MUT ZUR EXTRAVAGANZ

Grelle Farben zu traditionellem Schnitt. Der Stardesigner Ozwald Boateng verjüngt das Image der Herrenschneider von Savile Row.

HAVANA
CIGAR
HAVANA
CIGAR
SUN-MAID RAISINS
BARKING R. ALDGATE
BANK CANNON ST
STRAND REGENT ST
MARBLE ARCH
PRAED STREET
WESTBOURNE G
DRIVE
SLOWLY
FRANK MORTIMER
MASONRY CONTRACTORS
XK 530
AËRATED

LITERARISCHE STIMMEN

Für Virginia Woolf (1882–1941) war London mehr als eine Leidenschaft. In ihrer Vitalität, ihrer Eigenart und ihrer unerschöpflichen Reichhaltigkeit verkörperte die Stadt für die Schriftstellerin das Leben schlechthin. Wie Äußerungen in Briefen, Tagebüchern, Aufsätzen und Romanen belegen, betrachtete sie London als den Nabel der Welt. Dort kam sie sich vor wie »auf dem obersten Kamm der höchsten Welle – ganz am Drehpunkt und mitten im Geschehen«.

Virginia Woolf: Mrs Dalloway, herausgegeben und kommentiert von Klaus Reichert, Deutsch von Walter Boehlich, Fischer 2006

So präsentierte sich das von Virginia Woolf geliebte London um 1920 (Leadenhall Street).

Virginia Woolf lässt in ihrem Buch »Mrs Dalloway« die Protagonistin die Auslagen von Hatchard's studieren (S. 96).

In keinem der Bücher von Virginia Woolf drängt sich die tiefe Verbundenheit mit

ihrer Geburtsstadt derart auf wie in »Mrs Dalloway«, jener assoziativen Erzählung eines einzigen heißen Junitages des Jahres 1923, in der die verschiedenen Stränge der Handlung zusammengehalten werden durch die jeweils aus einer anderen Perspektive erlebte »Ebbe und Flut der Dinge« in den Straßen Londons und durch den Glockenschlag von Big Ben, der die vergehende Zeit markiert. Clarissa Dalloway, eine Frau von über fünfzig Jahren aus gehobenen Kreisen, wohlhabend, labil und einsam trotz der Lunch- und Dinnergesellschaften, mit denen sie ihr Leben füllt, bäumt sich in Erwartung des Geräusches auf: »Da! Voll dröhnte er. Erst eine Warnung, melodisch; dann die Stunde, unwiderruflich. Die bleiernen Kreise lösten sich auf in der Luft.«

Das Glücksgefühl, das dieses Läuten in ihr, und wie sie vermutet, in allen Menschen weckt, lässt Mrs Dalloway über die Ursache nachdenken, und kaum, dass sie sich die Frage gestellt hat, findet sie die Antwort:

»**In den Augen der Leute**, in dem Schwung, Schritt und Gang; in dem Brüllen und dem Tosen; den Kutschen, Automobilen, Omnibussen, Lieferwagen, **den schlurfenden und schwankenden** Sandwichmännern; den Blaskapellen;

den Drehorgeln; in der Glorie und dem Klingeln und dem seltsamen hohen Singen eines Aeroplans da oben war, was sie liebte; Leben; London; dieser Juni-Augenblick.«

Es war gerade die Unruhe, das pulsierende Leben der Metropole, das Virginia Woolf beflügelte. Wie Mrs Dalloway ging sie lieber in London spazieren als auf dem Lande, und je weiter sie sich von der Stadtmitte entfernte, desto unglücklicher war sie. Sie schöpfte beim Schreiben von der »göttlichen Lebenslust« Londons und war zugleich derart davon erschöpft, dass ihr Ehemann Leonard Woolf sie phasenweise von der Stadt fernhielt, weil er fürchtete, dass die Anregungen das prekäre geistige Gleichgewicht seiner schwer depressiven Frau gefährdeten. Im Vorort Richmond kam sich Virginia Woolf vor wie im Exil, und sie war beglückt, wenn sie mit der Untergrundbahn einen Tagesausflug in die Innenstadt machen durfte. So sehr sie die reinere Luft im Grünen genoss, vermisste sie »das Leben« und bedrängte ihren Mann, wieder nach Bloomsbury zu ziehen. »Seltsam, wie oft ich mit einem Gefühl, das wohl Liebe ist, an die City denke, an den Spaziergang zum Tower; das ist mein England«, schrieb sie 1940, als die deutschen Luftangriffe sie nach Sussex vertrieben hatten. Dabei hing sie an dem kleinen Haus inmitten der Sandbänke und Flussauen, das Leonard und sie 1919 als Klause gekauft hatten. Sie brauchte die Ruhe auf dem Land und sehnte sich zugleich nach dem Trubel der Stadt.

Einen Vers des Loblieds eines schottischen Renaissancedichters auf die »Blume aller Städte« aus dem Kopf nicht ganz richtig zitierend, schwärmte sie bei ihrer Rückkehr nach der einzigen längeren Abwesenheit von der Metropole:

»London, Du bist ein Juwel unter Juwelen, und der Jaspis unter den Freuden – Musik, Gespräch, Freundschaft, Stadtansichten, Bücher, das Verlagswesen, **etwas Zentrales und Unerklärliches.«**

London spielt im Leben von Virginia Woolf die Rolle eines Geliebten, der Gefühle höchsten Glücks erzeugt, sie immer aufs Neue beschwingt und ihre Kreativität fördert. Sie war fasziniert von der Themse, die mal »ein opulentes Purpur, mal schlammfarben, mal sprudelnd blau wie das Meer« war, und liebte den Anblick von der Waterloo-Brücke, mit den »Wohnungen und Kirchen und Hotels von Westminster«, die manchmal im Nebel den Umrissen von Konstantinopel glichen. Sie war beeindruckt von der »farblosen Gemütsruhe« der »majestätischen« St. Paul's Cathedral und gerührt von der Westminster Abbey, die »verschlissen, rastlos und animiert« wirke.

Virginia Woolf liebte auch Speakers' Corner, »die kahle, gescheuerte Fläche bei Marble Arch, wo sich die Redner versammeln«. Sie verglich die »falsche Pracht und Grelle« der Oxford Street mit einem »Kiesbett, dessen Steine durch einen hellen Bach blank gewaschen werden. Alles glitzert und funkelt«. Die Einkaufsstraße wirkte auf sie wie ein riesiges Fließband, »eine Brutstätte, ein Treibhaus für Sensationen. Grässliche Tragödien scheinen nur so aus dem Pflaster hervorzusprießen!« Bloomsbury, wo sie an verschiedenen Adressen jahrelang wohnte, ließ ihren Puls schneller schlagen. Gemessen am lieblichen Richmond fand sie das Viertel »wild, voll Verachtung und steinherzig«, aber aufgrund seiner Vitalität dennoch unglaublich schön. Chelsea hingegen war ihr zu mondän, Kensington, wo sie aufgewachsen war, zu vornehm, Hampstead zu voll von edler Gesinnung. Für die Außenbezirke hatte sie noch weniger übrig. In Putney am südlichen Themseufer betrübten sie die von Villen gesäumten Straßen, in denen vor jedem Haus ein beschnittener Baum aus einem dem Bürgersteig entnommenen Quadrat wachse, mehr als die Slums, und in Highgate rümpfte sie die Nase über »die vorstädtischen Straßen und feuchten Büsche, die im

Vorgarten wachsen, und die absurden Namen, die mit weißer Farbe an die Tore jener Gärten gemalt sind«. An der U-Bahn-Station Piccadilly Circus »kommt alles, was begehrenswert ist, zusammen«, lässt sie eine ihrer Figuren in dem Roman »Die Wellen« denken:

> »Ich stehe für einen Moment unter dem Bürgersteig im Herzen Londons. **Unzählige Räder eilen und Füße drängen** direkt über meinem Kopf. Die großen Alleen der Zivilisation treffen hier aufeinander und stoßen in diese und jene Richtung aus. **Ich bin im Herzen des Lebens.«**

Virginia Woolf hat die Enge selbst der feineren Wohngegenden beschrieben, wo man den Menschen in den Zimmern auf der gegenüberliegenden Straßenseite direkt in die Augen schauen kann, und den Buckingham Palace, »der sich wie eine alte Primadonna dem Publikum ganz in Weiß zeigte«. Wie Clarissa Dalloway hat sie »komische kleine Szenen« vom Oberdeck der Busse beobachtet und mit einem ausgeprägten Sinn für die Vergangenheit der Stadt über die »verknoteten Wurzeln endloser Zeitalter und Skelette und Schätze« nachgedacht, die unter dem Pflaster liegen. Die Geschichte hielt die Schriftstellerin in ihrem Bann. In der Rezension eines Buches über London bemerkte sie:

> **»Von den Knochen ausgestorbener Monster,** den Münzen römischer Kaiser in den Kellern bis hin zum Namen des Ladenbesitzers über der Tür **ist die ganze Geschichte fesselnd** und das Material endlos.«

Nachmittags, vorzugsweise »in der Zeit zwischen Tee und Abendbrot«, schlenderte sie gern dem Sonnenuntergang entgegen. Sie pflegte stundenlang durch die Straßen zu wandern und das »unerforschte Land« zu erkunden, die »Dinge, die man sieht & die man errät –, das Durcheinander & die Aufregung & die Geschäftigkeit überall«, wie sie in ihrem Tagebuch notierte. Sie beobachtete alles und brachte es mit gestochener Schärfe in ihre Bücher ein. Während sie sich auf diesen Spaziergängen dem Sog einer »Unzahl von Eindrücken« hingab und über den Zeilen brütete, die sie am nächsten Morgen zu Papier bringen wollte, begegnete sie in den schmalen Gassen der City, in Regent's Park oder auf den Bürgersteigen nahe ihrer Leihbibliothek am St. James's Square auf Schritt und Tritt den Geistern früherer Epochen. Virginia Woolf ist sich stets bewusst, wie ein Menschenleben im Angesicht der Geschichte zur Bedeutungslosigkeit schrumpft. »London hat viele Millionen junger Männer mit dem Namen Smith verschlungen; hatte nichts im Sinne mit fantastischen Vornamen wie Septimus, mit denen ihre Eltern sie auszuzeichnen im Sinne hatten«, schreibt sie in »Mrs Dalloway«. Bei anderer Gelegenheit reflektiert die Autorin:

»**Wo einst William Shakespeare** und Ben Johnson sich begegneten und einander ihr Herz ausschütteten, hasten und **hetzen heute Mr Smith und Miss Brown** zu Tausenden vorüber,

schwingen sich aus Autobussen, tauchen in Untergrundbahnen ab. Es sind offensichtlich zu viele, sie sind zu klein, einander zu ähnlich, um alle einen Namen für sich, einen besonderen Charakter und ein eigenes Leben zu haben.«

In »Mrs Dalloway« hat Virginia Woolf ein besonders einprägsames Bild für den unerbittlichen Gang der Zeit gefunden: eine ausgemergelte alte Frau, die gegenüber der U-Bahn-Station Regent's Park mit zittriger Stimme und mit nach Kupfermünzen ausgestreckter Hand von Liebe singt, als sei sie schon dagewesen »als das Pflaster Gras war, als es Sumpf war, hinweg über das Zeitalter der Stoßzähne und Mammuts«. Einige Jahre zuvor war Virginia Woolf in einer Londoner Straße eine blinde Bettlerin aufgefallen, die ein Lied sang. In ihr Tagebuch schrieb sie:

»**Sie hatte eine Sorglosigkeit an sich,** ganz im Geiste Londons. Trotzig – fast heiter, ihren Hund umklammernd, wie um sich zu wärmen. Wie viele Junis hat sie da gesessen **im Herzen Londons?**«

Vieles hat sich freilich verändert seit Virginia Woolfs Zeiten. Stadtteile wie Notting Hill Gate, Covent Garden und Fulham, die sie als Slums abtut, gehören heute zu den begehrtesten Vierteln der Stadt. Der Buchladen Hatchard's, in dessen Schaufenster Mrs Dalloway blickte, steht noch, aber einen Fischladen wie in dem Roman gibt es inmitten der teuren Geschäfte in der Bond Street schon lange nicht mehr, und das »lautlose Hin und Her von beschürzten, weißhäubigen Dienstmädchen durch Schwingtüren« gehört ebenfalls der Vergangenheit an. Aber das brodelnde Wesen Londons, das Virginia Woolf mit ihrer poetischen Sprache erfasst hat, ist geblieben, und dem Besucher wird kaum anders zumute sein als dem Schriftsteller Neville in »Die Wellen«, der sich der Stadt gespannt nähert und sich fragt, welche Abenteuer ihn dort in der wimmelnden Masse erwarten.

Die in den 1920er-Jahren gefeierte Schriftstellerin Virginia Woolf gilt als eine Vorreiterin der modernen Frauenbewegung. Sie war schwer depressiv und wählte 1941 den Freitod.

DER GUTE TIPP VON MERIAN

In London einzutauchen heißt überall auf Historisches und Skurriles zu stoßen. Die Stadt bietet in ihrer unermesslichen Vielfalt auch ein Spiegelbild des britischen Wesens – von der steifen Oberlippe, die das Winterbad im Freien erfordert, bis zum Sinn für das Schöne und das Besondere, das sich in den Geschäften, Gaststätten und Grünflächen offenbart.

Hotels 40
Essen und Trinken 43
Einkaufen 44
Märkte 48
Sport und Erholung 50
Sehenswertes 52
In-Treffs 53
Am Abend 55
Besondere Orte 58
Land und Leute 64

Britisch exzentrisch: Der Savoy Court ist die einzige Straße in England mit Rechtsverkehr!

Der English Tea Room im »Brown's«, das nach 170 Jahren auf eine illustre Gästeliste verweis
kann und interessante bis pikante Geschichten zu erzählen weiß.

HOTELS

Luxus ohne Pomp

Das »Brown's« verbindet den diskreten Charme eines privaten Londoner Stadthauses mit dem Komfort einer Luxusbleibe. Das Hotel wurde 1837 von James Brown, dem Diener des Dichters Lord Byron, für Gentlemen vom Land gegründet, die bei ihren Besuchen in der Hauptstadt eine angemessene Unterkunft haben wollten. Mit der Zeit ist es auf etwa ein Dutzend zusammenhängender Stadthäuser im Herzen von Mayfair angewachsen.

Früher soll immer mal wieder eine Geliebte durch den Hintereingang in der Dover Street geflüchtet sein, wenn die Ehefrau des Zimmergefährten vorne in der Albemarle Street an der Schwelle stand. Königin Viktoria schaute gelegentlich zum Tee vorbei, Alexander Graham Bell führte bei »Brown's« 1876 den ersten britischen Telefonanruf vor, und Rudyard Kipling schrieb Passagen seines »Dschungelbuchs« in diesem Hotel. Hier verbrachte der Nobelpreisträger 1892 auch seine Hochzeitsnacht. Der Hotelbesitzer erließ ihm die Rechnung als Dank für die Freude, die Kipling ihm mit seinen Büchern bereitet hatte. Fast 100 Jahre später verfasste der amerikanische Horrorautor Stephen King große Teile seines Bestsellers »Sie« am selben Schreibtisch, an dem einst Kipling gearbeitet hatte. In Zimmer 36 erklärte die holländische Regierung am 8. Dezember 1841 nach dem Angriff auf Pearl Harbor Japan den Krieg.

Inzwischen Teil der Rocco-Forte-Gruppe, wurde das »Brown's« Ende 2005 nach einer umfangreichen Renovierung wiedereröffnet. Fortes Schwester Olga Polizzi hat alte Elemente mit neuen gemischt, ohne den englischen Charakter des Traditionshauses zu zerstören. In den lichten Zimmern ist alles auf Bequemlichkeit ausgerichtet, wie es der Philosophie der Designerin entspricht. Sie kreiert Eleganz ohne Pomp. Die Mosaikbadezimmer sind mit Flachbildfernseher ausgestattet, für Leseratten liegen Bücher aus, und im holzgetäfelten Grill wartet der dem »Savoy« abgeworbene Oberkellner Angelo Maresca, eine Londoner Institution, mit einem täglichen Braten vom Wagen auf. Der English Tea Room ist mit dem gemütlichen Kaminfeuer eine beliebte Einkehr nach dem Shopping. Bis zu den Edelboutiquen in der Bond Street ist es nur ein Katzensprung. Abends lockt die mit schwarzem Leder ausgeschlagene Donovan-Bar, in der Aufnahmen des Sixties-Fotografen Terence Donovan Luxus und Sinnlichkeit vermitteln.

WEGWEISER 1

Brown's Hotel

➤ W1, S. 8/9, [c 3] ➤ [F 4] **Albemarle Street; Tel. 74 93 60 20, Fax 74 93 93 81; www.brownshotel.com; U-Bahn: Green Park; 98 Zimmer, 19 Suiten •••• CREDIT ♿**

Skurriler Charme im Exgaunerviertel

Im Herzen von Clerkenwell, einst ein Herd der Kriminalität am Rande der City und heute florierender Mittelpunkt der Loftkultur, liegt ein diskretes, kleines Hotel, das seine Besucher in eine andere Zeit versetzt: »The Rookery«. Der Name beschwört die Ära, in der dieses Viertel von Verbrechern und Prostituierten bevölkert war. »Rookery« heißt eigentlich Krähenkolonie, aber seit dem 18. Jahrhundert ist der Begriff, wohl in Anspielung auf die lauten und gesprächigen Vögel, zur gängigen Bezeichnung für eine dichte Slumsiedlung geworden. Das Gewusel bot Straftätern leichten Unterschlupf. In Charles Dickens' »Oliver Twist« ist die Räuberhöhle, in der der Hehler Fagin mit seiner Taschendiebbande haust, nicht weit von diesem Hotel angesiedelt. Es liegt an einer Gasse, durch die früher Kuhherden zum nahe liegenden Viehmarkt von Smithfield getrieben wurden, der – heute in einer viktorianischen Gusseisenhalle untergebracht – immer noch der größte Fleischumschlagplatz der Stadt ist.

»The Rookery« breitet sich über einige verwinkelte Reihenhäuser des 18. Jahrhunderts mit Holzfassaden aus. Jedes Zimmer ist mit Antiquitäten möbliert – mit Himmelbetten, Samtvorhängen, Mahagonitüren sowie frei stehenden viktorianischen Badewannen, und jedes trägt den Namen früherer Bewohner wie des Straßenmädchens Clarice Bonell oder des Arztes Dr. Theophilus Garancier. Besonders ausgefallen ist die Suite »The Rook's Nest«, in der vier Mohren an den Bettpfosten postiert sind. Die altmodisch-skurrile Einrichtung ist höchst angenehm gepaart mit modernem Komfort wie Internetanschluss und Flachbildfernseher. Unten im kleinen Salon kann man es sich vor dem offenen Kamin gemütlich machen. Im Wintergarten steht den Gästen eine gut be-

In der Nähe des »Rookery« hat Dickens seine Figuren ihr Unwesen treiben lassen.

stückte Selbstbedienungsbar zur Verfügung, und bei gutem Wetter kann man draußen im kleinen Innenhof sitzen. Charme, Charakter und die Nähe zu Sehenswürdigkeiten wie St. Pauls Cathedral sowie zu den Szenelokalen von Clerkenwell entschädigen für manche Mängel. Das Frühstück mit selbst gebackenen Croissants wird nur auf dem Zimmer serviert, es fehlt ein Fahrstuhl, und die Bedienung macht durch Freundlichkeit wett, was ihr an Professionalität fehlt.

WEGWEISER 2

The Rookery
➤ EC1, S. 8/9, [c 3] ➤ [J 3] Peter's Lane, Cowcross Street; Tel. 73 36 09 31; www.rookeryhotel.com; U-Bahn: Farringdon; 33 Zimmer ●●●● CREDIT

ESSEN UND TRINKEN

Wo Gulasch mit Politik gemischt wird

Das »Gay Hussar« liegt südlich vom Soho Square, wo die Filmbranche zu Hause ist. Aber so oft die Filmleute dieses ungarische Restaurant auch als Kantine nutzen, beruht sein Ruhm doch vor allem auf den Abgeordneten und Kabinettsmitgliedern, die hier regelmäßig anzutreffen sind. Im »Gay Hussar« pflegen sie die nahezu inzestuöse Beziehung zueinander und zu den Medien. Fernsehmoderatoren, Kolumnisten und Abgeordnete mauscheln hier über kalter Kirschsuppe, geräucherter Gans und Plattensee-Wein und erzählen sich den neuesten Klatsch aus Westminster.

Die ungarische Küche wird zwar gerühmt, aber der Reiz liegt vor allem in der Atmosphäre des Lokals. Wie im Parlament sitzen sich die Gäste an Tischen gegenüber, die durch einen schmalen Gang getrennt sind. An den Wänden hängen Karikaturen der Stammgäste, die vornehmlich in den Reihen der Labour Party zu finden sind. Gelegentlich wagen sich allerdings auch Konservative ins »Feindeslager«.

Zahlreiche Tagebücher und Erinnerungen von Politikern berichten über manche Intrige, die hier gesponnen, und manchen Pakt, der hier geschlossen wurde. An Tisch 10 soll Tony Blair überredet worden sein, für das Unterhaus zu kandidieren. Weniger erfolgreich war Jahre zuvor der Versuch, Mick Jagger beim »fröhlichen Husaren« für die Politik zu gewinnen.

Das Restaurant in der Greek Street wurde 1953 von Victor Sassie gegründet, einem Original, wie es im Buche steht. Er stilisierte sich zwar als Ungar, in Wahrheit aber war er der Sohn eines Schweizer Schiffbauers, der in Cardiff an Land ging, eine Waliserin heiratete und in den Docks der nordenglischen Industriestadt Barrow-in-Furness Arbeit fand. Seine

Kenntnisse in der ungarischen Küche sammelte er vor dem Zweiten Weltkrieg in Budapest und Wien, bevor er sich an der Themse niederließ. Der redselige Sassie unterhielt sich mit seiner Kundschaft gerne über Politik. Jeder wusste, dass die Interna, die man ihm anvertraute, in kürzester Zeit in Westminster, in der Fleet Street, wo die Zeitungen damals noch zu Hause waren, und, wie viele vermuteten, auch beim britischen Geheimdienst oder gar beim KGB die Runde machten. 1988 verkaufte Sassie das Restaurant und betrat es fortan nie wieder. Als Nachfolger wurde ein echter Ungar gesucht, doch schließlich engagierte man einen Polen, der das »Gay Hussar« in alter Tradition weiterführt.

WEGWEISER 3

The Gay Hussar
➤ W1, S. 8/9, [c 3] ➤ [G 3/4] **2 Greek Street; Tel. 74 37 09 73; www.gayhussar.co.uk; U-Bahn: Tottenham Court Road; Mittagessen Mo–Sa 12.15–14.30 Uhr, Abendessen 17.30–22.45 Uhr ••• CREDIT**

EINKAUFEN

Shopping-Freuden in Marylebone

Noch vor wenigen Jahren wirkte Marylebone High Street wie ausgestorben, bis zu 50 Läden standen leer. Bleiche alte Damen versorgten sich in trostlosen Supermärkten mit dem Bisschen, das sie brauchten. Und die Büroarbeiter machten, dass sie nach der Arbeit so schnell wie möglich wieder davonkamen. Doch das hat sich schlagartig geändert. Marylebone High Street ist eine der reizvollsten Einkaufsstraßen Londons geworden. Neue Boutiquen, Straßencafés und Delikatessenläden geben dem Viertel ein exklusives Ambiente.

Die Veränderung ist der gezielten Strategie des Howard-de-Walden-Besitzes zu verdanken, zu dem seit Jahrhunderten ganze Straßenzüge von Marylebone gehören. Anderswo haben die Großgrundbesitzer die eskalierenden Immobilienpreise zum

Nach einem ausgiebigen Einkaufsbummel verwöhnt man sich zum Beispiel in Rococo Chocolates oder Valerie Patisserie.

Anlass genommen, hemmungslos die Mieten zu erhöhen, mit der Folge, dass zahlreiche kleinere Unternehmen vertrieben wurden. Die Grundherren von Marylebone hingegen versuchen, ihr Einkommen neuerdings auf andere Weise zu erzielen. Sie locken Geschäfte und Gastronomen mit günstigen Mieten und Unterstützung bei der Ausstattung an. Das hat belebend gewirkt. Neben Edelketten wie den Cashmere-Spezialisten Brora, Cath Kidston samt ihren altmodisch geblümten englischen Accessoires oder dem umweltfreundlichen Aveda-Kosmetiksalon haben sich viele exquisite Lebensmittelgeschäfte überzeugen lassen, nach Marylebone zu ziehen. Die Gegend ist ein wahres Schlemmerparadies geworden, zumal am Sonntag, wenn Bauernmarkt auf dem Parkplatz in der Cramer Street ist und die meisten Geschäfte geöffnet haben.

WEGWEISER 4

Marylebone

➤ W1, S. 8/9, [c 2/3] ➤ [E 3] **Marylebone High Street; U-Bahn: Baker Street, Bond Street**

Nach dem Schlendern über den Markt ist ein zweites Frühstück angesagt. Da hat der Gourmet die Qual der Wahl. Bei La Fromagerie, einem Delikatessenladen, der den Käse in einer begehbaren, gläsernen Kühlkammer lagert, gibt es am langen Tisch Croissants mit hausgemachter Marmelade und getoastetes Sauerteigbrot zum Tunken in das Bio-Ei. Wer es gern lässig hat, der kehrt zum Brunch beim »Providores and Tapa Room« ein. Dort werden Imbisshappen der australisch-asiatischen Fusion-Küche bei pulsierender Musik serviert. Auf der anderen Straßenseite locken die Trüffel beim Chocolatier Rococo. Anschließend kann man bei Daunt Books stöbern, dem auf Reiseliteratur spezialisierten Buchladen aus der eduardianischen Zeit.

Hinter Stahltüren gebunkerte Schätze

Wie ein Nibelungenhort muten die Silberwaren an, die im Kellergewölbe von Chancery House angeboten werden. Vom Serviettenring bis zum aufwendigen Tafelaufsatz, ob alt oder neu, lässt sich hier für jeden Geschmack und jede Preislage etwas finden. In der spätviktorianischen Zeit pflegten die wohlhabenden Londoner ihre Wertsachen in den Tresoren des rund um die Uhr bewachten Gebäudes zu verstauen. Das Chancery Lane Safe Deposit rühmt sich bis heute, dass es noch keinem Dieb gelungen ist, die fast ein Meter dicke Tür zu durchdringen. Nach und nach wurden die Privatleute durch Händler ersetzt, die ihre Waren in den Stahlkammern lagerten. Langsam sprach es sich herum, dass man bei ihnen auch zu Händlerpreisen kaufen könne. Dem wurde nach dem Zweiten Weltkrieg ein Riegel vorgeschoben, als die durch einen Bombenangriff zerstörten Kellerräume wieder aufgebaut und zusätzlich zu den Tresoren auch zellenartige Läden mit schweren Stahltüren eingerichtet wurden. Heute steigt man eine dunkle Treppe hinunter in labyrinthische Korridore. Von ihren Alkoven mit silbernem Allerlei tauschen die Händler über den Flur die neuesten Nachrichten aus der Branche aus, und beäugen dabei in kumpelhafter Rivalität die Passanten. Wer einen Silberlöffel oder einen Restaurator sucht, wer der Tochter zur Hochzeit Besteck schenken oder ein Erbstück schätzen lassen will, ist hier bestens aufgehoben. Rund 30 Betriebe finden sich in dieser einzigartigen Silbergruft, viele schon in der zweiten und dritten Generation. Die Händler verbinden großes Fachwissen mit Leidenschaft und Geschäftssinn. Es ist schon vorgekommen, dass manch einer bei einer intensiven Transaktion die Lautsprecheransage zehn Minuten vor der Sperrstunde überhört hat und mit seinem Kunden im Tresor nächtigen musste, bis die Türen am anderen Morgen um neun Uhr wieder geöffnet wurden.

WEGWEISER 5

The London Silver Vaults

➤ WC2, S. 8/9, [c 3] ➤ [H 3] **Chancery House, Chancery Lane; Tel. 72 42 38 44; www.thesilvervaults.com; U-Bahn: Chancery Lane; Mo–Fr 9–17.30, Sa 9–13 Uhr**

Die Silberhändler haben sich in den Tresoren eingenistet, in denen die Viktorianer einst ihre Wertstücke verwahrten.

»Der wohlriechendste Buchladen der Welt«

Als Krankenschwester hat Heidi Lascelles die Bedeutung von gesunder Nahrung schätzen gelernt, als Liebhaberin von Kochbüchern störte sie, dass die meisten Buchläden ihr klägliches Angebot an derartigen Büchern in irgendeiner staubigen Ecke präsentierten. So gründete sie zu Beginn der 1980er-Jahre in einer Seitenstraße der Portobello Road das Buchgeschäft »Books for Cooks«, das neben Kochbüchern auch literarisch-kulinarische Titel sowie Postkarten und witzige Artikel mit gastronomischem Bezug führt. Gegenüber liegen der Travel Book Shop, die als Vorlage für den Film »Notting Hill« berühmt gewordene Fundgrube für Reiseliteratur, und The Spice Shop, ein einzigartiges Fachgeschäft mit exotischen Gewürzen und Kräutern aus aller Herren Länder, dessen Inhaberin Birgit Erath aus dem Schwarzwald stammt. Sie meidet künstliche Farb- und Konservierungsstoffe und macht ihre eigenen Mixturen für kulinarische und medizinische Zwecke.

Wie The Spice Shop genießt Books for Cooks unter Gourmets inzwischen internationales Ansehen, nicht nur wegen des umfassenden Sortiments von rund 8000 Titeln aus dem In- und Ausland, sondern auch wegen der kleinen Versuchsküche im hinteren Teil des Geschäfts. Verlockende Düfte steigen dem Besucher in die Nase, während er in den Regalen stöbert. Nicht umsonst ist Books for Cooks »der wohlriechendste Buchladen der Welt« genannt worden.

Die Küche wird als eine Art Labor betrieben, in dem Rezepte aus den Büchern ausprobiert und entwickelt werden, um die Kundschaft noch besser beraten zu können. Die erfolgreichsten Gerichte werden in Broschüren gesammelt, die im Laden zu kaufen sind. Neben der offenen Küche ist gerade einmal Platz für fünf Tische: Wer als Erster kommt, mahlt zuerst. Mittags wird ein dreigängiges Menü zubereitet, manchmal mithilfe von namhaften Kochbuchautoren. Das täglich wechselnde Angebot richtet sich nach den Zutaten, die der Portobello-Markt am Morgen hergibt. Wenn dort etwa weißer Spargel auftaucht, was in London eine Rarität ist, wird in den Büchern ein passendes Rezept nachgeschlagen. Vormittags und nachmittags gibt es köstliche Backwaren und italienischen Kaffee. Passionierte Köche können im ersten Stock auch Kochkurse besuchen.

WEGWEISER 6

Books for Cooks

➤ W11, S. 8/9, [b 3] ➤ [westl. A 3] **4 Blenheim Crescent; Tel. 72 21 19 92; www.booksforcooks.com; U-Bahn: Ladbroke Grove; Di–Sa 10–18 Uhr**

MÄRKTE

Borough Market: Londons Speisekammer

Nirgendwo sonst wird der Wandel in der Einstellung vieler Briten zum Thema Essen so deutlich wie auf dem Borough Market nahe der Kathedrale von Southwark im Südosten Londons. Bei Nacht ist das quirlige Areal unter der Eisenbahnüberführung ein Großmarkt für Obst und Gemüse, auf dem die Gastronomen und Gemüsehändler um den besten Preis für die Ware feilschen, während die Züge über ihren Köpfen rattern. Freitags und samstags reisen die Gourmets bei Tag an und machen sich über die frischen Produkte her, die aus verschiedenen Gegenden angeliefert werden. Da ist der Schweinebauer aus Nordengland, der mit abgetragener brauner Melone und roter Schürze hinter der Theke steht, und der Käsehändler, der seinen Lebensunterhalt mit einer einzigen Sorte bestreitet – Comté aus dem Jura. Da ist der skurrile Fotograf, der Honig, Kerzen und Seife aus seiner Londoner Bienenzucht verkauft und dabei utopische Visionen predigt. Und da ist der wohlbeleibte Opernsänger, der sich als Gemüsehändler ein Zubrot verdient und die Passanten zwischendurch mit einer Arie ergötzt, während er den Inhalt des Einkaufskorbes auf die Waage legt.

Auf dem Grill in einer Ecke brutzeln pikante Chorizo-Würste, anderswo werden Jakobsmuscheln in der Pfanne gebraten oder Austern aufgebrochen. Überall führen Kostproben den Besucher in Versuchung, werden sachkundige Gespräche über kulinarische Feinheiten geführt und Neuigkeiten aus der Restaurantszene ausgetauscht. Die rund 70 Stände bieten jede erdenkliche Gaumenfreude. Da am südlichen Themseufer nahe der London Bridge alle Wege zwischen der Londoner City und der Südküste zusammenkommen, gab es an dieser strategisch günstigen Stelle wohl schon zu römischen Zeiten einen Markt. Seit 1756 befindet er sich an seinem heutigen Standort, teils von einer viktorianischen Glas- und Eisenstruktur überdacht, teils unter freiem Himmel.

WEGWEISER 7

Borough Market

➤ SE1, S. 8/9, [c 3] ➤ [K 5] Borough High Street; www.boroughmarket.org.uk; U-Bahn: London Bridge; Fr 12–18, Sa 9–16 Uhr

Weitere Empfehlung: The Inn Yard; 77 Borough High Street; Tel. 7 40 71 88 26 79

Borough Market verdankt sein heutiges Erscheinungsbild einer gemeinnützigen Stiftung, die dem Niedergang des von den Supermärkten bedrängten Großmarkts durch eine gezielte Strategie entgegenwirkte: Sie machte sich Ende der 1990er-Jahre daran, den Ort durch das Anheuern ausgesuchter Produzenten und Fachhändler als »die Speisekammer Lon-

Das »Roast Restaurant« gewährt den besten Blick auf den Borough Market, wo die Gourmets von Stand zu Stand flanieren.

dons« zu bewerben und zugleich ein Renovierungsprojekt einzuleiten, das sich auf die ganze Nachbarschaft positiv auswirken sollte. Der Markt ist zu einer Pilgerstätte für Liebhaber guten Essens geworden. Rundherum sind neue Delikatessenläden und Lokale entstanden, die das Viertel wieder mit Leben erfüllen. Und doch trägt das Wirrwarr der Straßen und Gassen mit ihren heruntergekommenen viktorianischen Bauten immer noch Züge, wie sie uns aus den anschaulichen Beschreibungen Londons in den Romanen von Charles Dickens vertraut sind.

Wenige Schritte vom Markt entfernt gelangt man durch ein Tor zum »George Inn«, der einzigen heute noch bestehenden Londoner Kutscherschenke mit Emporen, die, im Jahr 1677 erbaut, innen und außen die Zeiten beschwört, in denen Lieferanten und Reisende hier Station machten, bevor sie über den Fluss in die City weiterfuhren. Das Gebäude gehört der Denkmalschutzorganisation National Trust, die es als laufenden Betrieb verpachtet hat. Die Kneipe kommt auch in Dickens Roman »Little Dorrit« vor, in dem er ein Kindheitstrauma verarbeitet: das Einsitzen seines Vaters im Schuldgefängnis.

SPORT UND ERHOLUNG

Freibaden mit Enten und Schwänen

Skurrilität und steife Oberlippe sind seit jeher Eigenschaften, die man mit den Briten in Verbindung bringt. In Hampstead Heath werden sie noch markanter als im Hyde Park (→ Serpentine Lido, S. 107, 124) tagtäglich zur Schau gestellt. Auf der Anhöhe im Norden Londons stürzen sich seit fast 150 Jahren abgehärtete Wasserfreaks bei jedem Wetter zwischen Enten und Schwänen in die Teiche. Es gibt sogar den »Hampstead Heath Winter Schwimming Club«, dessen Mitglieder sich selbst als Verrückte bezeichnen.

Die Seen auf der Heide wurden im 17. und 18. Jahrhundert durch das Anstauen des Flusses Fleet als Wasserspeicher geschaffen und versorgten große Teile von Nordlondon. Mittlerweile zählen die rund 30 Teiche zu den Naturschätzen der Metropole, die eisern gegen jederlei Eingriff verteidigt werden. Am östlichen Rand gibt es einen Damenteich mit dem deutlichen Hinweis »Nur Frauen, Männer nicht zugelassen«, einen Herrenteich, der größer ist als alle anderen, und am südlichen Ende einen Teich ohne Geschlechtertrennung.

Seit 80 Jahren ist der Badeteich in der Wildnis von Hampstead Heath nur Frauen vorbehalten.

Außerdem besitzt Hampstead Heath das Lido, ein denkmalgeschütztes Freibad aus den 1930er-Jahren, das unlängst renoviert wurde und ganzjährig geöffnet ist. Es gilt mit seinem 60 Meter langen Becken als eines der besten Beispiele der Lido-Architektur der Zeit.

Die Badenden halten ihre Rechte und Traditionen hoch in Ehren. Als die City of London kürzlich den Zugang zu den Seen aus Kosten- und Sicherheitsgründen einschränken wollte, kam es zum Aufstand. Um zu sparen, sollten die Stunden der Bademeister gekürzt und – aus Angst, man werde bei Unfällen verklagt – das Schwimmen ohne Aufsicht untersagt werden. Die regelmäßigen Nutzer wollten indes nicht auf ihr frühmorgendliches Bad verzichten, vor allem aber widerstrebte ihnen die Bevormundung durch den übervorsorglichen Staat. Der Winterschwimmverein klagte deshalb beim Obersten Gericht, und der Richter entschied, dass die Schwimmer die Teiche auf eigenes Risiko nutzen könnten und die City nicht haftbar sei. Sein Spruch wurde von der verschworenen Gemeinschaft der Schwimmer als Sieg der Vernunft und der Eigenständigkeit gefeiert. Eine Londoner Tradition wurde gerettet.

WEGWEISER 8

Hampstead Heath, Lido

➤ NW1, S. 8/9, [b/c 1] ➤ [nördl. D1] Parliament Hill Fields, Gordon House Road; Tel. 74 85 38 73 (Sommer); Bahnhof: Gospel Oak; Mai–Sept. 7–18 Uhr, Mo, Do 7–20 Uhr; im Winter tgl. 7–12 Uhr; Tel. 83 48 99 08; Eintritt 4,10 £

Damenteich, Herrenteich

➤ N6, S. 8/9, [b/c 1] ➤ [nördl. D1] Millfield Lane; Tel. 74 85 44 91; U-Bahn: Archway; Bahnhof: Gospel Oak, dann 15 Min. zu Fuß

Gemischter Teich

➤ NW3, S. 8/9, [b/c 1] ➤ [nördl. D1] East Heath Road; Bahnhof: Hampstead Heath

Die Öffnungszeiten der Teiche variieren je nach Jahreszeit. Normalerweise ab 7 Uhr; Eintritt 2 £; Winterschwimmen nur im Damen- und im Herrenteich. Kinder erst ab 8 Jahren. Da es kaum Wegweiser gibt, sollte man eine Karte mitnehmen. Informationen unter www.cityoflondon.gov.uk

SEHENSWERTES

Heilmittel und Lavendelwasser

Die herrlich altmodische Apotheke D. R. Harris & Co, die als Hoflieferant des Prinzen von Wales firmiert, lebt seit ihrer Gründung 1790 von ihrer Lage im Herzen des »Clubland« von St. James's. Hinter diskreten Fassaden sind dort die Herrenklubs beheimatet, die ihre Existenz zwei bei den Briten einst tief verankerten Grundsätzen verdanken: der Trennung der Klassen und der Trennung der Geschlechter. Firmengründer Daniel Rotely Harris versorgte seine exklusive Klientel mit Lavendel- und Kölnischwasser sowie mit Heilmitteln für ihre Wehwehchen.

WEGWEISER 9

D. R. Harris & Co

➤ SW1, S. 8/9, [c 3] ➤ [F 5] 29 St. James's Street; Tel. 79 30 39 15; www.drharris.co.uk; U-Bahn: Green Park; Mo–Fr 8.30–18, Sa 9.30–17 Uhr

An den patinierten Mahagonischubladen prangen noch die lateinischen Namen der Substanzen, die der Drogist damals für seine Mixturen benutzte. Mitte des 19. Jahrhunderts entwickelte ein Nachkomme eine potente Tinktur aus Enzian, Nelkenöl und Kampferwasser, die sich bei verkaterten Klubmitgliedern am Morgen nach einer langen Herrennacht am Spieltisch großer Beliebtheit erfreute. Viele Londoner schworen auf den Muntermacher, der den Brummschädel entfernen und die Verdauung wiederherstellen sollte. Das Elixier wurde bis vor Kurzem noch in Wasser verdünnt an der Theke verabreicht oder in der Flasche verkauft. Neuerdings aber passt der Brauch, den Kater mit zusätzlichem Alkohol zu vertreiben, nicht mehr zum Firmenimage. Der neue Renner der Apotheke ist ein Gel mit Zaubernuss, Gurkenextrakt und Rosenwasser gegen geschwollene Augen. So ändern sich die Zeiten.

Auf das »Pick-me-up« von D.R Harris hat sich die verkaterte Kundschaft über Generationen hinweg verlassen.

IN-TREFFS

Wiener Kaffeehaus nach britischer Art

Jeremy King und Christopher Corbin waren schon eine Londoner Institution, als sie ihre Kundschaft in drei Restaurants empfingen, in denen Prominente so oft gesichtet werden, dass man fast meinen könnte, sie stünden mit anderen Spezialitäten auf der Tageskarte. Im »Ivy« verkehren Prominente aus dem Showbusiness, im »Caprice« die Reichen und Schönen und im diskreteren Ambiente des Fischrestaurants »J. Sheekey« jene, die weniger Aufsehen um sich machen. Im »Wolseley«, dem Speiselokal, das King und Corbin nach dem Verkauf der anderen drei Häuser im November 2003 eröffnet haben, kommen die verschiedenen Welten unter einem Dach zusammen. In dieser Mischung aus Pariser Brasserie und Wiener Kaffeehaus wird vom englischen Frühstück bis zum spätabendlichen Souper den ganzen Tag über Essen serviert, seien es hausgemachte Backwaren oder Müsli, Meeresfrüchte oder Omelette, Matjesfilets, Wiener Schnitzel oder Kaiserschmarren, Tee mit Scones, die plats du jour, die je nach Saison und Wochentag wechseln, oder ein Croque Monsieur nach dem Theaterbesuch.

WEGWEISER 10

The Wolseley

➤ W1, S. 8/9, [c 3] ➤ [F 5] 160 Piccadilly; Tel. 74 99 69 96; www.thewolseley.com; U-Bahn: Green Park; Frühstück Mo–Fr 7–11.30, Sa, So 9–11.30 Uhr, Mittagessen Mo–Fr 12–14.30, Sa, So 12–15 Uhr, Tee Mo–Fr 15–17.30, Sa, So 15.30–18 Uhr, Abendessen Mo–Sa 17.30–24, So 17.30–11 Uhr ••/••• CREDIT

Von sieben Uhr morgens bis Mitternacht herrscht in dem opulenten schwarz-goldenen Art-déco-Interieur Hochbetrieb. Die Ausstattung stammt aus den 1920er-Jahren, als sich die Wolseley Motor Company hier neben dem Hotel Ritz einen Verkaufsraum für ihre teuren Fahrzeugmodelle errichten ließ. Der Architekt William Curtis Brown, dessen größtes Projekt das Dorchester Hotel in der Park Lane war, erhielt für das Flaggschiff des Automobilunternehmens 1922 die erste Medaille des königlichen Architektenverbands für Straßenarchitektur. Als Wolseley 1926 in Konkurs ging, bezog eine Bank das Gebäude. Dann befand sich dort ein chinesisches Restaurant. King und Corbin haben nach einer aufwendigen Renovierung den Geist der 1920er-Jahre im Herzen von St. James's wieder aufleben lassen. Von der Bedienung bis zum Geschirr wird alles im Stil der großen alten Grandhotels gehalten. Wer es nicht schafft, zum Mittag- oder Abendessen eine Reservierung zu bekommen, kann zwischen den Mahlzeiten die Luft des Londoner »beau monde« schnuppern bei einem zweiten Frühstück oder einem Cocktail in der Bar.

Weinselig abtauchen in uriger Kellerbar

Von der Straße führt eine steile Treppe in eine gruftartige Bar. Braune Farbe blättert von den Wänden. Ein labyrinthisches Durcheinander von Kabeln und Röhren schlängelt sich unter der Decke entlang, hin und wieder tröpfelt es auf die Köpfe der Gäste. Der Gewölbekeller, in dem Kerzen in leeren Weinflaschen flackern, ist derart niedrig, dass man sich fast den Kopf anstößt. Überall hängen vergilbte Zeitungsausschnitte über das Königshaus und ramponierte Drucke.

»Gordon's Wine Bar« ist ein Relikt aus anderen Zeiten. Das Lokal gibt sich wie eine studentische Kneipe, zählt unter Kennern jedoch zu den beliebtesten Geheimtipps der Stadt. Oft findet man kaum einen Stehplatz. Mittags und am Wochenende ist es allerdings ruhiger.

Im Vorläufer des Eckhauses in der belebten Straße, die neben dem Charing-Cross-Bahnhof von der Themse zum Strand ansteigt, wohnte Ende des 17. Jahrhunderts der berühmte Tagebuchautor Samuel Pepys, danach quartierte sich hier das Salzsteueramt ein. Der Bau wurde abgerissen und 1792 durch ein Lagerhaus ersetzt, in dem ein Samenhändler mit einem Geschäft am Strand sein Lager hatte.

Damals stand das Haus an der Themse, und die Ware wurde von den Frachtkähnen direkt entladen. Als das Ufer um 1860 für den Bau der neuen Kanalisation eingedämmt wurde, hatte das Gebäude als Lager ausgedient. Die oberen Zimmer wurden vermietet, unter anderem an Rudyard Kipling, der später als Autor des »Dschungelbuchs« Weltruhm erlangen sollte. Im Jahr 1890 schrieb er im Salon über der Bar seinen ersten Roman »Das fahle Licht«. Im selben Jahr eröffnete der Weinhändler Gordon im Keller die Weinstube, die bis heute fast unverändert geblieben ist. Zufällig wird sie heute von einer Familie geführt, die denselben Nachnamen trägt wie der Gründer.

Bier und Spirituosen sind bei »Gordon's« verpönt. Stattdessen stehen neben Flaschenweinen rund 20 offene Weine aus aller Welt sowie mehrere Sherrysorten auf der Karte. Portwein und Madeira werden vom Fass ausgeschenkt. Dazu gibt es deftige Ofengerichte, Braten und viele Käsesorten vom Büffet, alles zu zivilen Preisen. Nach der Philosophie des Hauses ist das Essen bloß da, um mehr trinken zu können. Dort, wo früher die Themse verlief, befindet sich jetzt ein Biergarten.

WEGWEISER 11

Gordon's Wine Bar

➤ WC2, S. 8/9, [c 3] ➤ [G 5] 47 Villiers Street; Tel. 79 30 14 08; www.gordonswinebar.co.uk; U-Bahn: Embankment; Mo–Sa 11–23, So 12–22 Uhr; nur am 25. Dez. geschl. •• CREDIT

Ein Kinoerlebnis der ganz besonderen Art im inzwischen selbst in einem Film verewigten Electric Cinema

AM ABEND

Kinoerlebnis im Art-déco-Luxus

Zwischen den Obst- und Gemüseständen, den Cafés und Trödelläden der Portobello Road stößt der Londonbesucher auf ein kleines, unter Denkmalschutz stehendes Juwel der Art-déco-Architektur: das Electric Cinema, in dem der Kinobesuch zum Luxuserlebnis wird. 1910 auf dem letzten unbebauten Grundstück der Portobello Road errichtet, ist es eines der ältesten Filmtheater des Landes und das in seinem Urzustand am besten erhaltene. Um 1900 gehörte Portobello Road zu den ersten Straßen Londons, die elektrisches Licht erhielten. Dann aber kamen schlechtere Zeiten. In dem Film »Notting Hill« war die Fassade des Electric Cinema mit ihren cremefarbenen Kacheln und steinernen Girlanden noch zugebrettert und mit Werbeplakaten beklebt. Das Kino stand jahrelang leer. Inzwischen ist es mit großem Aufwand renoviert worden und profitiert von dem enormen Aufschwung, den dieser Bezirk nicht zuletzt durch den Film mit Hugh Grant und Julia Roberts erlebt hat. Der Mosaikfußboden und der kleine Kartenkiosk im Foyer erinnern ebenso wie der vergoldete Stuck und die alten Gaslampen an die Ära des Stummfilms. Und der Zuschauerraum ist mit allem Komfort ausgestattet. Ursprünglich fasste das Electric 600 Zuschauer.

Jetzt ist nur noch Platz für rund 100 Personen. In den geräumigen Ledersesseln mit Fußlehnen kommt man sich vor wie bei einer Privatvorführung auf einem Ozeandampfer. Jeder Sitz hat einen kleinen Abstelltisch für Getränke und Leckereien, die an der Bar im Kino erhältlich sind. Auf dem Programm stehen die neuesten Kassenschlager ebenso wie Kunstfilme und Klassiker. Jeden Montag um 15 Uhr dürfen Zuschauer Säuglinge ins Kino mitbringen, und samstags gibt es meist zwei beaufsichtigte Kindervorstellungen, währenddessen die Eltern auf dem Markt einkaufen oder sich in der Electric Brasserie nebenan entspannen können. Das Lokal hat sich schnell als einer der beliebtesten Treffpunkte von Notting Hill etabliert.

WEGWEISER 12

The Electric Cinema

➤ W11, S. 8/9, [b 3] ➤ [westl. A 4] **191 Portobello Road; Tel. 79 08 96 96; www.electriccinema.co.uk; U-Bahn: Ladbroke Grove, Notting Hill Gate, Westbourne Park**

Die Schlüsselzeremonie – ein altes Ritual

Ursprünglich ein Machtsymbol der normannischen Eroberer, hat der Tower im Laufe der Zeit unterschiedliche Zwecke erfüllt – er diente als Palast, Festung, Gefängnis, Arsenal, Münze, Schatzkammer und über viele Jahrhunderte hinweg sogar als Halter der königlichen Menagerie. Inzwischen ist er hauptsächlich ein Museum. Trotzdem wird tagaus, tagein ein feierliches Ritual zur Verriegelung des Tower abgehalten, als berge der Kerker noch heute die wichtigsten Gefangenen des Landes. Die »Ceremony of the Keys« (Schlüsselzeremonie) wird von den »Yeoman Warders« oder »Beefeaters« ausgeführt, wie der hungrige Volksmund die Wächter taufte – wegen ihrer großen Fleischrationen.

Jeden Abend um 21.53 Uhr tritt der Chief Yeoman Warder, der Kommandant der 38 Mann starken Wachtruppe, vollständig uniformiert aus dem Byward Tower, die Schlüssel der Königin in der einen Hand, eine Artilleristenlaterne aus Messing in der anderen. Er begibt sich langsamen Schrittes zum Traitor's Gate, dem sogenannten Verrätertor. Dort erwartet ihn eine Eskorte von Soldaten mit Bärenfellmützen. Der Chief Yeoman Warder übergibt die Laterne einem der Soldaten, und anschließend marschiert die Truppe zum äußeren Tor. Alle Wachen, die sie auf ihrer Route passiert, salutieren vor den Schlüsseln. Erst wird das äußere Tor verschlossen, dann die großen Eichentore des Middle Tower und des Byward Tower. Wieder am Verrätertor angelangt, wird die Truppe von einem Wachposten angerufen mit den Worten: »Halt, wer geht da?« Der Chief Warder erwidert: »Die Schlüssel.« »Wessen Schlüssel?«, will es die Wache genauer wissen. »Die Schlüssel von Königin Elisabeth«, geht es weiter. Mit dem Ruf »Lasst die Schlüssel Königin Elisabeths passieren« wird der Weg freigegeben, und die Truppe begibt sich durch den Torbogen des Bloody Tower (Blutiger Turm) hinauf zu den Stufen, wo sich die Wachmannschaft aufgestellt hat. Am Treppenfuß macht die Truppe Halt. Der Offizier vom Dienst erlässt den Befehl: »Präsentiert das Gewehr!« Der Chief Warder tritt zwei Schritte vor, lüftet seine Tudorhaube und ruft: »Gott erhalte Königin Elisabeth.« Und die Wachen antworten »Amen« – synchron mit dem Stundenschlag und dem Blasen des letzten Zapfenstreichs. Der Chief Yeoman Warder nimmt die Schlüssel und die Laterne mit ins Queen's House, und die Wache wird entlassen. Das ganze 700 Jahre alte Ritual dauert knapp 15 Minuten.

WEGWEISER 13

Schlüsselzeremonie im Tower of London
➤ EC3, S. 8/9, [d 3] ➤ [L/M 4] **Bei schriftlicher Voranmeldung (im Sommer mindestens zwei Monate im Voraus) sind kleine Gruppen gebührenfrei zugelassen. Anfragen sind mit frankiertem Rückumschlag oder einem internationalen Antwortschein zu richten an: The Ceremony of the Keys, Waterloo Block, HM Tower of London, London EC3N 4AB; Tel. 21 66 62 78. Unbedingt die Namen aller Teilnehmer angeben. Besucher müssen sich bis 21.30 Uhr am West Gate einfinden. Wer zu spät kommt, wird nicht zugelassen. U-Bahn: Tower Hill; www.hrp.org.uk**

Die Beefeater wurden 1485 als die Leibwache von Heinrich VII. gegründet. Im September 2007 trat die erste Frau ihren Dienst an.

BESONDERE ORTE

The Old Operating Theatre

Im Kirchturm von St. Thomas windet sich eine Holztreppe hinauf in einen Saal, der gruselige Vorstellungen weckt. Hier, auf dem Dachboden über dem Kirchenschiff, wurden im 19. Jahrhundert die Patientinnen aus der Frauenstation des benachbarten Krankenhauses vor den Augen lernbegieriger Studenten operiert (Männer wurden in einem eigenen Saal behandelt). Auf den hufeisenförmigen Zuschauerrängen um den Operationstisch herum waren die angehenden Mediziner, einem Bericht aus der Zeit zufolge, dicht gedrängt »wie Heringe im Fass«. Wie die dort ausgestellten Instrumente zur Schädelbohrung, zum Aderlass und zum Schröpfen belegen, unterschieden sich die Methoden kaum von denen der alten Römer. Im weitläufigen Dachstuhl der damaligen Pfarrkirche lagerte das St.-Thomas-Krankenhaus die Heilkräuter, die die Apotheker für ihre Präparate verwendeten. Ein Dokument aus dem Jahr 1821 belegt, dass damals beschlossen wurde, die Kräuterkammer als Operationssaal umzubauen. Zu diesem Zwecke wurde ein großes Oberlicht eingebracht und der westliche Teil des Dachstuhls mit den modernsten Einrichtungen ausgestattet, die allerdings heute schauderhaft altertümlich wirken. Auf dem Fußboden stand eine

Einst Schau-Operationssaal, heute ein Museum zur Geschichte der Chirurgie im 19. Jahrhundert

Kiste mit Sägespänen, um das Blut aufzufangen. Narkosen wurden erst Mitte des 19. Jahrhunderts eingeführt und Desinfektionsmittel noch später.

Das Krankenhaus, das wohl schon seit dem frühen 12. Jahrhundert an dieser Stelle stand, musste 1862 der Eisenbahn weichen und wurde flussaufwärts nach Lambeth verlegt. Danach geriet der Operationssaal in Vergessenheit – bis 1956, als der Dachstuhl im Zuge von Forschungen zur Geschichte von St. Thomas untersucht wurde. Obwohl die Einrichtung teilweise demontiert worden war, konnte der Saal anhand von alten Markierungen und eines Inventars aus dem Jahr 1862 originalgetreu restauriert werden. Mit dokumentarischem Material über die Krankenpflege, alten chirurgischen Instrumenten und Kräutern bietet der Ort einen faszinierenden Einblick in die Medizingeschichte und verdeutlicht, welche enormen Fortschritte in den letzten 150 Jahren gemacht worden sind.

WEGWEISER 14

The Old Operating Theatre

➤ SE1, S. 8/9, [c 3] ➤ [K 5]

9a St. Thomas's Street; Tel. 71 88 26 79; www.thegarret.org.uk; U-Bahn: London Bridge; Mo–Fr 10.30–17 Uhr, Führungen 11 und 14 Uhr

Der Regent's Canal – ein historischer Wasserweg

Die Sehnsucht nach Italien, wo er mit seiner verstorbenen Frau Elizabeth Barret Browning glücklich gewesen war, dürfte das Urteil des Dichters Robert Browning beeinflusst haben, als er das Bassin in der Nähe seines Hauses in Warwick Crescent und die davon abgehenden Wasserwege Little Venice, Klein-Venedig, taufte. So malerisch der Regent's Canal an dieser Stelle ist, an der die Trauerweiden sich vor den bunten, blumengeschmückten Hausbooten verneigen: Mit Venedig hat der nordische Anblick wenig gemein. Viel eher ließe sich der Kanal als der Personaleingang Londons bezeichnen. Hier fanden die Binnenschiffer, die Kohle und andere Güter aus den Industriegebieten Mittelenglands über den Grand Junction Canal in die Hauptstadt beförderten, Anschluss an die 1820 fertiggestellte Verbindung zur Themse in Limehouse. Diese Verkehrsader wurde nötig mit der Erneuerung Londons, die der Architekt John Nash für den Prinzregenten ausführte. Nash war selbst Teilhaber der Kanalgesellschaft und vertraute den Bau seinem Assistenten an. Fast 15 Kilometer lang schlängelt sich der Streifen von Westen nach Osten durch hübsche Villenviertel, Tunnels, Parkanlagen und Frachtabladestellen zu den Docks. Die umständliche

Route war durch den Wunsch bedingt, die Bewohner der stattlichen Stuckhäuser im ehemaligen Jagdrevier Heinrichs VIII. möglichst wenig von dem Gütertransport spüren zu lassen.

Obwohl die Eisenbahn das Wasserstraßennetz bald überflügelte, zogen Treidelpferde noch in den 1950er-Jahren die Frachtkähne von einer Schleuse zur nächsten. In den 1960er-Jahren hörte der gewerbliche Verkehr auf, und inzwischen wird der Kanal nur noch touristisch genutzt. Um London von einer anderen Seite kennenzulernen, sind ein Spaziergang auf dem Treidelpfad oder eine Bootsfahrt auf dem reizvollsten Abschnitt zwischen Little Venice und Camden überaus lohnenswert. Das Ausflugsschiff tuckert eine knappe Stunde friedlich an großbürgerlichen Häusern vorbei, quer durch den Londoner Zoo, wo man vom Wasser aus die markante Voliere erspäht, die Lord Snowdon, ehemaliger Schwager der Königin, entworfen hat, bis zur ersten Schleuse in Camden oder umgekehrt. In Camden kann man sich in das Wochenend-Getümmel der Trödelmärkte stürzen. Wer sich dem nicht aussetzen will, kann am Zoo aussteigen und mit einer kombinierten Boots- und Eintrittskarte den Tiergarten genießen, den der Nash-Schüler Decimus Burton angelegt hat. Von ihm stammt unter anderem auch das denkmalgeschützte Giraffenhaus. Von Anfang an wurde der architektonischen Gestaltung des Zoos große Bedeutung beigemessen. Das spiralenförmige Pinguinbecken, das Berthold Lubetkin 1934 entwarf, gilt als Schlüsselwerk des modernen Bauwesens.

Am ersten Maiwochenende kommen Binnenschiffer über die Wasserwege und legen ihre putzigen Boote am Regent's Kanal an für ein Volksfest mit Kirmes und altenglischem Tanz. Andere Sehenswürdigkeiten im Winter und Frühjahr sind das entzückende Marionettentheater auf einem in Little Venice festgemachten Boot und das London Canal Museum, das über die Geschichte der Kanäle Aufschluss gibt. Es ist in einem viktorianischen Speicherhaus untergebracht, in dem früher aus Norwegen importiertes Eis gelagert wurde.

WEGWEISER 15

London Canal Museum
➤ N1, S. 8/9, [c 2] ➤ [westl. C 3] 12–13 New Wharf Road; Tel. 77 13 08 36; www.canalmuseum.org.uk; U-Bahn: King's Cross; Di–So 10–16.30 Uhr

Bootsfahrten: London Waterbus Company
➤ W9, S. 8/9, [c 2] ➤ [westl. C 3] 58 West Yard, Camden Lock Market; Tel. 74 82 26 60; www.londonwaterbus.com; U-Bahn: Camden Town

Puppet Theatre Barge
➤ W9, S. 8/9, [c 2] ➤ [K 3] Blomfield Road; Tel. 72 49 68 76; www.puppetbarge.com; U-Bahn: Warwick Avenue

London Zoo
➤ NW1, S. 8/9, [b2] ➤ [D/E 2/3] Regent's Park; Tel. 77 22 33 33; www.londonzoo.co.uk; U-Bahn: Camden Town

Ein echter Geheimtipp: die 6000 Quadratmeter großen Kensington Roof Gardens im siebten Stock

Ein exotisches Refugium auf dem Dach

Hoch über den Dächern von London planschen Enten in einem Teich, stolzieren Flamingos am Wasser entlang, plätschert ein Bach durch einen bewaldeten englischen Garten mit mehr als 100 verschiedenen Baumarten. Dieses exotische Refugium wurde in den 1930er-Jahren über dem ehemaligen Kaufhaus Derry & Toms in der Kensington High Street entworfen, damals wie heute die Haupteinkaufsstraße des Londoner Westens. Während das Geschäft schon im Bau war, lehnte der Londoner Stadtrat die Genehmigung für das geplante Obergeschoss ab, weil die Leitern der Feuerwehr nicht so hoch reichten. So entstand statt der siebten Etage der größte Dachgarten Europas mit einer Fläche von 6000 Quadratmetern. Sie ist in drei Bereiche unterschiedlichen Charakters unterteilt. Im formal angelegten spanischen Teil sieht der Rasen aus, als werde er mit der Nagelschere kurzgehalten. Wilder Wein rankt sich an der Mauer empor, und die Fontänen erinnern an einen maurischen Innenhof. Chusan-Palmen, Feigen- und Olivenbäume sowie zahlreiche andere südländische Gewächse verbreiten eine mediterrane Atmosphäre.

Ein Torbogengang führt in den von Mauern eingefassten Tudorgarten mit Glyzinien, Rosen

WEGWEISER 16

Kensington Roof Gardens

➤ W8, S. 8/9, [b 3] ➤ [A 5/6] **99 Kensington High Street (Eingang Derry Street); Tel. Mo–Fr während der Geschäftszeit 79 23 39 94, an Wochenenden wendet man sich an das Restaurant »Babylon« 73 68 39 93; www.roofgardens.com; U-Bahn: High Street Kensington**

Babylon; Mo–Sa 7–23, So 12–15 Uhr

und Myrten. In dem belaubten englischen Garten stehen die Bäume unter Naturschutz. Denkt man an die Materialien, die hier hochgehievt werden mussten, an die Wasserdichtung und Drainage, gilt es neben der Landschaftsarchitektur auch eine enorme technische Leistung zu bestaunen. Seit seiner Gestaltung vor 70 Jahren hat der Dachgarten mehrfach den Besitzer gewechselt und wurde bisweilen auch stark vernachlässigt. Eine Zeit lang tanzte der Jetset in dem Lokal, das die Pariser Discokönigin Régine in den 1970er-Jahren dort oben eröffnete. Inzwischen gehört der Dachgarten zum Virgin-Mischkonzern des Unternehmers Richard Branson, der neben einem privaten Klub auch das (Nichtraucher-)Restaurant »Babylon« mit Blick auf den Garten und über London betreibt. Dass der Garten der Öffentlichkeit gebührenfrei zugänglich ist, wenn keine private Veranstaltung stattfindet, wissen nur wenige. Auf jeden Fall vorher anrufen, um sicherzustellen, ob die Besichtigung am gewünschten Tag möglich ist.

Giros Grab – Ein kleines Stück deutscher Geschichte

Es gibt kaum ein rührenderes Denkmal in London als das kleine Grab rechts der Treppe, die von Carlton House Terrace hinunterführt zur Mall, der Paradestraße zwischen Buckingham Palace und Trafalgar Square. Die meisten Menschen gehen daran vorbei, ohne zu ahnen, dass ihnen ein kleines Stück deutscher Geschichte entgeht. Jedoch sollte man sich die Zeit nehmen, kurz Halt zu machen an dem Eisengeländer vor dem Eckhaus und das Augenmerk von der herrschaftlichen Anlage auf den schlichten Stein unter dem Baum zu lenken. Er trägt die deutsche Inschrift: »Giro Ein treuer Begleiter! London im Februar 1934. Hoesch« und gedenkt des Schäferhundes Leopold von Hoeschs, einem früheren deutschen Botschafter in London. Das Kuriosum erklärt sich damit, dass sich einst die deutsche Botschaft in der eleganten Häuserreihe befand, die John Nash in den Jahren 1827 und 1832 erbaute.

Leopold von Hoesch war von 1932 bis zu seinem Tod 1936 deutscher Botschafter in London.

WEGWEISER 17

Giros Grab

➤ SW1, S. 8/9, [c 3] ➤ [F 5] **Carlton House Terrace; U-Bahn: Piccadilly Circus**

Schon Mitte des 19. Jahrhunderts hatte die preußische Gesandtschaft das Haus Nr. 9 Carlton House Terrace bezogen. Als die älteste Tochter Königin Viktorias im Januar 1858 den preußischen Kronprinzen Friedrich Wilhelm heiratete, lud der Gesandte Graf Bernstorff zu einer Soiree in »Prussia House« ein. Unter den Gästen befand sich neben Mitgliedern des britischen Königshauses auch der Schriftsteller Theodor Fontane, der sogar einen Korrespondentenbericht dazu verfasste. Mit der Reichsgründung 1871 wurde die Gesandtschaft zur Botschaft aufgewertet. Im Ersten Weltkrieg fiel die Verantwortung für den Bau den Vereinigten Staaten zu, und nach deren Eintritt in den Krieg folgte die Schweiz. In den Zwischenkriegsjahren residierten die Vertreter der Weimarer Republik in Carlton House Terrace, und nach der Machtergreifung Hitlers die Botschafter des Dritten Reichs. Leopold von Hoesch war bereits im November 1932 nach London entsandt worden. Er tat sich schwer mit den neuen Machthabern in Berlin. Zu den britischen Instanzen hingegen unterhielt er die besten Beziehungen. Eduard VIII., der nie gekrönte König, nannte ihn einen »guten diplomatischen Vertreter des Deutschen Reichs und schlechten Vertreter des Dritten Reichs«.

Dem Grab des Schäferhundes gegenüber thront Frederick, Herzog von York, der zweite Sohn Georgs III., hoch oben auf seiner Säule. Der Kontrast zwischen dem bescheidenen Hundegrab und dem bombastischen Denkmal könnte nicht größer sein. Als Oberkommandierender des Heeres war Frederick Gegenstand des beliebten englischen Kinderreims über den »Grand old Duke of York«, der seinen Soldaten befahl, den Berg hinaufzumarschieren und, sobald sie oben angelangt waren, wieder hinunterzumarschieren. Es heißt, die Granitsäule, für die jeder Soldat einen Tageslohn opfern musste, sei so hoch, damit der hochverschuldete Herzog, der 1827 gestorben ist, seinen Gläubigern entkommen könne. Leopold von Hoesch erlag im April 1936 einem Herzschlag. Die britische Regierung verabschiedete seinen Sarg mit allen Ehren. Hoeschs Nachfolger, Joachim von Ribbentrop, leitete aufwendige Umbauten ein, um die Botschaft zu einem Schaukasten für die Architektur des Dritten Reichs zu machen. Die Pläne erstellte Albert Speer. Der Marmor im Treppenhaus soll ein Geschenk von Mussolini gewesen sein. Nach dem Krieg zog die deutsche Botschaft an den Belgrave Square. Ihr ehemaliger Sitz in Carlton House Terrace ist jetzt das Quartier der 1660 zur Förderung der Naturwissenschaften gegründeten Royal Society. Von der Vorgeschichte zeugt heute nur noch Giros Grab.

LAND UND LEUTE

Kirchgang bei den Chelsea Pensioners

Um ein kleines Stück England zu erleben, das sich über die Zeiten hinweg bewahrt hat, lohnt der Besuch der sonntäglichen Mette in der Kapelle des Royal Hospital Chelsea, seit der Gründung durch Karl II. im späten 17. Jahrhundert ein Altersheim für dienstuntaugliche und pensionierte Soldaten nach dem Vorbild der Invaliden in Paris. Die klassizistische Anlage wurde von Sir Christopher Wren entworfen, dem Erbauer der St. Paul's Cathedral, und im Laufe der Jahre mehrmals erweitert. Heute sind hier rund 400 Pensionäre zu Hause. Bedingung für die Zulassung zum Royal Hospital Chelsea ist, dass sie mindestens 20 Jahre im Dienste der Streitkräfte waren.

WEGWEISER 18

The Royal Hospital

➤ SW3, S. 8/9, [c 3] ➤ [D 8] Chelsea, Royal Hospital Road; Tel. 78 81 53 03; www.chelsea-pensioners.co.uk; U-Bahn: Sloane Square; Mette: So um 11 Uhr; Eintritt tgl. 10–12, 14–16 Uhr; Führungen können telefonisch vereinbart werden.

Die Rentner schlafen in kleinen, holzgetäfelten Kojen und sind in eine Adaption der Uniformen aus dem frühen 18. Jahrhundert gekleidet – im Sommer rot, im Winter blau. Zur Sommertracht gehört auch ein schwarzer Dreispitz, der allerdings nur zu feierlichen Anlässen getragen wird, wie der jährlichen Parade zum »Founder's Day« um den Geburtstag Karls II. am 29. Mai. Dann wird das vergoldete Standbild des Gründers, den der Bildhauer Grinling Gibbons als stolzen römischen Kaiser dargestellt hat, mit Eichenlaub behängt – im Gedenken daran, dass eine Eiche dem flüchtigen Thronanwärter nach der Niederlage in der Schlacht von Worcester 1651 als Versteck vor dem Parlamentsheer gedient haben soll. Die Aufmerksamkeit, die den »pensioners« in ihrer Aufmachung zuteil wird, nehmen sie unverdrossen entgegen, und gern holen sie nach der Art von Veteranen weit aus, wenn man mit ihnen im Bus oder bei einem Glas Bier in den umliegenden Kneipen ins Gespräch kommt.

Die lichtdurchflutete Kirche des Royal Hospital mit dem 1714 datierten Auferstehungsfresko ist zu besichtigen, ebenso wie das kleine Museum und die fahnengeschmückte Great Hall, in der die Veteranen – beäugt von Königsporträts – ihre Mahlzeiten einnehmen. Nur wenige Touristen aber besuchen auch den anglikanischen Gottesdienst. Schade, denn besonders beeindruckend ist die bunte Zusammensetzung der unifomierten Gemeinde, angefangen bei den Militärs und dem Chor in weißen Hemden über rotem Talar bis hin zu den Bewohnern von Chelsea. In ihren Tweedkostümen und

Karl II. gründete 1682 das Royal Hospital für Kriegsveteranen, die ihm jedes Jahr mit einer Parade gedenken.

-anzügen stellen sie den Inbegriff der oberen britischen Mittelschicht dar, als wären sie einem Roman von Agatha Christie entsprungen.

Am Eingang stehen Offiziere mit federgeschmücktem Zweispitz. Drinnen beleben die scharlachroten Jacken der Pensionäre das Bild. Der Gottesdienst folgt der dem Katholizismus zugeneigten Liturgie der High Church mit Einzugsprozession, gesungener Messfeier sowie Fürbitten für die Königin und ihre Familie. Mitunter drängt sich der Verdacht auf, Königin und Vaterland zählten mehr als Gott. An einem Sonntag war zu beobachten, wie zwei gebrechliche alte Damen sich mühsam in die Kapelle schleppten. Erschöpft von der Anstrengung nahmen sie Platz und blieben sitzen, auch da, wo das Kirchenritual es anders verlangt. Doch sobald die Orgel die Nationalhymne anstimmte, mobilisierten die beiden alle Kräfte, um sich andächtig zu erheben. An kaum einem anderen Ort wird die Verschmelzung von Kirche, Königshaus und bürgerlicher Gesellschaft so anschaulich wie hier.

Perlmutt-Dynastien bei den Cockneys

Das Erntedankfest in St. Paul's, Covent Garden, am ersten Sonntag im Oktober dient als farbenprächtige Bühne für ein Londoner Kuriosum: die »Pearly Kings and Queens«. Sie zählen zu den britischen Institutionen, die den Eindruck erwecken, als gäbe es sie schon seit Jahrhunderten, selbst wenn sie gar nicht so alt sind. Die Vorfahren dieser Cockney-Pseudo-Dynastien gehen auf die Obst- und Gemüsehändler der Stadt zurück, die ihre Kleider mit Perlmuttknöpfen zu besticken pflegten, um sich von den anderen Marktleuten abzusetzen. Dem Brauch soll eine große Lieferung von Perlmuttknöpfen aus Japan in den 60er-Jahren des 19. Jahrhunderts zugrunde liegen. Die Obst- und Gemüsehändler hielten eng zueinander und versorgten die Kranken und Notleidenden in ihrer Gemeinschaft. Sie wählten auch einen der Ihren zum »König« als Anführer gegen andere Straßenhändler, die sie von ihrem angestammten Fleck vertreiben wollten.

WEGWEISER 19

Pearly Kings and Queens

➤ WC2, S. 8/9, [c 3] ➤ [G 4] **Bedford Street; Tel. 78 36 52 21; www.pearlysociety.co.uk; U-Bahn: Covent Garden**

Der Waise Henry Croft, der mit 13 Jahren eine Beschäftigung als Straßenfeger auf einem der Londoner Märkte fand, war von diesem Kameradschaftsgeist derart beeindruckt, dass er sich die Fürsorge der Obst- und Gemüsehändler zum Vorbild nahm und Geld für die Armen und Behinderten sammelte. Um auf sich aufmerksam zu machen, las er bei der Arbeit abgefallene Perlmuttknöpfe von der Straße auf und nähte sie auf seine Kleider, bis sie über und über mit glänzenden Stickereien besetzt waren. Croft spannte die Obst- und Gemüsehändler für seine karitative Arbeit ein. Bald gab es in jedem Londoner Bezirk eine »Pearly«-Familie.

Die 1875 begonnene Tradition wird von den Nachkommen der ursprünglichen Titelträger fortgesetzt. Ihre Anzüge, Hüte und Kleider, die mitunter 30 Kilogramm wiegen, werden ebenso wie Titel von einer Generation an die nächste weitervererbt. Viele der Dynastien haben sich bis heute gehalten. Beim Erntedankfest stellen sie stolz ihre funkelnde Montur zur Schau, und auch sonst kann man sie hier und da im Stadtbild erspähen. An jedem dritten Sonntag im Monat sammeln sie auf dem Platz vor der ehemaligen Markthalle in Covent Garden Geld für die wohltätigen Stiftungen, die sie unterstützen.

Über und über haben die »Pearlies« vom East End ihre Kleidung mit Permuttknöpfen bestickt. Traditionell sammeln sie Geld für wohltätige Zwecke.

ZU GAST IN LONDON

Vom Curry bis zum Carnival in Notting Hill bietet London eine ethnische Vielfalt, mit der keine europäische Stadt konkurrieren kann. Gleichzeitig wird der traditionelle englische Stil zelebriert, sei es beim Afternoon Tea oder beim Pferderennen in Ascot.

Hotels	70
SPEZIAL Nobelresidenzen mit Stil	74
Essen und Trinken	82
SPEZIAL Dim Sum bis Grand Menu	90
Einkaufen	94
SPEZIAL Fortnum & Mason	100
Wellness und Beauty	104
Am Abend	108
Feste und Events	118

Die Lobby Bar im »One Aldwych Hotel« bietet einen stilvollen Rahmen zum Aperitif (S. 109).

Welcome to London! Noch heute tragen manche Hotelportiers
den klassischen »Bowler«, der um 1860 erstmals in London gefertigt wurde.

DER DISKRETE CHARME DER HOTELLERIE

Londonbesucher können im Luxus schwelgen wie Blaublüter, in einem Logis auf der Höhe der Zeit nächtigen oder sich mit dem simpelsten Quartier bescheiden, um das Reisebudget zu strecken.

Die Londoner Hotelszene befindet sich im Umschwung. Eine Reihe preisgünstiger, stilvoller Herbergen gesellt sich zu den anspruchsvollen Adressen, die exorbitante Preise verlangen. Wer sich den Luxus des »Ritz« nicht leisten kann, aber auch nicht in einer der schmuddeligen Pensionen in Paddington oder Pimlico landen will, sollte frühzeitig planen. Die besten kleinen Hotels und B&Bs (Bed and Breakfast) haben wenige Betten und sind oft lange im Voraus ausgebucht. Das Gleiche gilt für die Jugendherbergen (Youth Hostels Association, www.yha.org.uk). In den Semesterferien bieten auch die Studentenwohnheime günstiges Quartier. Trotz der schlichten Einrichtung sind diese Zimmer begehrt, weil sie in der Nähe der Hauptattraktionen liegen. Bei längeren Aufenthalten lohnt sich eine möblierte Wohnung mit Küche. Die Apartments werden meist wochenweise vermietet (ab 450 £), teils mit, teils ohne Service (www.holidayapartments.co.uk). Darüber hinaus vermitteln Agenturen hübsche Zimmer mit Frühstück in Privathäusern (Uptown Reservations, Tel. 79 37 20 02, Fax 79 37 66 60; www.uptownres.co.uk). In London zahlt man stets pro Zimmer, Zusatzbetten kosten jedoch extra. Von der Suite über »twin beds« (zwei Einzelbetten) bis hin zum »quadruple« (vier Einzelbetten) gibt es viele Varianten. Es empfiehlt sich immer nachzufragen, ob die Mehrwertsteuer (VAT) von 17,5 Prozent im Zimmerpreis enthalten ist. Günstige Angebote finden sich im Internet, etwa bei www.london-discount-hotel.com. Frühstück, sei es das einfache »Continental« oder das nahrhafte »English breakfast« mit Rührei, gebratenem Schinkenspeck, Tomaten und Pilzen wird oft getrennt berechnet. Last-Minute-Reisende können sich gleich bei der Ankunft an das British Hotel Reservation Centre wenden (BHRC; www.bhrc.co.uk), das unter anderem in Heathrow, Gatwick und Victoria vertreten ist und keine Vermittlungsgebühr verlangt. Hunde sind normalerweise nicht zugelassen. Die Stiftung Holiday Care (Tel. 87 60 00 72; www.holidaycare.org.uk) informiert über behindertengerechte Unterkünfte.

Die Hotels in diesem Führer stellen wir Ihnen auf zweierlei Weise vor: nach ihrem jeweiligen Charakter und nach Preiskategorien sortiert. Die Rubriken ermöglichen eine leichtere Einschätzung von Ambiente und Ausstattung: Grandhotels liegen meist in repräsentativer Lage und sind entsprechend gediegen; Designhotels sind modern, oft mit Kunst bestückt, manchmal sachlich kühl; Familienhotels sind von der Anlage und Ausstattung her auch auf Familien mit Kindern eingestellt; Boutiquehotels sind meist kleinere Häuser mit persönlicher Note und kurzem Draht zum Gast; Häuser, die wir unter »Englischer

Stil« zusammengefasst haben, sind traditionell eingerichtet nach der Art britischer Landsitze; unter »Pensionen/Bed & Breakfast« sowie »Gut und günstig« fassen wir alles zusammen, was preisgünstig und dennoch empfehlenswert ist. In welche Preiskategorie ein Hotel gehört, können Sie im Infoteil des jeweiligen Hauses an den Punkten ablesen. Die Erklärung der Punkte finden Sie auf Seite 5.

DESIGNHOTELS

Great Eastern Hotel

Ein großspuriges Bahnhofshotel aus der Zeit, als das Reisen mit der Eisenbahn noch ein Luxuserlebnis war. Damals hatte das Hotel ein eigenes Rangiergleis im Bahnhof Liverpool Street, wo der Proviant ausgeladen wurde, darunter auch Meerwasser für das Salzwasserbad. Die viktorianische Architektur von Charles Barry, der auch das Parlament entworfen hat, harmoniert mit der von Terence Conran neu gestalteten Inneneinrichtung. Ideal für Geschäftsleute, die im Finanzzentrum zu tun haben, aber auch die Nähe zur brodelnden Szene in Hoxton schätzen. Aufwendiges Fitnesszentrum, fünf Restaurants sowie zwei Bars, die bei Angestellten der City populär sind.

➤ EC2 ➤ [L 3] 40 Liverpool Street; Tel. 76 18 50 00, Fax 76 18 50 01; www.great-eastern-hotel.co.uk; U-Bahn: Liverpool Street; 264 Zimmer, 3 Suiten ●●●● CREDIT ♿

The Halkin

Modernes italienisches Design hinter einer Backsteinfassade im klassizistischen Stil. Die Farbpalette orientiert sich an den vier Elementen. Viel Marmor, dessen Härte durch die Holztäfelung gemildert wird. Zum minimalistischen Konzept gehören auch die Armani-Uniformen des Personals. Ungewöhnlich große Zimmer mit allem Komfort. Bis zum 16. Lebensjahr übernachten Kinder im Zusatzbett kostenlos. Ein weiteres Plus ist das weltberühmte Hotelrestaurant »Nahm« des Australiers David Thompson, dem der Michelin den ersten Stern für seine thailändische Küche verliehen hat.

➤ SW1 ➤ [E 6] 1 Halkin Street; Tel. 73 33 10 00, Fax 73 33 11 00; www.halkin.co.uk; U-Bahn: Hyde Park Corner; 35 Zimmer, 6 Suiten ●●●● CREDIT

Kensington House Hotel

Das viktorianische Stadthaus nahe Kensington Gardens, das durch einen modernen Designerlook mit kolonialer Note aufgemöbelt worden ist, empfiehlt sich vor allem wegen seiner zentralen Lage. Die Zimmer sind klein, sauber und einfach eingerichtet, aber mit Internetanschluss ausgestattet. Einige haben sogar einen Balkon. Roomservice rund um die Uhr. Kontinentalfrühstück ist im Preis inbegriffen.

➤ W8 ➤ [B 5/6] 15–16 Prince of Wales Terrace; Tel. 79 37 23 45, Fax 73 68 67 00; www.kenhouse.com; U-Bahn: High Street Kensington; 41 Zimmer ●●● CREDIT

The Zetter

Witzig und modisch mit Stilelementen der 1960er- und 1970er-Jahre und trotzdem erschwinglich. Die Zimmer sind in einem viktorianischen Lagerhaus, das

Wer ein Faible für den Stil der 1960er- und 1970er-Jahre hat, wird sich im »Zetter« wohl fühlen.

unter ökologischen Gesichtspunkten umgebaut wurde, über fünf Stockwerke um ein glasüberdachtes Atrium angeordnet. Das Wasser kommt aus dem hoteleigenen Brunnen. Aus den Automaten im Flur, die die Minibar ersetzen, kann man Champagner, Bier, Zahnpasta, Ohrstöpsel, Fotoapparate sowie kostenlos Tee und Kaffee ziehen. Taschenbucheditionen der Klassiker und Wärmflaschen liegen im Zimmer aus. Interaktives Fernsehen mit einer Film- und Musikbibliothek. Das »Zetter« bezeichnet sich als »Restaurant mit Zimmern«. Die moderne mediterrane Küche ist offensichtlich auch bei der hippen Gemeinde von Clerkenwell begehrt.

➤ EC1 ➤ [J 2] **St. John's Square, 86–88 Clerkenwell Road; Tel. 73 24 44 44, Fax 73 24 44 45; www.thezetter.com; U-Bahn: Farringdon; 52 Zimmer, 7 Dachsuiten mit Terrasse ••• MASTER VISA AmEx**

Base2Stay

Zeitgemäßes Wohnen in günstig gelegenem Altbau. Die Preise werden durch den Verzicht auf Restaurant und Etagenservice niedrig gehalten. Dafür gibt es im Zimmer Kühlschrank und Mikrowelle. Eine Liste von Lokalen und Geschäften, die ins Haus liefern, liegt aus. Zum Frühstück geht man besser in eines der Cafés in der Umgebung, als die »Box« mit Croissant und Kaffee (4,95 £) auf dem Zimmer zu verzehren. Stockbetten und Dreibettzimmer mit Flachbildfernseher und kostenlosem Breitbandanschluss eignen sich besonders für Familien. Deluxe-Zimmer sind auf den anspruchsvolleren Gast zugeschnitten.

➤ SW5 ➤ [B 7] **25 Courtfield Gardens, Tel. 72 44 22 55, Fax 72 44 22 56; www.base2stay.com; U-Bahn: Earl's Court; 67 Zimmer •• MASTER VISA AmEx**

The Mayflower Hotel

Asiatisches und Europäisches, Klassik und Moderne sind in diesem Haus vereint. Die hellen Holzböden und Schnitze-

Weiter auf S. 76

NOBELRESIDENZEN MIT STIL

Schlossartige Interieurs und delikate Sandwiches: Wo Blaublütige und Prominente aus aller Welt gerne logieren.

CLARIDGE'S

Britische Adelige, die sich kein Stadtschloss mehr leisten konnten und Angehörige von europäischen Königs- und Fürstenhäusern quartierten sich gern als Dauergäste im »Claridge's« ein. Die Verbindung zu den Blaublütigen hält bis heute an. Aber auch Prominente aus dem Film- und Showgeschäft schwelgen gern im Art-déco-Glanz, der kürzlich von den Stardesignern Thierry Despont und David Collins erneuert wurde. In der gold schimmernden Hotelhalle mit den spiegelblanken schwarz-weißen Marmorfliesen kommt man sich vor wie in einem Film mit Fred Astaire und Ginger Rogers. Der Tee im Grand Foyer unter dem extravaganten Lüster des amerikanischen Glaskünstlers Dale Chihuly, begleitet von Streichmusik, gehört zu den Hochgenüssen eines Londoner Aufenthalts. Unbedingt vorher Plätze reservieren. Auch die anspruchsvolle Gourmetküche Gordon Ramsays ist nichts für Kurzentschlossene. Ein leichteres Dinner in eher intimem Rahmen wird im **Reading Room** serviert.

➤ W1 ➤ [E 4] **Brook Street; Tel. 76 29 88 60, Fax 74 99 22 10; www.claridges.co.uk; U-Bahn: Bond Street; 136 Zimmer, 67 Suiten •••• CREDIT ♿**

Original Art-déco-Gestaltung und viktorianische Architektur gehen im »Claridge's« eine gelungene Symbiose ein.

THE LANESBOROUGH

Die raffiniert drapierten Vorhänge, holzgetäfelten Wände und Empiremöbel machen vergessen, dass dieses Hotel, in dem ein Butler dem Gast rund um die Uhr zu Diensten steht, einst ein Krankenhaus war. Auch die Zimmer mit Blick auf die Gärten von Buckingham Palace und nach Norden hin auf den Hyde Park sind im förmlichen französischen Stil eingerichtet. Personalisierte Briefköpfe und Visitenkarten sind im Preis inbegriffen. In der **Library Bar** wird britische Herrenklubatmosphäre für den amerikanischen Geschmack geboten, der auch bei russischen Gästen Gefallen findet. Der Oberbutler bietet Benimmstunden für Kinder an.

➤ SW1 ➤ [E 5] **Hyde Park Corner; Tel. 72 59 55 99, Fax 72 59 56 06; www.lanesborough.com; U-Bahn: Hyde Park Corner; 49 Zimmer, 46 Suiten •••• CREDIT ♿**

Das ausgefallene Dekor des Designers Philippe Starck macht das »Sanderson« zu einem der modernsten Hotels in London.

THE RITZ

Am Eingang zum »Ritz« haben sich Prinz Charles und Camilla nach jahrelangem Versteckspiel im Januar 1999 erstmals als Paar der Öffentlichkeit gestellt. In dem 1906 eröffneten Inbegriff des Grandhotels feierte die Königin im engsten Familien- und Freundeskreis ihren 80. Geburtstag. Sie setzte damit die Tradition ihres lebemännischen Urgroßvaters Eduard VII. fest, der den Gründer César Ritz, als »Hotelier des Königs und König der Hoteliers« würdigte. Bedienung wird im »Ritz« großgeschrieben. Davon profitieren auch Kinder. Jeans und Turnschuhe sind aus den öffentlichen Räumen verbannt. Es herrscht Krawatten- und Jackettzwang. Im **Palm Court** gibt es zur Teestunde delikate Sandwiches. Mit dem Blick auf Green Park und der Louis-XVI.-Einrichtung bietet der Speisesaal einen besonderen Rahmen. In der im Art-déco-Stil ausgestatteten Bar **Rivoli** bestellen sich Wagemutige den Champagnercocktail mit Grand Marnier und Wodka.

➤ SW1 ➤ [F 5] **Piccadilly; Tel. 74 93 81 81, Fax 74 93 26 87; www.theritzlondon.com; U-Bahn: Green Park; 116 Zimmer, 17 Suiten**

•••• CREDIT ♿

Zweckentfremdet: das exklusive »Lanesborough« an Hyde Park Corner. Knightsbridge war früher ein Krankenhaus.

SANDERSON

Dieses flippige Szenehotel am nördlichen Rand von Soho setzt sich betont von den exklusiven Häusern ab, die den traditionellen britischen Stil pflegen. Hier stößt Rokoko auf Minimalismus. Der Designer Philippe Starck hat den lichten Interieurs eine surreale Note verliehen. Alles ist auf Mode getrimmt – von der Wellness-Philosophie des ganz in Weiß gehaltenen **Agua Spa** bis hin zum Innenhof, in dem man in fernöstlichem Ambiente bei flackerndem Kerzenlicht milde Londoner Abende genießen kann. Die stimmungsvolle **Long Bar** wird von Promis aus der Fashionszene frequentiert.

➤ W1 ➤ [F 3] **50 Berners Street; Tel. 73 00 14 00, Fax 73 00 14 01; www.sandersonlondon.com; U-Bahn: Tottenham Court Road; 150 Zimmer und Suiten**

•••• CREDIT ♿

reien verleihen individuellen Charakter. Die Zimmer sind mit Antiquitäten aus Indien und dem Fernen Osten eingerichtet. Knallrote Marmorbäder, »family rooms« mit Etagenbetten.

➤ SW5 ➤ [A 7] **26–28 Trebovir Road, Earl's Court; Tel. 73 70 09 91, Fax 73 70 09 94; www.mayflowerhotel.co.uk; U-Bahn: Earl's Court; 47 Zimmer •• CREDIT**

Hotelbetrieb nach dem Vorbild der Billigflieger: das »Hoxton« im aufstrebenden Osten der Stadt

The Rockwell

Dieses Designhotel findet bei Leuten aus der Bekleidungsbranche besonderen Anklang. In den modischen Interieurs vergisst man, dass das Hotel an der viel befahrenen Ausfahrtstraße nach Westen liegt. Kompakte Zimmer mit Roomservice rund um die Uhr. Angenehmer Garten mit Südlage, der nachts schön beleuchtet ist. Sogenannte Mezzanin-Suiten auf zwei Ebenen. Einige Zimmer haben einen eigenen Patio.

➤ SW5 ➤ [A 7] **181–183 Cromwell Road; Tel. 72 44 20 00, Fax 72 44 20 01; www.therockwell.com; U-Bahn: Earl's Court; 36 Zimmer, 4 Suiten •• VISA MASTER AmEx ♿**

The Hoxton

Offene Kamine, unverputzte Backsteinwände und moderne Ledersofas: Retrochic und Industriedesign treffen in diesem Hotel nahe der City, Sotalfields und der Szene von Hoxton aufeinander. Die Zimmer nach hinten zur Willow Street hin sind am ruhigsten. Der Besitzer und Mitgründer der Sandwichkette »Prêt à Manger« strebt Stil und Bequemlichkeit an, ohne dass sich das auf die Übernachtungspreise auswirkt. Für diese Kategorie bietet das Haus einen ungewöhnlich hohen Komfort: Bettwäsche vom italienischen Textilhersteller Frette, frische Milch in der Minibar für den selbst zubereiteten Kaffee, keine erhöhten Telefongebühren und kostenloser WiFi-Internetanschluss. Wer zuerst bucht, zahlt wie beim Billigflieger am wenigsten. Im Innenhof mit Glasfassade sitzt man bei schönem Wetter im Freien. Das Bistro-Restaurant serviert traditionelle angloamerikanische Gerichte in modernem Flair.

➤ EC2 ➤ [L 2] **81 Great Eastern Street; Tel. 75 50 10 00, Fax 75 50 10 90; www.hoxtonhotels.com; U-Bahn: Old Street; 205 Zimmer • CREDIT ♿**

FAMILIENHOTELS

Premier Travel Inn, County Hall

Funktionales und günstiges Wohnen im ehemaligen Sitz der von Margaret Thatcher abgeschafften Großlondoner Stadtverwaltung. Der gewaltige Bau an der

Themse neben dem London Eye und gegenüber dem Parlament wurde 1933 von Georg V. eröffnet. Er wurde umfunktioniert in einen Komplex, der auch das »Aquarium«, ein »Marriott Hotel« und verschiedene Restaurants beherbergt. Das »Premier Travel Inn« ist besonders geeignet für Familien. Im Zimmer dürfen zwei Kinder ohne Zuschlag auf Klappbetten nächtigen.

➤ SE1 ➤ [H 5] **Belvedere Road; Tel. 0 87 02 38 33 00, Fax 79 02 16 19; www.premiertravelinn.com; U-Bahn: Waterloo; 313 Zimmer •• CREDIT ♿**

Premier Travel Inn, Southwark

Ein modernes Hotel in einer kleinen Kopfsteinpflasterstraße nahe den Sehenswürdigkeiten des südlichen Themseufers. Kompakte Bäder und einfache Zimmer mit Buchenholzmöbeln und einem breiten Doppelbett mit zwei durch einen Reißverschluss verbundenen Matratzen. Preiswert für Familien, die hier zu viert in einem Zimmer schlafen können. Das Frühstück wird im benachbarten »Anchor Pub« serviert, von wo aus Samuel Pepys 1666 die Zerstörung der City durch den Großen Brand beobachtet hat (→ S. 217).

➤ SE 1 ➤ [K 5] **34 Park Street; Tel. 0 87 09 90 64 02, Fax 0 87 09 90 64 03; www.premiertravelinn.com; U-Bahn: London Bridge; 56 Zimmer •• CREDIT ♿**

BOUTIQUEHOTELS

Baglioni

In Luxus schwelgen kann man in diesem Haus direkt gegenüber von Kensington Palace und dem Park. Die Dienste eines Butlers sind im Preis inbegriffen, und auf Wunsch steht auch ein persönlicher Einkaufsberater zur Verfügung. Opulente italienische Einrichtung mit dunklen Holzfußböden und Marmor und den vorherrschenden Farben Schwarz und Gold. Espres-

Italienisches Flair erwartet den anspruchsvollen Gast in der Bar und im Restaurant des »Baglioni«.

somaschine, Telefone von Bang & Olufsen und Flachbildfernseher mit Zugang zu 150 Filmen auf dem Zimmer. Im Restaurant »Brunello« wird feine italienische Küche aufgetischt.
➤ SW7 ➤ [B 6] **60 Hyde Park Gate; Tel. 73 68 57 00, Fax 73 68 57 01; www.baglionihotels.com; U-Bahn: High Street Kensington; 18 Zimmer, 50 Suiten •••• CREDIT**

Blakes

Der Vorreiter unter den Londoner Boutiquehotels und immer noch eine beliebte Adresse bei Stars, die sich in dem überschwänglichen, wenn auch inzwischen etwas abgenutzten Glamour von Anouska Hempels Dekor wohlfühlen. Theatralische Kulisse im Stil der alten Kolonialwelt. Die Zimmer sind eher klein, aber liebevoll individuell eingerichtet. Manche sind dunkel und im Biedermeierstil ausgestattet, andere hell wie ein Damenzimmer in den Tropen. Himmelbetten, bemalte Fußböden, Wände mit kräftigen horizontalen Streifen.
➤ SW7 ➤ [B 7] **33 Roland Gardens; Tel. 73 70 67 01, Fax 73 73 04 42; www.blakeshotels.com; U-Bahn: Gloucester Road; 45 Zimmer, 3 Suiten •••• CREDIT**

Covent Garden Hotel

Stilvoll eingerichtetes Boutiquehotel in einem ehemaligen Krankenhaus des 19. Jahrhunderts mitten in Covent Garden. Die dramatischen Draperien im Empfang spielen auf die Nähe zu den umliegenden Theatern an, und die hauseigene Brasserie »Max« ist auf Soupers vor und nach den Vorstellungen eingestellt. Großzügige Zimmer mit effektvollen asiatischen Dekostoffen. Besonders begehrt sind die gemütlichen Dachzimmer mit schrägen Wänden und Balken. Woody Allen hat sich in diesem Hotel während der Dreharbeiten zu seinen Film »Match Point« einquartiert, und auch andere Filmgrößen tauchen gerne hier unter.
➤ WC2 ➤ [G 4] **10 Monmouth Street; Tel. 78 06 10 00, Fax 78 06 11 00; www.firmdale.com/covent; U-Bahn: Leicester Square; 56 Zimmer, 2 Suiten ••••**
MASTER VISA AmEx

Miller's Residence

Martin Miller, Autor einer erfolgreichen Reihe von Antiquitätenführern, hat sich

Im Kaminzimmer des »Covent Garden Hotel« lässt es sich nach einem ausgiebigen Stadtbummel entspannen.

mit seiner skurrilen Bleibe über einem brasilianischen Restaurant in einer mehrstöckigen Wohnung nahe der Portobello Road eingenistet. Das Sammelsurium aus altem Mobiliar und Schnickschnack wirkt wie eine überladene Opernkulisse. Die Zimmer sind nach Dichtern der englischen Romantik – Keats, Wordsworth, Blake, Browning, Byron, Coleridge und Tennyson – benannt und im Stil ihrer Zeit eingerichtet. Himmelbetten, Salon mit Kamin und Kerzenlicht. Das Frühstück wird an einem großen Tisch serviert. Eine Trouvaille für Liebhaber der Boheme.

➤ W2 ➤ [A 4] **111a Westbourne Grove; Tel. 72 43 10 24, Fax 72 43 10 64; www.millersuk.com; U-Bahn: Notting Hill Gate, Bayswater; 5 Zimmer, 2 Suiten •••**
MASTER VISA AmEx

Number Sixteen
Hinter der diskreten Stuckfassade dieses viktorianischen Stadthauses in South Kensington verbirgt sich ein Haus der Luxusklasse. Es gehört zum stetig wachsenden Portfolio des Ehepaars Tim und Kit Kemp, das einen eigenwilligen, frischen und dennoch sehr englischen Stil entwickelt hat und jedem seiner Etablissements, darunter auch das »Covent Garden Hotel« (→ S. 78), eine individuelle Note verleiht. Kein Zimmer ist wie das andere. Mahlzeiten werden im Wintergarten mit Blick auf den Garten serviert.

➤ SW7 ➤ [C 7] **16 Sumner Place; Tel. 75 89 52 32, Fax 75 84 86 15; www.firmdale.com; U-Bahn: South Kensington; 42 Zimmer •••**
MASTER VISA AmEx

ENGLISCHER STIL

The Egerton House Hotel
Höchster Komfort im englischen Landhausstil wenige hundert Meter von Harrods entfernt an einem ruhigen, begrünten Platz. Dieses 1990 in Knightsbridge eröffnete Hotel besteht aus zwei zusammengelegten viktorianischen Backsteinhäusern. Klimatisierte Zimmer, viele mit Blick auf den Garten.

➤ SW3 ➤ [C/D 6] **Egerton Terrace; Tel. 75 89 24 12, Fax 75 84 65 40; www.egertonhousehotel.co.uk; U-Bahn: Knightsbridge; 30 Zimmer ••••** CREDIT

The Goring

Dieses elegante Hotel im traditionellen englischen Stil ist hinter Buckingham Palace (→ S. 134) gelegen. Durch den persönlichen Akzent unterscheidet sich das »Goring« von den meisten Häusern dieser Kategorie. Es wird heute vom Urenkel des Gründers geführt. Als das »Goring« 1910 eröffnet wurde, war es das erste Londoner Hotel, in dem jedes Zimmer über Zentralheizung und ein eigenes Bad verfügte. Am schönsten sind die Zimmer mit Blick auf den Garten. Der Speisesaal wurde unlängst vom Möbeltischler David Linley, einem Neffen der Königin, renoviert.

➤ SW1 ➤ [E 6] 15 Beeston Place, Grosvenor Gardens; Tel. 73 96 90 00, Fax 78 34 43 93; www.goringhotel.co.uk; U-Bahn: Victoria; 65 Zimmer, 6 Suiten ●●●● CREDIT

Ein eleganter Ort der Ruhe in der Nähe von Belgravia und Buckingham Palace: das »Goring«

The Beaufort

Eine ruhige Bleibe in einer kleinen Sackgasse in Knightsbridge mit überaus aufmerksamem Service. Vom Einkaufen kann man sich bei einem Glas Champagner erholen, das wie der Cream Tea am Nachmittag und die hausgemachte Schokolade gratis ist. An den vorwiegend cremefarbenen Wänden in den mit allem modernen Komfort ausgestatteten Zimmern hängen Blumenaquarelle.

➤ SW3 ➤ [D 6] 33 Beaufort Gardens; Tel. 75 84 52 52, Fax 75 84 52 52; www.thebeaufort.co.uk; U-Bahn: Knightsbridge; 29 Zimmer ●●● CREDIT

Durrants

Zentral gelegen nördlich der Oxford Street. Leicht verstaubter altenglischer Stil zu vernünftigen Preisen. Getäfelte Wände und englische Stiche machen den Besuch zu einer Reise in die Vergangenheit. Teil einer georgianischen Häuserreihe, die 1790 in ein Hotel umgebaut wurde und seit 1921 von derselben Familie bewirtschaftet wird.

➤ W1 ➤ [E 3] George Street; Tel. 79 35 81 31, www.durrantshotel.co.uk; U-Bahn: Bond Street; 88 Zimmer, 4 Suiten ●●● MASTER VISA AmEx

Eleven Cadogan Gardens

Die klubähnliche Atmosphäre und der persönliche Service dieser diskreten Unterkunft in einer ruhigen Seitenstraße beim Sloane Square ist bei Kunst- und Antiquitätenhändlern besonders beliebt. Die Backsteinhäuser wurden auf dem Cricketfeld von Lord Chelsea errichtet. Von den traditionell gestalteten Zimmern mit WiFi-Zugang sieht man nach hinten in einen Garten. Sauna und Fitnessraum. Sherry und Canapés zur Cocktailstunde gehen aufs Haus.

➤ SW3 ➤ [D 6/7] **11 Cadogan Gardens; Tel. 73 76 77 11, Fax 77 30 52 17; www.number-eleven.co.uk; U-Bahn: Sloane Square; 55 Zimmer, 4 Suiten ••• CREDIT**

PENSIONEN/BED & BREAKFAST

B & B Belgravia

Schon das moderne Design hebt diese Bleibe nahe des Victoria-Bahnhofs und der hübschen Geschäfte von Belgravia von den meisten Pensionen ab. Aufenthaltsraum mit Kaffeemaschine, DVD-Bibliothek und kostenlosem Internetzugang auf dem gemeinschaftlichen Computer.

➤ SW1 ➤ [E 6] **64–66 Ebury Street; Tel. 78 23 49 28, Fax 72 59 85 91; www.bb-belgravia.com; U-Bahn: Victoria; 17 Zimmer •• MASTER VISA AmEx ♿**

Hampstead Village Guesthouse

Dieses Gästehaus ist sehr familiär und mit Antiquitäten, die die holländische Besitzerin gesammelt hat, eingerichtet. Alle Zimmer haben einen Kühlschrank und einen Wasserkessel, sodass man sich Tee und Kaffee selbst zubereiten kann. Drei Zimmer ohne eigenes Bad. Es gibt auch eine separate Studiowohnung. Im Sommer wird im Garten gefrühstückt. Zum weitläufigen Park Hampstead Heath geht man nur wenige Minuten.

➤ NW1 ➤ [nördl. C 1] **2 Kemplay Road; Tel. 74 35 86 79, Fax 77 94 02 54; www.hampsteadguesthouse.com; U-Bahn: Hampstead; 9 Zimmer •• MASTER VISA AmEx**

GUT UND GÜNSTIG

Bankside House Residence

In diesem gigantischen Studentenwohnheim mit Platz für mehr als 800 Menschen direkt neben Tate Modern (→ Top Ten, S. 193) gibt es Ein- bis Vierbettzimmer mit Waschbecken im Zimmer, viele haben aber auch ein eigenes Bad. Spielzimmer, Bügelzimmer, Münzwäscherei und Bar. Englisches und kontinentales Frühstück. In den Semesterferien werden die freistehenden Zimmer vermietet.

➤ SE1 ➤ [J 5] **24 Sumner Street; Tel. 79 55 75 75; www.lse.ac.uk/vacations; U-Bahn: Southwark • MASTER VISA ♿**

easyHotel

Das billigste Hotelzimmer in London, 15 Minuten von Harrods und den Museen in Kensington und Knightsbridge entfernt, wirkt eher wie eine Gefängniszelle. Das Quartier des easyJet-Gründers Stelios Haji-Ioannou funktioniert nach dem gleichen Prinzip wie seine Billigflieger: Wer zuerst bucht, bekommt den günstigsten Preis. Fensterlose, schrankgroße Zimmer mit Doppelbett und eigenem Duschraum.

➤ W8 ➤ [A/B 6] **14 Lexham Gardens; www.easyhotel.com; U-Bahn: Earl's Court, Gloucester Road; 29 fensterlose Zimmer, 3 mit Fenster, 2 Zimmer für Behinderte • CREDIT**

Opulenter Stil und raffinierte Küche: das frisch renovierte Fischrestaurant »Scott´s« in Mayfair. Zeitgenössische Kunst ziert die Wände des Lokals (S. 91).

VIELVÖLKERKÜCHE NACH BRITISCHER ART

Ob im raffinierten Sternelokal oder im Pub – die Londoner Gastronomie bietet Gaumenfreuden, die das alte Klischee von der englischen Küche längst ins Reich der Vergangenheit verwiesen haben.

Früher galt das Essen in London als miserabel, inzwischen gehört es zu den Höhepunkten des Besuchs. In der Vielvölkerstadt sind die Küchen unzähliger Regionen und Länder vertreten. Traditionell englisch ist am ehesten das Frühstück. Trotz der breiten Spanne an Geschmacksrichtungen und Preislagen kann man in London selten günstig essen. Bei den feinen Adressen ist eine Tischreservierung vor allem für abends unerlässlich, einige Lokale sind Wochen im Voraus belegt. In manchen Spitzenrestaurants herrscht Krawattenzwang, sonst ist der Dresscode meist legerer.

Die Gourmettempel bieten mittags häufig ein preiswerteres Tagesmenü (set menu) mit zwei oder drei Gängen an. Auch Vegetarier müssen nicht hungern. Fast alle Küchen sind auf sie eingestellt. Lunch wird normalerweise von 12.30 bis 14.30 Uhr serviert, Abendessen zwischen 19 und 22.30 Uhr. Es setzt sich allerdings auch auf der gehobeneren Ebene zunehmend das Konzept der durchgehend geöffneten Küche durch.

In den vergangenen Jahren hat sich die neue Gattung des Gastropubs etabliert, eine Verschmelzung von Gastronomie und Pub. Einige dieser Lokale haben inzwischen sogar einen Michelin-Stern. Das am 1. Juli 2007 in Kraft getretene Rauchverbot schließt auch Restaurants, Pubs und Klubs ein.

Ein Trinkgeld von 12,5 bis 15 Prozent ist oftmals im Rechnungsbetrag inbegriffen, mitunter auch dann, wenn eine leere Zeile mit dem Wort »gratuity« auf dem Kreditkartenbeleg erscheint. Mastercard und Visa werden fast überall angenommen, American Express und Diners Card sind weniger beliebt.

Die Erläuterungen zu den Preiskategorien und zu den Symbolen finden Sie auf Seite 5.

RESTAURANTS

Wilton's

In diesem wunderbar altmodischen Rahmen werden klassische britische Gerichte von Seezunge und Grouse (Moorhuhn) bis hin zu Bread and Butter Pudding serviert. Kleinere Gerichte oder ein Glas Champagner gönnt man sich auf hohen Hockern an der Bar. Es herrscht eine förmliche Atmosphäre wie in einem Herrenklub. Kellner eilen herbei, um zu verhindern, dass man das Jackett auszieht. Ursprünglich ein Stand mit Austern, Krabben und Herzmuscheln, besteht dieser Betrieb in der ein oder anderen Form seit dem Jahr 1742. Das »Wilton's« wird von Adeligen, Politikern und Geschäftsleuten frequentiert.

➤ SW1 ➤ [F 5] **55 Jermyn Street; Tel. 76 29 99 55; www.wiltons.co.uk; U-Bahn: Green Park, Piccadilly; Mo–Fr 12.30–14.30, 18.30–22.30 Uhr •••/•••• CREDIT**

Der indische Starkoch Vivek Singh kreiert im »Cinnamon Club« eine Küche, in der Osten und Westen perfekt harmonieren.

Bibendum Oyster Bar

Die eigenwillige Jugendstilarchitektur und die bunten Glasfenster mit dem reifenschwülstigen Michelin-Mann im Foyer der ehemaligen Niederlassung des Reifenherstellers Michelin steigern das Schlemmererlebnis. Nomen est omen: Austern und Meeresfrüchte sind die Specials.

➤ SW3 ➤ [C 7] **Michelin House, 81 Fulham Road; Tel. 75 81 14 80; www.bibendum.co.uk; U-Bahn: South Kensington; Mo–Sa 12–22.30, So 12–22 Uhr ••• CREDIT**

Cinnamon Club

Raffinierter Inder in dem spektakulären Ambiente einer Bibliothek aus dem Jahr 1897, mitsamt den alten Bücherregalen Parkettfußböden und Holzparavents und . Weiße Tischtücher, indischer Stein und Bilder von Hindugöttern. Die Essenz der modernen, südindischen Küche kombiniert mit französischen Methoden gibt den Speisen eine überraschende Wendung. Der »Cinnamon Club« wird von Parlamentariern, die ihre Büros um die Ecke haben, und Jetsettern gut besucht, auch zum Frühstück.

➤ SW1 ➤ [G 6] **The Old Westminster Library, Great Smith Street; Tel. 72 22 25 55; www.cinnamonclub.com; U-Bahn: Westminster, St. James's Park; Mo–Fr 7–9.30, 12–14.40, Mo–Sa 18–10.45 Uhr ••• CREDIT**

Clarke's

Bei Sally Clarke ging man früher dasselbe Risiko ein wie bei einer Dinnereinladung im Freundeskreis: Abends gab es nur ein festes Menü. Inzwischen bietet die Inhaberin in ihrem Drei- oder Viergängemenü für jeden Gang eine kleine Auswahl an Gerichten an, die von der Jahreszeit bestimmt ist. Die Betonung liegt auf frischen Biozutaten, die von kleinen Produzenten bezogen werden. Büffelmozzarella wird zweimal in der Woche aus Neapel eingeflogen, Schalentiere reisen mit dem Nachtzug aus Schottland an. Die Küche ist inspiriert von der kalifornischen Verschmelzung mediterraner und neuweltlicher Einflüsse: Gegrillte Ciabatta mit schottischen Pfifferlingen, gerösteter Seeteufel mit Kreuzkümmel gewürzten Kirschtomaten und Koriander, Gelee von weißem Pfirsich, Himbeeren und Rosé mit Sahne und Lavendel-Butterkeks könnten beispiels-

weise auf der Karte stehen. Man sitzt in pastellfarbenem Interieur auf Korbstühlen. Bei der Buchung sollte man unbedingt einen Tisch auf Straßenebene bestellen. Nebenan betreibt Sally Clarke einen wunderbaren Feinkostladen mit einem Café. Hier gibt es hausgemachte Trüffel, Käse, Olivenöl sowie frisch gebackenes Brot aus der eigenen Bäckerei.

➤ W8 ➤ [A 5] **122 und 124 Kensington Church Street; Tel. 72 21 92 25; www.sallyclarke.com; U-Bahn: Notting Hill Gate; Restaurant: Mo–Fr 12.30–14, Di–Sa 19–22 Uhr, Brunch Sa 11–14 Uhr ••• CREDIT Geschäft: Tel. 72 29 21 90; Mo–Fr 8–20, Sa 8–16 Uhr**

Galvin

Das »bistrot de luxe« der Brüder Galvin, die als Tellerwäscher angefangen haben, liegt in derselben Straße wie die fiktive Wohnung des Meisterdetektivs Sherlock Holmes. Kaffeebraune Lederbänke, holzgetäfelte Wände, Schieferfußboden, Leinentischtücher und Kellner mit langen weißen Schürzen – hier verschmelzen Tradition und Innovation. Das Gleiche gilt für die Küche, die französische Standardgerichte wie Schweineterrine, Entenconfit mit Linsen und Crème brûlée auf allerhöchstem Niveau zubereitet. Auch das Weinangebot ist erlesen. Für die gebotene Qualität sind die Preise überaus maßvoll. Der Erfolg hat sich schnell herumgesprochen. Man muss einen Tisch mindestens zwei Wochen im Voraus reservieren.

➤ W1 ➤ [D 3] **66 Baker Street; Tel. 79 35 40 07; www.galvinbistrotdeluxe.co.uk; U-Bahn: Baker Street; tgl. 12–15 und 18.30–22.30 Uhr ••• CREDIT**

Moro

Hier wird man mit kreativer iberisch-nordafrikanischer Küche aus dem Holzofen oder vom Holzkohlegrill verwöhnt. Für den kleinen Hunger gibt es an der langen Zinkblechtheke durchgehend Tapas. Minimalistische Einrichtung, jugendlich-animiertes Ambiente in einer belebten Fußgängerstraße. Im Sommer werden die Tische nach draußen gestellt. Authentische Zutaten, viele Sherrysorten. Nebenan befindet sich Brindisa, der beste Importeur spanischer Lebensmittel, mit dem das Team vom »Moro« eng zusammenarbeitet.

➤ EC1 ➤ [H/J 2] **34–36 Exmouth Market; Tel. 78 33 83 36; www.moro.co.uk; U-Bahn:**

Farringdon; Mo–Fr 12.30–14.30, Sa 13–17, Mo–Sa 19–22 Uhr, So geschl. ••• CREDIT

J. Sheekey

In einer kleinen Gasse mitten in der Theatergegend ließ sich 1896 der Marktbudenbesitzer Josef Sheekey mit seiner Austernbar nieder. Er bekam die Zulassung vom Verpächter Lord Salisbury unter der Bedingung, dass er das Essen für dessen private Soupers nach der Theatervorstellung lieferte. Inzwischen zählt das neu eröffnete Lokal zu den besten Fischrestaurants der Stadt. Es ist eine beliebte Zuflucht von Stars, die den Paparazzi-Rummel vor dem Schwesterlokal »The Ivy« scheuen und die diskretere Atmosphäre der fünf ineinander übergehenden holzgetäfelten Räume des »J. Sheekey« vorziehen.

➤ WC2 ➤ [G 4] **28–32 St. Martin's Court; Tel. 72 40 25 65; www.caprice-holdings.co.uk; U-Bahn: Leicester Square; Mo–Sa 12–15, 17.30–24, So 12–15.30, 18–24 Uhr ••• CREDIT**

Wapping Food

Der ebenso spektakuläre wie atmosphärische Rahmen des ehemaligen Wasserkraftwerks, dessen stillgelegte Maschinen als Kulisse dienen, ist schon den Ausflug in das einstige Hafengebiet wert. Originelle, moderne Küche. Die weitläufigen Industrieflächen werden auch für zeitgenössische Kunstausstellungen genutzt. (→ Tour 1).

➤ E1 ➤ [N/O 4/5] **Wapping Hydraulic Power Station, Wapping Wall; Tel. 76 80 20 80; www.thewappingproject.com; U-Bahn: Wapping; Mo–Fr 12–15.30, 18.30–23 Uhr, Sa, So 10–12.30 Uhr Brunch, 13–16, 19–23 Uhr ••• MASTER VISA AmEx**

Carluccio

Schnell wachsende Kette ganztägig geöffneter Lokale, die eine Kombination aus Café, Restaurant und Delikatessengeschäft sind. Das »Carluccio« zeichnet sich aus durch traditionelle italienische Küche, schnelle Bedienung, geschmackvolles, modernes Interieur und vor allem

»Wapping Food«: jahreszeitlich inspirierte Küche im exzentrischen Ambiente eines alten Wasserkraftwerks

für Londoner Verhältnisse erstaunlich günstige Preise. Zahlreiche Filialen.
➤ SW7 ➤ [D 6] 1 Brompton Road; Tel. 75 81 81 01; www.carluccios.com; U-Bahn: South Kensington; Mo–Fr 8–23, Sa 9–23, So 10–22.30 Uhr •• MASTER VISA AmEx

Geales

In einer kleinen Seitenstraße von Notting Hill liegt dieses altmodisch-gehobene Fish-and-Chips-Lokal. Unscheinbare Einrichtung, Papiertischtücher, unprätentiöse Speisen. Die Tatarsauce ist selbst gemacht. Es gibt auch Austern, Kaviar und Räucherlachs, am besten entscheidet man sich aber für die Hausmannskost: In dünnem Backteig knusprig gebratener Kabeljau mit Pommes frites, Lachsfrikadellen oder Fish Pie, ein Meeresgulasch mit Kartoffelbrei und überbackenem Käse, der auch in einer vegetarischen Variante angeboten wird.
➤ W8 ➤ [A 5] 2 Farmer Street; Tel. 77 27 75 28; www.geales.co.uk; U-Bahn: Notting Hill; Mo–Sa 12–15 und 18–23 Uhr, So 18–22.30 Uhr, mittags geschl. •• MASTER VISA AmEx

Itsu

Hippe Sushi und kleine, orientalisch angehauchte Fusion-Gerichte, die man sich vom Fließband nimmt. Ideal für den Heißhunger und für Alleinreisende, die nicht viel Zeit mit Essen verbringen wollen. Man kann auch heiße Speisen wie Huhn Teriyaki oder gegrillte Riesengarnelen bestellen. Farbkodierte Teller geben die Preisskala an. Relativ günstig, solange man sich beherrscht und nicht zu viele Platten mit Goldrand aufstapelt.
➤ SW3 ➤ [D 7] 118 Draycott Avenue; Tel. 75 90 24 00; www.itsu.co.uk; U-Bahn: South Kensington; Mo–Sa 12–23, So 12–22 Uhr •• MASTER VISA AmEx
➤ W1 ➤ [F 4] 103 Wardour Street; Tel. 74 79 47 90; U-Bahn: Oxford Circus, Piccadilly; Mo–Do 12–23, Fr, Sa 12–24, So 13–22 Uhr
➤ E14 ➤ [westl. O 5] Level 2, Cabot Place East, Canary Wharf; Tel. 75 12 57 90; U-Bahn: Canary Wharf

Lucky 7

Der große Renner von Tom Conran, Sohn des Designpapstes Terence Conran: ein amerikanischer Diner (Imbisslokal), der Kenner in eine der weniger ansehnlichen Straßen von Notting Hill lockt. Opulente Burger (Käse, Fisch und Rind) mit saftigen Zwiebelringen und dicken oder dünnen Pommes nach Belieben. Klassische Americana wie Club Sandwich, New England Clam Chowder oder Caesar Salad und zum Frühstück Buttermilchpfannkuchen oder Eier mit Speck.
➤ W2 ➤ [A 3] 127 Westbourne Park Road; Tel. 77 27 67 71; U-Bahn: Westbourne Park, Royal Oak; Mo–Sa 8–23, So 9–22.30 Uhr •• MASTER VISA

Rasa Samudra

Unverfälschte südindische Meeresküche, wie sie den Zugewanderten des Subkontinents von zu Hause vertraut ist. Das Restaurant ist nicht zu übersehen: Es ist außen pink angestrichen, und innen gibt die Farbe ebenfalls den Ton an. Ausgefallene Fischgerichte und vegetarische Speisen bilden den Schwerpunkt, zum Beispiel Krebs mit Senfkörnern, Ingwer und Kokus; Riesengarnelen mit Chili,

Tamarinde und grüner Mango. Zum Kennenlernen nimmt man am besten das Kerala Feast. Der aus dem südwestlichen Zipfel Indiens stammende Besitzer betreibt eine ganze Kette von Lokalen, die sich großer Beliebtheit erfreuen.

➤ W1 ➤ [F 3] **5 Charlotte Street; Tel. 76 37 02 22; www.rasarestaurants.com; U-Bahn: Goodge Street, Tottenham Court Road; Mo–Sa 12–15, Mo–So 18–23 Uhr ••**
MASTER VISA AmEx

Royal China

Kitschiges, schwarz lackiertes Interieur und schroffe Bedienung durch Kellnerinnen in Goldbrokat, aber berühmt für seine köstlichen Dim Sum (gedünstete, gebackene oder frittierte Häppchen). Umfangreiche Karte mit kantonesischen Klassikern, es empfiehlt sich jedoch unter den »chef's specials« zu wählen. Die vielen ostasiatischen Gesichter an den Tischen bürgen ebenso wie die Schlangen zur Mittagszeit für Qualität. In den vier Niederlassungen ist es immer voll. Spektakulär ist die Lage am Wasser in Canary Wharf, wo man auch draußen essen kann, am authentischsten ist das Mutterhaus in Queensway.

➤ E14 ➤ [westl. O 5] **30 Westferry Circus; Tel. 77 19 08 88; U-Bahn: Westferry**
➤ W2 ➤ [B 4] **13 Queensway; Tel. 72 21 25 35; U-Bahn: Bayswater, Queensway**
➤ W1 ➤ [D 3] **40 Baker Street; Tel. 74 87 46 88; U-Bahn: Baker Street, Bond Street**
➤ NW8 ➤ [nördl. C 1] **68 Queen's Grove; Tel. 75 86 42 80; U-Bahn: St. John's Wood www.royalchinagroup.co.uk; Mo–Do 12–23, Fr–Sa 12–23.30, So 11–20 Uhr ••**
MASTER VISA AmEx

Tapas Brindisa

Samstags reicht die Schlange für die über Holzkohle gegrillten Chorizo-Würste mit Ciabatta am Stand von Brindisa über den halben Borough Market (→ Der gute Tipp von MERIAN, S. 48). Um die Ecke von seinem Geschäft hat der Importeur von spanischen Delikatessen eine kleine Tapasbar eröffnet, wo der Andrang ähnlich groß ist. Die vorrätigen Sherry- und Cavasorten sind auf die Spiegelwand gekritzelt, das Menü steht auf den Papiersets. Man hockt an der Bar oder sitzt an dicht nebeneinander gestellten Bistrotischen. Zu Stoßzeiten herrscht großer Wirbel. Dafür entschädigen herrliche Schinken- und Wurstplatten sowie leichte Omeletts. Auf dem Trottoir stehen auch einige Tische. Keine Reservierungen.

➤ SE1 ➤ [K 5] **18–20 Southwark Street; Tel. 73 57 88 80; www.brindisa.com; U-Bahn: London Bridge; Mo–Fr 11–23, Fr–Sa 9–23 Uhr ••** MASTER VISA

VEGETARISCH

Food For Thought

Ein kleine Holztreppe führt von dieser beliebten Fußgängerstraße in Covent Garden in den engen, höhlenartigen Keller, in dem frisch zubereitete vegetarische Speisen aus aller Welt serviert werden. Wenn es voll wird, was meist der Fall ist, teilt man den Tisch mit anderen Gästen. Den Wein bringt man mit. Auf der Speisekarte stehen auch Vegan- (ganz ohne tierische Produkte) und weizenfreie Gerichte.

➤ WC2 ➤ [G 4] **31 Neal Street; Tel. 78 36 90 72; U-Bahn: Covent Garden; Mo–Sa 9.30–20.30, So 12–17 Uhr ••**

Italien mitten in London – bei »Pellicci« gibt es seit über 100 Jahren klassische Pastagerichte in familiärer Atmosphäre.

IMBISS

F. Cooke

Traditionswirtschaft, in der früher die Arbeiter des East End aßen. Ein Familienbetrieb in der vierten Generation. Allein das denkmalgeschützte Interieur aus dem frühen 20. Jahrhundert lohnt den Besuch. Marmortische, Holzbänke, gekachelte Wände, Spiegel und bemalte Oberlichtfenster. Traditionelle Cockney-Gerichte wie Aal in Aspik und diverse Fleischpasteten, jweils mit Kartoffelpüree und Petersiliensauce. Dazu Tee, Kaffee oder alkoholfreie Getränke.

➤ N1 ➤ [L 1] 150 Hoxton Street; U-Bahn: Old Street/Liverpool Street; Mo–Do 10–19, Fr–Sa 9.30–20 Uhr • ▭

E. Pellicci

Unter Denkmalschutz stehendes Café mit getäfelten Wänden und Art-déco-Glas, in dem eine italienische Familie seit mehreren Generationen neben Gerichten wie Lasagne »fry-ups« serviert, das volle englische Frühstück.

➤ E2 ➤ [N 2] 332 Bethnal Green Road; Tel. 77 39 48 73; U-Bahn: Bethnal Green; Mo–Sa 6.15–16.45 Uhr • ▭

GASTROPUBS

The Anchor & Hope

Moderne englische Küche wird an schlichten Holztischen serviert. Originelle Gerichte, die zugleich rustikal und verfeinert sind. Geräucherter Hering mit Linsen, spanischer Schinken mit grünen Tomaten, langsam (sieben Stunden lang!) geröstetes Lamm, perfekte Crème Caramel. Die Kneipe hat sich längst als Feinschmeckerziel etabliert. Es werden keine Reservierungen angenommen. Wer früh kommt, hat die beste Aussicht auf einen Tisch.

➤ SE1 ➤ [J 5] 36 The Cut; Tel. 79 28 98 98; U-Bahn: Southwark, Waterloo; Mo 18–22.30, Di–Sa 12–14.30, 18–22.30 Uhr •• MASTER VISA

DIM SUM BIS GRAND MENU

Wo man mit der Londoner Hautevolee Austern schlürfen und die Gourmetküchen der Welt genießen kann.

BLUE BAR, BERKELEY HOTEL

Von außen pflegt das »Berkeley Hotel« das britische Understatement. Innen wird dem Gast stilvoller Luxus auf höchstem Niveau geboten. Die vom Raumdesigner David Collins entworfene »Blue Bar« gehört zu den besonderen Attraktionen dieses First-Class-Hotels in Knightsbridge. Mit seinem kühlen blaulila Dekor und dem originellen Fußboden in Krokodillederoptik vermittelt dieser Treffpunkt der Schönen und Reichen ein Gefühl von smartem Luxus. Zu den Cocktails wird asiatisches Fingerfood serviert.

➤ SW1 ➤ [D 5] **Wilton Place; Tel. 72 35 60 00; www.the-berkeley.co.uk; U-Bahn: Knightsbridge ●●●● CREDIT**

GORDON RAMSAY

Das in Weiß- und Cremetönen renovierte Flaggschiff des wachsenden Imperiums von Gordon Ramsay ist das einzige Dreisternerestaurant Londons. Der temperamentvolle Küchenchef, der eine Profifußballerkarriere gegen den Herd eintauschte, hat inzwischen zehn Michelin-Sterne geerntet. Seine anspruchsvolle französische Küche richtet sich an Gourmets mit dicker Brieftasche. Trotz der Preise bleibt die Nachfrage groß. Reservierungen werden bis zu zwei Monate im Voraus angenommen.

➤ SW3 ➤ [D 8] **68 Royal Hospital Road; Tel. 73 52 44 41; www.gordonramsay.com; U-Bahn: Sloane Square; Sa, So und zwischen Weihnachten und Neujahr geschl., Sportkleidung unerwünscht ●●●● MASTER VISA AmEx**

HAKKASAN

Durch theatralisches Design hat Christian Liaigre, der Innenausstatter Calvin Kleins und Karl Lagerfelds, in einer ehemaligen Tiefgarage ein Interieur mit magischer Anziehungskraft gezaubert. Hier genießt man postmoderne kantonesische Küche. Ein Orchideenmeer in Kerzenlicht begrüßt die Gäste. Selbst mittags beim Dim Sum fühlt man sich wie im Nachtklub. Auf der Abendkarte stehen ausgefallene Kombinationen wie Schweinerippchen mit Schokoladensauce, mit Jasmintee geräuchertes Huhn und Haifischflossensuppe (für 50 £!). Geschnitzte asiatische Gitter trennen das Restaurant von der Bar, in der die Mixturen nicht weniger exotisch sind. Hier stehen die Leute Schlange, um zu sehen und gesehen zu werden.

Gordon Ramsays Imperium hat zehn Michelin-Sterne angesammelt.

Besonders zur Cocktailstunde ist die luxuriöse »Blue Bar« im »Berkeley Hotel« ein begehrter Treffpunkt.

➤ W1 ➤ [F 3] 8 Hanway Place; Tel. 79 07 18 88; U-Bahn: Tottenham Court Road; 24. und 25. Dez. geschl. ●●●● MASTER VISA AmEx

THE RIVER CAFÉ

Dieses Restaurant war ursprünglich die Kantine des Architektenbüros von Richard Rogers in einem alten Warenhaus an der Themse. Es wird betrieben von dessen Frau Ruth Rogers und Rose Gray, die weltberühmt geworden sind durch ihre Kochbücher. Sie kochen rustikale italienische Speisen, leicht veredelt. Das Geheimnis liegt in der Qualität der Zutaten und in der trügerischen Schlichtheit der Zubereitung. Ihre Desserts, darunter der zu Recht »Nemesis« (Untergang) genannte Schokoladenkuchen, sind zum Schwachwerden. Großzügige Portionen machen die Preise erträglicher. Die Einrichtung ist, wie von dem Architekten des Pariser Centre Pompidou nicht anders zu erwarten, modern. Durch die Glasfront blickt man auf den Fluss. Bei gutem Wetter wird auf der Terrasse eingedeckt.

➤ W6 ➤ [westl. A 8] Thames Wharf, Rainville Road; Tel. 73 86 42 00; www.rivercafe.co.uk; U-Bahn: Hammersmith; vorzeitig reservieren; So abends, an Feiertagen und zwischen Weihnachten und Neujahr geschl. CREDIT

Chinesische Küche mit modernem Flair genießt man im »Hakkasan«, einem der hippesten Restaurants Londons.

SCOTT'S

Hier soll der James-Bond-Autor Ian Fleming entdeckt haben, dass man den Martini schüttelt und nicht rührt. Und es heißt, Oscar Wilde sei durch die Austern auf das Bonmot gestoßen, er könne allem widerstehen, nur nicht der Versuchung. 1851 als Austerngeschäft eröffnet und dann als Fischrestaurant lange eine begehrte Adresse der Hautevolee, schien bei »Scott's« der Lack abgegangen zu sein. 2005 wurde das Lokal von der Gruppe übernommen, der auch »Le Caprice«, »J. Sheekey« und »The Ivy« gehören, und in neuer Pracht wieder eröffnet. Zeitgenössische Kunst ziert die Wände, Fisch- und Wildgerichte beherrschen die Karte, und in der Mitte der von 12 bis 23 Uhr geöffneten Austernbar werden die Schalentiere wie auf einem Altar emporgehoben in einem von den Avantgarde-Designern von Future Systems entworfenen Gefäß.

➤ W1 ➤ [E 4] 20 Mount Street; Tel. 74 95 73 09; www.scotts-restaurant.com; U-Bahn: Green Park, Bond Street ●●●● CREDIT

PUBS

Prospect of Whitby

Dieses historische Pub an der Themse ist ein beliebter Touristenstopp. Früher verkehrten in der urigen Kneipe aus dem 16. Jahrhundert Schmuggler, Seeleute und Hafenarbeiter, heute kommen die neuen Bewohner von Wapping, die sich in den umgebauten Speichern Wohnungen gekauft haben, um den Biergarten und den Balkon über der Themse zu genießen (→ Tour 1).

➤ E1 ➤ [N/O 4/5] **57 Wapping Wall; Tel. 74 81 10 95; U-Bahn: Wapping; Mo–Sa 12–23, So 12–22.30 Uhr ●● MASTER VISA AmEx**

CAFÉS

Baker & Spice

Die drei Läden dieser Luxuspatisserie locken mit den köstlichsten selbst gebackenen Broten und Kuchen, die man gleich vor Ort genießen oder mitnehmen kann. Reiche Auswahl an mediterranen Salaten und leichten Speisen. Darunter Karotten- und Orangensuppe mit Safran und Koriander, Artischockenherzen in Olivenöl, gegrillte Hühnerbeine mit Honig und Senf, Riesengarnelen mit Zitrone und Kräutern, Gemüselasagne.

➤ NW6 ➤ [westl. C 1] **75 Salusbury Road; Tel. 76 04 36 36; www.bakerandspice.com; U-Bahn: Queen's Park; Mo–Sa 7–19, So 8–17 Uhr ●● MASTER VISA**

➤ SW3 ➤ [D 7] **47 Denyer Street; Tel. 75 89 47 34; U-Bahn: South Kensington**

➤ SW1 ➤ [E 6/7] **54–56 Elizabeth Street; Tel. 77 30 30 33; U-Bahn: Sloane Square**

Garden Café

Im 1960er-Jahre-Stil hergerichtetes Lokal mitten im Regent's Park. Bei schönem Wetter sitzt man draußen und kann die streng angeordneten Blumenbeete bewundern. Neue englische Küche mit Klassikern wie »potted shrimps« (in Butter eingelegte Krabben), »shepherd's pie« (Lammhack, mit Kartoffelbrei überbacken) und »apple crumble« (gekochte Äpfel mit Streuselbelag) (→ Tour 2).

➤ NW1 ➤ [D 2] **Queen Mary's Rose Garden, The Inner Circle, Regent's Park; Tel. 79 35 57 29; www.thegardencafe.co.uk; U-Bahn: Baker Street; tgl. 9 Uhr bis zur Dämmerung (keine Reservierungen) ●● CREDIT**

Monmouth Coffee Company

Zweifellos gibt es hier den besten Kaffee in London. Bohnen mit besonderen Aromen werden bei ausgesuchten Anbauern

In der »Orangery«, wo früher die Zitrusfrüchte Königin Annas überwinterten, wird heute Cream Tea serviert.

der verschiedenen Erzeugerländer bezogen und an Ort und Stelle geröstet. Wechselndes Angebot, Kostproben im Geschäft, dazu appetitliche Backwaren. Wem die Nischen in Covent Garden zu eng sind, sollte nach Borough Market (→ Der gute Tipp von MERIAN, S. 48) ausweichen, wo ebenfalls draußen Tische aufgestellt werden. Samstags wird es dort sehr voll, aber es gibt auch Becher zum Mitnehmen.

➤ WC2 ➤ [G 4] 27 Monmouth Street; Tel. 73 79 35 16; U-Bahn: Leicester Square/ Covent Garden; Mo–Sa 8–18.30 Uhr

➤ SE1 ➤ [K 5] 2 Park Street; Tel. 76 45 35 85; U-Bahn: London Bridge; Mo–Fr 7.30–18, Sa 7.30–17 Uhr • MASTER VISA

The Orangery

Ein barocker Saal mit Steinfliesen, geschnitzten Girlanden und weißen korinthischen Säulen, den sich Königin Anne 1704 bauen ließ. Er wurde im Winter als Gewächshaus, im Sommer für höfische Unterhaltungen genutzt. Hier feiern Mitglieder der königlichen Familie, die über die Wiese hinweg im Kensington Palace (→ S. 148) residieren, auch heute noch Feste. Normalbürger können zum traditionellen Tee mit Räucherlachssandwiches und großer Kuchenauswahl einkehren, aber auch zum leichten Lunch mit einem Kir Royal.

➤ W8 ➤ [B 5] Kensington Palace, Kensington Gardens; Tel. 73 76 02 39; U-Bahn: High Street Kensington, Queensway; März–Okt. tgl. 10–18 Uhr, Nov.–Feb. 10–17 Uhr •• CREDIT

Tea Palace

Mehr als 150 verschiedene Teesorten serviert dieser aparte »Teepalast« zu traditionellen Scones und Sandwiches. Die Gründerin hat eine Mission, der Nation von Teetrinkern beizubringen, was richtiger Tee ist. Auch Brunch am Sonntag und kleine Mittagsmenüs werden angeboten. Schön verpackte Geschenke für Teeliebhaber eignen sich als Mitbringsel.

➤ W11 ➤ [A 4] 175 Westbourne Grove; Tel. 77 27 26 00; www.teapalace.co.uk; U-Bahn: Notting Hill Gate; Mo–Fr Frühstück 10–12, Mittagessen 12–15 Uhr, Tee 15–19 Uhr, Sa, So Brunch 10–15 Uhr •• CREDIT

Es muss ja nicht gleich ein Hut von Philip Treacy sein – London bietet für jeden Geschmack und jeden Geldbeutel ein überwältigendes Shoppingangebot.

ELEGANZ UND SCHRILLES DESIGN

Von der Nobelware der Hoflieferanten und den historischen Kaufhäusern bis zu exzentrischem Schnickschnack in den Seitengassen wartet London mit vielfältigen Einkaufserlebnissen auf.

Manche Besucher kommen eigens zum Shopping nach London: Neben den renommierten Kaufhäusern, internationalen Designerlabels und den altmodischen Läden aus der Zeit, in der Britannien noch die Meere beherrschte, bietet die Stadt witzige kleine Geschäfte, die etwas spleenig Englisches haben. In der Bond Street und in der Sloane Street haben sich die Luxusmodemarken angesiedelt. Die Ketten hingegen haben ihre größten Niederlassungen in der Oxford Street und in der Regent Street.

ANTIQUARIATE

Any Amount of Books

Riesiger Bestand an Titeln aus zweiter Hand, die zwischen einem und mehreren tausend Pfund kosten. Die Regale sind vollgestopft mit Literatur, Geschichte, Kunst und Fachbüchern über allgemeine und ausgefallenere Themen. Ein Stöberparadies für Bibliophile.

➤ WC2 ➤ [G 4] **56 Charing Cross Road; Tel. 78 36 36 97; www.anyamountofbooks.com; U-Bahn: Leicester Square; Mo-Sa 10.30-21.30, Sa 11.30-19.30 Uhr**

Bernard J Shapero Rare Books

Auf vier Etagen alte Reiseführer, Landkarten, naturwissenschaftliche Bücher, Literatur, insbesondere Erstausgaben des 20. Jahrhunderts und andere Raritäten.

➤ W1 ➤ [E/F 4] **32 St. George Street; Tel. 74 93 08 76; www.shapero.com; U-Bahn: Bond Street, Oxford Circus; Mo-Fr 9.30-18.30, Sa 11-17 Uhr, im Aug. Mo-Fr 10-17 Uhr**

ANTIQUITÄTEN

Alfies Antique Market

Ein ehemaliges Kaufhaus in einer belebten Marktstraße, wo mehr als 100 Händler Modeschmuck, Retrokleidung, Plakate, Möbel, Lampen, Bücher und allerlei Schnickschnack anbieten.

➤ NW8 ➤ [C 2] **13-25 Church Street; Tel. 77 23 60 66; www.alfiesantiques.com; U-Bahn: Edgware Road; Mo-Sa 10-18 Uhr**

Grays Antique Market

In dieser ehemaligen viktorianischen Klosettfabrik findet man verteilt über zwei Gebäude zahlreiche Stände mit altem Schmuck, Waffen, Puppen, Büchern, Keramik und Stichen.

➤ W1 ➤ [E 4] **58 Davies Street; Tel. 76 29 70 34; www.graysantiques.com; U-Bahn: Bond Street; Mo-Fr 10-18 Uhr**

AUKTIONSHÄUSER

Christie's

Früher hieß es, das 1766 gegründete Auktionshaus ziehe das alte Geld und Sotheby's das neue Geld an. Inzwischen stehen die beiden Firmen miteinander im ewigen Wettstreit um Rekordpreise. Mal hat das eine, mal das andere Haus die Nase vorn. In der Filiale in South Kensington kommen weniger Betuchte eher zum Zuge als in der King Street.

➤ SW1 ➤ [F 5] **8 King Street; Tel. 78 39 90 60; www.christies.com; U-Bahn: Green Park,**
➤ SW7 ➤ [C 7] **85 Old Brompton Road; Tel. 79 30 60 74; U-Bahn: South Kensington**

Sotheby's

1744 mit einer Buchauktion aus der Taufe gehoben wuchs Sotheby's zu einem diversifizierten internationalen Unternehmen an, das von alten und neuen Meistern bis hin zu Wein und Immobilien mit Artikeln aller Art handelt.

➤ W1 ➤ [E 4] **34-35 New Bond Street; Tel. 72 93 50 00; www.sothebys.com; U-Bahn: Bond Street**

BÜCHER

Waterstone's

Das fünfstöckige Stammhaus der Kette ist Europas größter Buchladen. Die Front aus den 1930er-Jahren war die erste mit geschwungenem Glas. Im Erdgeschoss befindet sich eine besonders gut sortierte Abteilung mit Büchern über London. Ganz oben, im »5ths View«, werden Cocktails, Biere in großer Auswahl und kleine Gerichte serviert mit weitem Blick über die Dächer der Stadt und die Themse.

➤ W1 ➤ [F 4] **203-206 Piccadilly; Tel. 78 51 24 00; www.waterstones.co.uk; U-Bahn: Piccadilly Circus; Mo-Sa 10-22, So 12-18 Uhr**

Hatchard's

Historische Buchhandlung, die den Charakter eines englischen Herrenklubs bewahrt hat, obwohl sie inzwischen zur Waterstone-Kette gehört. Bei Hatchard's haben Lord Byron, Benjamin Disraeli und Oscar Wilde ihre Bücher gekauft.

➤ W1 ➤ [F 4] **187 Piccadilly; Tel. 74 39 99 21; www.hatchards.co.uk; U-Bahn: Piccadilly Circus; Mo-Sa 9.30-19, So 12-18 Uhr**

CDS/DVDS

Fopp

Von einer Marktbude in Glasgow hat es Fopp zum größten unabhängigen Musikeinzelhandel gebracht - mit einem Sortiment, das ausgefallener ist, als es sich die großen Ketten erlauben können. Auf fast 2000 Quadratmetern werden neben Jazz, Soul, Country, Klassik und Rock auf CD und Schallplatte

Sotheby's ist eines der traditionsreichsten Versteigerungshäuser. Tobias Meyer gilt als Star-Auktionator.

Das Angebot auf dem Portobello-Markt reicht von teuren Antiquitäten bis zum typischen Flohmarktramsch.

auch Bücher und Filme auf DVD angeboten. Außerdem gibt es eine Bar, ein Café und eine Bühne für Livebands, DJ-Sets und Filmvorführungen.

➤ W1 ➤ [F 3] **220–224 Tottenham Court Road; Tel. 72 99 16 40; www.fopp.co.uk; U-Bahn: Goodge Street; Mo–Fr 9–21, Sa 10–20, So 12–18 Uhr**

The Talking Bookshop

In diesem Spezialgeschäft sind 6000 Hörbuchtitel aus den Bereichen Literatur, Sachbuch und Kinderbuch vorrätig.

➤ W1 ➤ [E 3] **11 Wigmore Street; Tel. 74 91 41 17; www.talkingbooks.co.uk; U-Bahn: Bond Street, Oxford Circus; Mo–Fr 9.30–17.30, Sa 10–17 Uhr**

Virgin Megastore

Das Flaggschiff der Kette des Unternehmers Richard Branson hat eine große Auswahl an neuen Chart-Alben, Rock, Pop, Jazz und Folk. Die Klassikabteilung residiert im zweiten Stock. DVDs, Spielkonsolen und Computerspiele stehen im ersten Stock zur Wahl.

➤ W1 ➤ [F 3] **14–16 Oxford Street; Tel. 76 31 12 34; www.virginmega.co.uk; U-Bahn: Tottenham Court Road; Mo–Sa 9–22, So 12–18 Uhr**

DESSOUS

Agent Provocateur

Kecke Höschen und BHs im Retro-Nutten-Look, mit Witz und Ironie dargeboten. Dazu gehören auch die anreizenden pinkfarbenen Minikittel der Verkäuferinnen. Der Laden in Soho war der erste des inzwischen weltweit bekannten Labels.

➤ W1 ➤ [F 4] **6 Broadwick Steet; Tel. 74 39 02 29; www.agentprovocateur.com; U-Bahn: Oxford Circus; Mo–Mi, Fr, Sa 11–19, Do 11–20, So 12–17 Uhr**

FLOHMÄRKTE

Bermondsey

Hunderte von Ständen mit Antiquitäten. In den benachbarten Geschäften findet sich zudem alles von alten Straßenschildern bis zur Esszimmereinrichtung. Kenner kommen im Winter vor Morgengrauen mit einer Taschenlampe, um die besten Objekte zu suchen.

➤ SE1 ➤ [L 6] Bermondsey Square; U-Bahn: Elephant & Castle; Fr 6–14 Uhr

Portobello

Samstags schieben sich die Massen durch die schmale, von Ständen gesäumte Portobello Road. Der südliche Abschnitt geht in den Obst- und Gemüsemarkt über. Unter dem Westway wird es bunter und trödeliger mit Designermodellen, Secondhandkleidern, Accessoires und Memorabilien der 1950er- und 60er-Jahre. Das nördliche Ende hat sich als Mekka für Sammler von Secondhandmode etabliert. Hier suchen Designer Ideen für ihre neuen Kollektionen.

➤ W11 ➤ [A 4] Portobello Road; www.portobelloroad.co.uk; U-Bahn: Notting Hill Gate für das südliche Ende, Ladbroke Grove für die Gebrauchtwarenstände um den Westway; Sa 5–16 Uhr

GALERIEN

Abbott & Holder

Eine Fundgrube für Aquarelle, Zeichnungen und Stiche aus allen Epochen in einem vierstöckigen Reihenhaus beim British Museum. Die Preise beginnen bei 50 £.

➤ WC1 ➤ [G 3] 30 Museum Street; Tel. 76 37 39 81; www.abbottandholder.co.uk; U-Bahn: Tottenham Court Road; Mo-Sa 9.30–18, Do 9.30–19 Uhr

White Cube

Inmitten der vibrierenden Kunstszene von Hoxton, wo modische Kneipen und Ateliers die junge Boheme anziehen, hat White Cube ein altes Industriegebäude mit neuem Glasaufsatz aufgemöbelt, um seinen Künstlern – darunter Anselm Kiefer, Damien Hirst und die Chapman-Brüder – eine Plattform zu geben. In einem Innenhof des noblen Galerieviertels von St. James's hat White Cube einen weiteren Ausstellungsplatz für zeitgenössische Kunst geschaffen.

➤ N1 ➤ [L 1] White Cube Gallery, 48 Hoxton Square; Tel. 79 30 53 73; www.whitecube.com; U-Bahn: Old Street; Di–Sa 10–18 Uhr

➤ SW1 ➤ [F 5] 24–26 Mason's Yard; U-Bahn: Green Park; Di–Sa 10–18 Uhr

GESCHENKE

Cath Kidston

Bunte Accessoires mit Pünktchen, Streifen und Blumenmustern. Die Schürzen, Tischdecken und Kosmetikbeutel beschwören die Stimmung eines englischen Sommerpicknicks. Auch bemusterte Radios und Zelte sind hier zu kaufen.

Floris Duftwasser:
Die Firma wird heute von der achten Generation der Gründerfamilie geführt.

Die Lebensmittelabteilung von Harrods ist allein wegen ihrer Jugendstilausstattung sehenswert.

➤ W11 ➤ [westl. A 4] 8 Clarendon Cross; Tel. 72 21 40 00; www.cathkidston.co.uk; U-Bahn: Holland Park; Mo–Sa 10–18, So 12–17 Uhr

Floris

Seit 1730 kreiert Floris wohlriechende Parfüms, Seifen und Körperpuder. James Bond duftete immer nach Floris No 89. Die Mahagonivitrinen des Traditionsladens stammen von der Großen Weltausstellung von 1851.

➤ SW1 ➤ [F 5] 89 Jermyn Street; Tel. 0 84 57 02 32 39; www.florislondon.co.uk; U-Bahn: Green Park; Mo–Fr 9.30–18, Sa 10–18 Uhr

Labour and Wait

Wie zu Großmutters Zeiten: altmodische Wäscheklammern, Leinenhandtücher, emaillierte Krüge, Schrubber, Straußenstaubwedel, Gartenhandschuhe und andere nützliche und witzige Dinge gibt es in einer Seitenstraße von Brick Lane.

➤ E2 ➤ [M 2] 18 Cheshire Street; Tel. 77 29 62 53; www.labourandwait.co.uk; U-Bahn: Aldgate East; Sa 13-17, So 10-17 Uhr, Fr nach Vereinbarung

Science Museum Shop

Wissenschaft, die Spaß macht, bietet der Museumsladen mit klugen Spielen für Alt und Jung. Praktische Gadgets, Fingerabdruck-Sets für angehende Detektive und Weltraumnahrung.

➤ SW7 ➤ [C 6] Exhibition Road; Tel. 0 87 08 70 48 68; www.sciencemuseum.org.uk; U-Bahn: South Kensington; tgl. 10–18 Uhr

KAUFHÄUSER

Harrods

Das Nobelkaufhaus schlechthin und ein Tempel des Konsums, mehr zum Staunen als zum Kaufen. Die überbordende Lebensmittelabteilung, in der an keinem Aufwand gespart wird, ist zugleich Augenweide und Schlemmerparadies.

➤ SW1 ➤ [D 6] 87-135 Brompton Road; Tel. 77 30 12 34; www.harrods.com; U-Bahn: Knightsbridge; Mo–Sa 10–20, So 12–18 Uhr

Selfridges

Nach der Umwandlung durch namhafte Designer und Architekten jetzt das schicksste Kaufhaus Londons mit Miniboutiquen der Topdesigner, zahlreichen Essgelegenheiten und der größten Kosmetikabteilung Europas.

➤ W1 ➤ [E 4] 400 Oxford Street; Tel. 0 87 08 37 73 77; www.selfridges.com; U-Bahn: Bond Street, Marble Arch; Mo–Mi, Fr, Sa 9.30–20, Do 9.30–21, So 11.30–18 Uhr

FORTNUM & MASON ✱

Im urbritischen Feinschmeckerparadies gehen Tradition und Fortschritt seit Jahrhunderten miteinander einher.

Seit drei Jahrhunderten versorgt **das Delikatessengeschäft Fortnum & Mason** die Oberschicht mit urenglischen Produkten wie »Gentleman's Relish«, einer Anchovispastete nach hauseigenem Rezept von 1828, mit Tee und anderen Gourmandisen. In der Firmengeschichte spiegelt sich denn auch die Geschichte der »Nation von Ladenbesitzern« wider, als die Napoleon die Briten verächtlich bezeichnet haben soll. Der gewiefte William Fortnum, Diener am Hofe Königin Annes, verdiente sich ein Zu-brot durch den Verkauf der halb abgebrannten Kerzen, die im königlichen Haushalt verpönt waren. Der Ertrag erlaubte ihm, mit seinem Vermieter Hugh Mason ein Lebensmittelgeschäft in Piccadilly zu eröffnen.

Die erstklassige Lage verpflichtet, zumal im Zeitalter des Supermarkts. Fortnum & Mason muss stets das Beste vom Besten feilbieten. Schon beim Betreten des Ladens fühlt man sich in eine andere Welt versetzt. Lange bevor es den Begriff gab, betätigte sich Fortnum & Mason auch als Versandhaus. Mit seinem breiten Sortiment an haltbaren Fertiggerichten und Konserven stellte das Geschäft sicher, dass weder die Offiziere der britischen Armee mit leerem Magen marschieren, noch die Beamten in den Kolonien auf ihre heimischen Leckereien verzichten mussten. Neben Lebensmitteln wurden beispielsweise auch Insektenpulver und Zigaretten verschickt. Als Königin Viktoria durch die Kampagne Florence Nightingales vom Elend der Lazarette auf der Krim erfuhr, veranlasste sie Fortnum & Mason, der Krankenschwester unverzüglich eine Lieferung Fleischbrühkonzentrat zukommen zu lassen.

In den Jahren zwischen dem Ersten und dem Zweiten Weltkrieg unterhielt der Laden eine eigene Abteilung für Entdeckungsreisende. George Mallorys Everest-Expedition

Seit dem 18. Jahrhundert ist Fortnum & Mason Hoflieferant und erfüllt sämtliche kulinarischen Bedürfnisse.

von 1922 wurde mit 60 Dosen Wachteln in Gänseleber und vier Dutzend Kisten Jahrgangs-Champagner ausgerüstet. König Eduard VIII., der aus Liebe zu der geschiedenen Amerikanerin Wallis Simpson abdankte, ließ sich – dann als Herzog von Windsor – am Tag seiner Heirat zum Frühstück Räucherhering und Orangenmarmelade von Fortnum & Mason nach Paris kommen. Im napoleonischen Krieg, in den flandrischen Schützengräben und an den entlegensten Schauplätzen des Zweiten Weltkriegs war die Marke ebenso präsent wie beim Derby in Epsom. Am Tag des traditionellen Galopprennens standen die Kutschen in Piccadilly Schlange, um die Esskörbe für das Picknick abzuholen. Wo immer er hinblicke, sehe er Fortnum & Mason, vermerkte Charles Dickens nach einem Besuch der Rennbahn.

Trotz seines altmodischen Images hat der Laden, der auch Luxusartikel verkauft, den Fortschritt vor lauter Tradition nicht aus den Augen verloren. In der Zeit vor der Einführung eines einheitlichen Postsystems hatte er einen eigenen Postbetrieb, und Ende des 19. Jahrhunderts war er der erste Importeur von Dosen mit Heinz Baked Beans, den gebackenen Bohnen in Tomatensauce, deren Beliebtheit in England fast vergessen macht, dass sie aus Nordamerika kommen. Zum 300. Jubiläum im Jahr 2007 hat das Unternehmen eine gründliche Renovierung gewagt. Die Verkäufer bedienen zwar noch im Frack, aber der Rokokoplüsch hat in der Feinkostabteilung durch Steinfußböden, Edelstahl und eine schwarze Marmortheke einen modernen Schliff bekommen. Der Fleischstand, an dem die Keulen in verglasten Kühlvitrinen hängen, wirkt wie Installationskunst nach der Art eines Damien Hirst. In dem von Stardesigner David Collins gestalteten Weinlokal, nach dem Gründungsjahr »1707« benannt, stehen rund 50 Weine im Flaschenausschank. Es ist ein Zeichen der Zeit, dass der Feinkostladen den großen Caféketten Konkurrenz macht, mit edlen Sandwiches und Cappuccino zum Mitnehmen.

➤ SW1, S. 8/9, [c 3] ➤ [F 5] **181 Piccadilly; Tel. 77 34 80 40; www.fortnumandmason.com; U-Bahn: Green Park, Piccadilly Circus; Mo–Sa 10–18.30, So 12–18 Uhr; Fountain Restaurant (Eingang Jermyn Street) 8.30–20 Uhr** CREDIT

KINDERKLEIDUNG UND SPIELZEUG

Daisy & Tom

Kleider, Schuhe, Bücher und Spielwaren in reicher Auswahl vom Baukasten bis zum handgemachten Schaukelpferd. In der Buchabteilung können sich die Kinder in Kissen und Sitzsäcken einnisten, um zu schmökern.

➤ SW3 ➤ [D 7] [B 7] **181 King's Road; Tel. 73 52 50 00; www.daisyandtom.com; U-Bahn: Sloane Square; Mo, Di, Fr 9.30–18, Mi 10–19, Do 9.30–19, Sa 10–19 Uhr**

Hamleys

Auf sieben Etagen alles vom Kuscheltier bis zum Computerspiel in einem babylonischen Gewirr surrender Motoren und aufgeregter Kinder.

➤ W1 ➤ [F 4] **188–196 Regent Street; Tel. 0 87 03 33 24 55; www.hamleys.com; U-Bahn: Oxford Circus; Mo–Fr 10–20, Sa 9.30–20, So 12–18 Uhr**

LEBENSMITTEL SPIRITUOSEN, TABAK

Gerry's

Die Regale quellen über von dem riesigen Angebot an Likören und Spirituosen, darunter allein mehr als 100 verschiedene Sorten Wodka.

➤ W1 ➤ [F/G 4] **74 Old Compton Street; Tel. 77 34 42 15; U-Bahn: Leicester Square; Mo–Fr 9–18.30, Sa 9–17.30 Uhr**

JJ Fox

Kostbarste kubanische Zigarren, das dazu passende Zubehör sowie die erlesensten Pfeifen bietet das seit 1787 existierende Tabakgeschäft.

➤ SW1 ➤ [F 5] **19 St. James's Street; Tel. 79 30 37 87; www.jjfox.co.uk; U-Bahn: Green Park; Mo–Sa 9–18 Uhr**

Whole Foods Market

Mit 7500 Quadratmetern ist dieser amerikanische Bioladen in einem ehemaligen Art-déco-Kaufhaus das größte Lebensmittelgeschäft Londons.

➤ W8 ➤ [A 6] **63–97 Kensington High Street; Tel. 73 68 45 00; www.wholefoodsmarket.co.uk; U-Bahn: High Street Kensington; Mo–Sa 8–20, So 12–18 Uhr**

MODE

Browns

Damen- und Herrenmode in einer Ballung ineinander übergehender und gegenüberliegender Häuser mit Designern von Chloé, Marni, Marc Jacobs und Jil Sander bis hin zu den neuesten Entdeckungen auf den Laufstegen.

➤ W1 ➤ [E 4] **23–27 South Molton Street; Tel. 75 14 00 16; www.brownsfashion.com; U-Bahn: Bond Street; Mo–Sa 10–18.30, Do 10–19 Uhr**

Dover Street Market

Betonfußböden, theatralische Displays, witzige Installationen. Etablierte Labels, junge Designer, alter und neuer Modeschmuck und hippe Kuriositäten, darunter antike präparierte Tiere, alles ausgestellt auf sechs Etagen eines betont entstylten georgianischen Gebäudes. Die Besichtigung lohnt, selbst wenn man nichts kaufen will.

➤ W1 ➤ [F 4/5] **17-18 Dover Street; Tel. 75 18 06 80;**

www.dovertstreetmarket.com; U-Bahn: Green Park; Mo–Sa 11–18, Do 11–19 Uhr

Hackett

Klassische englische Herrenmode vom Smoking über die Cordhose bis zum Pyjama. Die Marke bietet Konfektionsware und Maßgeschneidertes.

➤ SW1 ➤ [D 6/7] **138–139 Sloane Street; Tel. 77 30 33 31; www.hackett.com; U-Bahn: Sloane Square; Mo–Sa 9.30–18, Mi 9.30–19, So 12–17 Uhr**

Primark

Kaum dass die Markendesigner ihre Modelle auf dem Laufsteg gezeigt haben, hängt die Billigversion bereits bei Primark aus. Junge Mode zu Spottpreisen.

➤ W1 ➤ [D 4] **499–517 Oxford Street; Tel. 74 95 04 20; www.primark.co.uk; U-Bahn: Marble Arch; Mo–Fr 9–20, Sa 9–19, So 11–17 Uhr**

PORZELLAN, HAUSHALTSWAREN

David Mellor

Edelstahlbesteck des preisgekönten britischen Industriedesigners, der Massenanfertigung mit handwerklicher Qualität vereint. Edle Küchenutensilien und Glasobjekte für den stilbewussten Haushalt.

➤ SW1 ➤ [D 7] **4 Sloane Square; Tel. 77 30 42 59; www.davidmellordesign.co.uk; U-Bahn: Sloane Square; Mo–Sa 9.30–18 Uhr**

Thomas Goode & Co

Dieses urenglische Geschäft führt neben der hauseigenen, auf den Kunden zugeschnittenen Produktion alle großen Porzellanmanufakturen. Seit seiner Gründung 1827 beliefert der Laden Königshäuser in aller Welt.

➤ W1 ➤ [E 4] **19 South Audley Street; Tel. 74 99 28 23; www.thomasgoode.co.uk; U-Bahn: Bond Street; Mo–Sa 10–18 Uhr**

SCHMUCK

Hatton Garden

Schlägt ein Mann seiner Freundin vor, nach Hatton Garden zu gehen, weiß sie: Es ist ein Heiratsantrag. In dem Juwelenviertel gibt es die größte Auswahl an Verlobungsringen von ganz London.

➤ EC1 ➤ [J 3] **Hatton Garden; www.hatton-garden.net; U-Bahn: Chancery Lane; unterschiedliche Öffnungszeiten, aber auf jeden Fall Mo–Fr 9.30–17 Uhr, manche Geschäfte arbeiten auch Sa/So**

Oxo Tower Wharf

33 Designstudios für Schmuck, Keramik, Mode und Möbel haben sich eingenistet in dieser ehemaligen Fabrik von Liebig Fleischextrakt, die 1996 renoviert wurde.

➤ SE1 ➤ [J 4] **Bargehouse Street; Tel. 74 01 22 55; www.oxotower.co.uk; U-Bahn: Blackfriars, Southwark; Di–So 11–18 Uhr**

TEE

Twinings

Seit 1714 verkauft die Firma hier eine reiche Auswahl an Teesorten aus eigener Produktion wie den »Earl Grey«, den Twinings im 19. Jahrhundert eigens für den Grafen mischte. Als 1941 bei einem Luftangriff eine Bombe einschlug, wurde mit steifer Oberlippe das Geschäft nach wenigen Stunden wieder aufgenommen.

➤ WC2 ➤ [H 4] **216 The Strand; Tel. 73 55 35 11; www.twinings.co.uk; U-Bahn: Temple**

Ob beim Bootfahren oder im Zoo am nordöstlichen Parkende – der Regent´s Park erweist sich als wohltuende Oase mitten in der Stadt.

SINN- UND SEELENNAHRUNG

Die Rasur beim klassischen Herrenbarbier und das Schwimmen im Hyde Park gehören ebenso zum Wohlfühlangebot Londons wie exotische Behandlungen in fernöstlichem Ambiente.

In der Hektik des Alltags gerät leicht in Vergessenheit, wie viele Oasen der Geruhsamkeit London zu bieten hat. Sie sind nicht zuletzt den Viktorianern zu verdanken, die einen Ausgleich für die industrialisierte Umwelt zu schaffen suchten, indem sie die Grünflächen öffentlich zugänglich machten und mit Anlagen und Einrichtungen versahen. Davon zehren die Londoner noch heute. In dieser kommunalen Tradition stehen auch die Sportzentren und Lidos aus dem frühen 20. Jahrhundert. Lange vernachlässigt erfreuen sie sich heute eines gewissen Retrochics. Zudem gibt es ein reichhaltiges Angebot an Schönheitssalons und Wellnessbereichen.

BOOTFAHREN

Schon die Viktorianer amüsierten sich gern bei kleinen Bootsfahrten auf den innerstädtischen Seen. An einem heißen Sommertag kann man genüsslich über das Wasser gleiten in einem der Pedalo- oder Ruderboote, die von März bis September im Battersea Park, Hyde Park und Regent's Park vermietet werden.

➤ SW11 ➤ [südl. E 8] **Battersea Park Boathouse; Tel. 88 71 75 30; Bahnhof: Battersea Park**

➤ NW1 ➤ [D 2] **Regent's Park Boathouse; U-Bahn: Baker Street**

➤ W2 ➤ [C 5] **Hyde Park, Serpentine Boathouse; Tel. 72 62 13 30; U-Bahn: Knightsbridge**

DAY-SPAS

Bliss

Beauty nach New Yorker Art in Chelsea. Vor Flachbildschirmen mit durchgehendem »Sex and the City«-Programm werden die Fingernägel auf Hochglanz gebracht. Tripel-Sauerstoff-Facial oder die Exfolierung mit Karottenmulch, warmer Milch- und Honig-Träufelung und einem Sesam-Meeressalz-Scrub schenken der Haut frisches Aussehen. Bei der Pediküre mit einem Fußbad in heißer Schokoladenmilch wird man mit Schokoladeneis und Brownies verwöhnt. Für Männer werden Gesichtsbehandlung, Massagen, Maniküre und Pediküre angeboten.

➤ SW3 ➤ [D 7] **60 Sloane Avenue; www.blisslondon.co.uk; U-Bahn: South Kensington, Sloane Square; ab 30 £ CREDIT**

Elemis Day Spa

Sowohl die Einrichtung als auch die Behandlung in diesem exotischen Reich der Sinne verschmilzt fernöstliche und arabische Kultur: marokkanisches Dampfbad, japanische Seidenpflege, Aroma-Steintherapie, balinesische Boreh-Anwendung mit Nelken, Ingwer und Muskatnuss. Selbst die Bräune wird in der Form einer feierlichen Sonnenzeremonie verabreicht. Auch Paarbehandlungen sind möglich.

➤ W1 ➤ [E 4] **2–3 Lancashire Court; Tel. 74 99 49 95; www.elemis.com; U-Bahn: Bond Street; Mo–Do 9–21, Fr, Sa 9–20, So 10–18**

Uhr; ab 40 £ für eine aromatherapeutische Fußpflege von 30 Min. bis 395 £ für 4 1/2 Std. eines »königlichen Thai«-Erlebnisses

Mandarin Oriental Spa

Entspannende Wohltaten mit Espa-Produkten erwarten die Gäste des luxuriösen Refugiums im gleichnamigen First-Class-Hotel am Hyde Park. Nach einer eingehenden Beratung wird ein Behandlungscocktail mit traditionellen Ritualen und Techniken aus China, Indien, Bali, Thailand und dem Orient zusammengestellt. Belebend wirkt ein Vitalitätsbad mit Druckstrahlgüssen, zur Ruhe kommen kann man in der Zen-Entspannungszone. Wer nicht im Hotel logiert, muss mindestens zwei Stunden buchen.

➤ SW1 ➤ [D 5] 66 Knightsbridge; Tel. 78 38 98 88; www.mandarinoriental.com; U-Bahn: Knightsbridge; tgl. 7–22 Uhr; ab 200 £ CREDIT

FRISEURE

Geo. F. Trumper

Der klassische Herrenbarbier, der seit 1875 den Londoner Gentlemen das Haar stutzt und den Bart trimmt, bietet neben Fuß- und Gesichtspflege auch Unterricht in der für den individuellen Hauttyp geeigneten Nassrasur an. Zu den Kunden zählen Angehörige des Königshauses sowie bekannte Persönlichkeiten aus Politik, Wirtschaft und Showbusiness. Trumper's Herrendüfte und Pflegeprodukte werden in die ganze Welt verschickt.

Geo. F. Trumper, einer der feinsten Barbiere der Stadt, ist für sein unvergleichliches Sortiment an Herrendüften bekannt.

Entspannung auf höchstem Niveau erwartet die Gäste im luxuriösen Spa des »Mandarin Oriental Hotel«.

➤ W1 ➤ [E 5] **9 Curzon Street; Tel. 74 99 18 50; www.trumpers.com; U-Bahn: Green Park; Mo–Fr 9–17.30, Sa 9–13 Uhr**

Vidal Sassoon School

Schüler dieser Friseurakademie, die oft schon eine jahrelange Berufserfahrung haben, verfeinern ihre Schneide- und Färbekunst an bereitwilligen Opfern. Für elf Pfund bekommen sie eine Frisur mit Vidal-Sassoon-Signatur.

➤ W1 ➤ [E 3] **16 Davies Mews; Tel. 73 18 52 05; U-Bahn: Bond Street; Mo–Fr 9–17 Uhr**

KOSMETIK

Neal's Yard Remedies

Der in einem malerischen Innenhof von Covent Garden gelegene Salon arbeitet mit Ökokosmetik und bietet Naturheilkundebehandlungen an. Für das Wohlbefinden zu Hause gibt es homöopathische Mittel, Aromatherapieprodukte und ganzheitlich orientierte Sachbücher.

➤ W1 ➤ [G 3/4] **15 Neal's Yard; Tel. 73 79 72 22; www.nealsyardremedies.com; U-Bahn: Covent Garden; Mo–Mi, Fr 10.30–19, Do, Sa 10.30–19.30, So 11–18 Uhr**

Space NK

Die stilvollen, aber minimalistisch eingerichteten Filialen verlocken zum Kauf der ausgesuchten Pflegeprodukte und Kosmetika. Das Geschäft in der Nähe von Harrods hat das größte Sortiment und bietet auch Spa-Behandlungen an.

➤ SW1 ➤ [D 6] **40 Hans Crescent; U-Bahn: Knightsbridge; www.spacenk.com; Mo, Di, Do–Sa 10–19, Mi 10–20, So 12–17 Uhr**

SCHWIMMBÄDER

The Porchester Centre

Dieses städtische Sport- und Wellnesszentrum wartet mit großem Hallenbad, Kinderbecken und Fitnessstudio auf sowie einem Art-déco-Spa von 1929, das stilvoll renoviert wurde. Hier kann man nach türkischer, russischer oder finnischer Art in der Sauna schwitzen. Zu den angebotenen vitalisierenden Anwendungen zählen Aromatherapie, Gesichtspflege, therapeutische Massagen und Reiki.

➤ W2 ➤ [B 4] **Queensway; Tel. 77 92 29 80; www.westminster.gov.uk; U-Bahn: Royal Oak; Spa: tgl. 10–22 Uhr; Di, Do, Fr, So 10–16 Uhr nur Damen; Mo, Mi, Sa nur Herren, So 16–20 Uhr gemischt; Eintritt 20,35 £; Fitness: Mo–Fr 7–22, Sa, So 8–20 Uhr; Eintritt 7,75 £; Hallenbad: Mo, Mi–Fr 7–20, Di 7–21, Sa, So 8–20 Uhr; Eintritt 3,95 £**

Serpentine Lido

Mit dem Begriff »Lido« beschwört man Bilder von adriatischer Sonne und Dolce Vita. Der Lido am See mitten im Hyde Park bringt tatsächlich eine Stimmung südländischer Ausgelassenheit in die britische Metropole. Sonnenbaden und schwimmen kann man direkt neben dem »Lido-Café« und dem Brunnendenkmal für Diana Prinzessin von Wales.

➤ SW7 ➤ [C/D 5] **Serpentine Lido, Hyde Park; Tel. 77 06 34 22; www.serpentinelido.com; U-Bahn: Knightsbridge; Juni–Sept. tgl. 10–18 Uhr; Eintritt 3,75 £, nach 16 Uhr 3 £**

London hat zu Recht das Image des kulturellen Schmelztiegels, sein Nachtleben ist ebenso abwechslungsreich wie sein Publikum.

CITY FÜR NACHTSCHWÄRMER

Vom Plüsch des königlichen Opernhauses bis hin zu den Szenelokalen von Clerkenwell und Hoxton, von der Boulevardklamotte zum Politdrama bietet London eine große Palette an Kultur und Unterhaltung.

Auch bei der Gestaltung ihres Abendprogramms haben Londonbesucher die Qual der Wahl. Spitzenkarten für die Royal Opera mögen zwar an die 200 Pfund kosten, aber man muss nicht der Nerzmantelliga angehören, um dabei zu sein. Im Olymp findet man Plätze ab fünf Pfund, und wer flexibel bleibt, kann in letzter Minute vergünstigte Theaterkarten ergattern. Die Stadt bebt – und das keineswegs nur in den Szenelokalen von Hoxton und Smithfield, die London zur Nachtklub-Kapitale der Welt gemacht haben. Nach Büroschluss quellen die Bars von Clerkenwell und in der Liverpool Street über mit Arbeitern, die sich für die Pendelfahrt oder den Nachtbummel rüsten. Seit der Lockerung der Sperrstunde dehnt sich das Vergnügen bis in die frühen Morgenstunden aus. Nachteulen können auf dem Heimweg noch in einem rund um die Uhr geöffneten Internetcafé ihre E-Mails abrufen oder sich mit einem Beigel (auch Bagel) stärken in der jüdischen Bäckerei von Brick Lane, die selbst am Sabbat nicht ruht.

BARS UND PUBS

Beach Blanket Babylon

Die zweireihig geparkten Limousinen zeugen von der Beliebtheit dieses Lokals in Notting Hill mit seiner opulenten Flamboyantstil-Mischung aus Rokoko und Gotik. Auch Gaudí lässt grüßen. Man kann hier einen ganzen Abend mit Dinner im Restaurant und Barbesuch verbringen oder sich gleich in die Bar des »BBB« im ersten Stock begeben.

➤ W2 ➤ [A 3/4] **45 Ledbury Road; Tel. 72 29 29 07; www.beachblanket.co.uk; U-Bahn: Notting Hill Gate, Ladbroke Grove; Mo–Sa 12–23, So 12–22.30 Uhr**

Black Friar

Reliefs von fröhlichen Mönchen erinnern in der Jugendstilpracht dieses Pubs an die mittelalterliche Dominikanerabtei, von der das Viertel seinen Namen Blackfriars hat. Das keilförmige, viktorianische Gebäude, über dessen Eingang die Figur eines Mönches wacht, ist eingezwängt in ein schmales Grundstück an einer der meistbefahrenen Kreuzungen der Innenstadt. Im »Black Friar« überrascht die überladene Ausstattung des gewölbten Raums mit grünem und rotem Marmor und Goldmosaiken. Gute Bierauswahl und dazu passendes Essen.

➤ EC4 ➤ [J/K 4] **174 Queen Victoria Street; Tel. 72 36 54 74; U-Bahn: Blackfriars; Mo–Sa 11.30–23, So 12–21 Uhr**

MASTER VISA AmEx

Lobby Bar, One Aldwych

Geräumige Bar des Fünfsternedesignhotels in Covent Garden mit idealer Lage für den luxuriösen Cocktail und Imbiss vor oder nach dem Theater. Das ehemali-

ge Zeitungsverlagshaus verbindet eduardianischen Pomp mit zeitgenössischem Schliff.
➤ WC2 ➤ [H 4] **1 Aldwych; Tel. 73 00 10 70; www.onealdwych.com; U-Bahn: Covent Garden, Charing Cross; Mo–Fr 8–24, Sa 9–24, So 8–22.30 Uhr** CREDIT

Loungelover
Viele ausgefallene Cocktails mit erotisch suggestiven Namen und kleine Gerichte inmitten von Antiquitäten, Trödel und Designerobjekten, die die ehemalige Fabrik für Fleischverpackungen in eine skurrile Lounge verwandelt haben. Reservierung nötig.
➤ E2 ➤ [L/M 2] **1 Whitby Street, Shoreditch; Tel. 70 12 12 34; www.loungelover.co.uk; U-Bahn: Liverpool Street; Di–Do 18–24, Fr 8–1, Sa 19–1, So 18–24 Uhr** MASTER VISA AmEx

Vertigo 42
Fast 40 Champagnersorten und Panoramablick über die Stadt vom 42. Stock des mit 183 Metern höchsten City-Wolkenkratzers. Kleines Bar-Menü mit Steak, Kaviar, kalter Platte und raffiniertem Knabberzeug. Wegen der Sicherheitsvorkehrungen empfiehlt es sich zu buchen.
➤ EC2 ➤ [L 3] **Tower 42, Old Broad Street; Tel. 78 77 78 42; www.vertigo42.co.uk; U-Bahn: Liverpool Street; Mo–Fr 12–15, 17–23 Uhr ●●●** CREDIT

AUTORENTIPP Die langen Schlangen vor manchen Klubs lassen sich umgehen durch eine Vorausbuchung. Um eine teure Heimfahrt mit dem Taxi zu sparen, sollte man sich vorher nach den Nachtbussen erkundigen. Denn gegen Mitternacht beginnt die U-Bahn dichtzumachen bis morgens um fünf Uhr, am Wochenende tritt sie sogar erst ein oder zwei Stunden später wieder in Aktion.

KLUBS UND DISKOTHEKEN

Bethnal Green Working Men's Club
Kabarett, Livebands, Schnulzensänger, Clowns, DJs, Striptease, Retro-Kostümabende, Tanzstunden. Lustiges, unberechenbares Programm in einem Arbeiterklub des East End, der zu einem erstaunlichen In-Treff geworden ist.
➤ E2 ➤ [M 1/2] **42 Pollard Row; Tel. 77 39 27 27; www.workersplaytime.net; U-Bahn: Bethnal Green**

Der »Bethnal Green Working Men's Club« im East End bietet alles vom Kabarett bis zum Striptease.

ment, Charing Cross; Mo, Mi, 22.30–3, Fr 22.30–6, Sa 22–6 Uhr; Eintritt ab 8 £ vor Mitternacht

Ministry of Sound

Der Erfolg des House-Superklubs in einer Südlondoner Busgarage hat seinen Gründer Jamie Palumbo auf die Liste der 20 Musikmillionäre des Landes katapultiert. Das viel gerühmte Soundsystem der zwei Tanzflächen lockt immer noch Spitzen-DJs, und die Gäste stehen weiterhin Schlange.

➤ SE1 ➤ [J 6] 103 Gaunt Street; Tel. 0 87 00 60 00 10; www.ministryofsound.co.uk; U-Bahn: Elephant & Castle; Di »Student Night« 22–3 Uhr, Eintritt 5 £; Fr 22.30–5 Uhr, Eintritt 12 £; Sa 23–7 Uhr, Eintritt 15 £

Fabric

Drei meist rammelvolle Tanzflächen für mehr als 2000 Nachtschwärmer in einem ehemaligen Kühllager des benachbarten Fleischgroßmarkts Smithfields, eine davon mit vibrierendem Bodysonic-System. Elektro, Techno-House.

➤ EC1 ➤ [J 3] 77A Charterhouse Street, Clerkenwell; Tel. 73 36 88 98; www.fabriclondon.com; U-Bahn: Faringdon; Fr 21.30–5, Sa 20–7 Uhr; Eintritt 12–15 £

Heaven

Beliebter Schwulen- und Transsexuellenklub in den Bögen des Charing-Cross-Bahnhofs. Unterschiedliche Musik auf drei Ebenen. Auch Hetero-Publikum.

➤ WC2 ➤ [G 4/5] Under the Arches, Villiers Street; Tel. 79 30 20 20; www.heaven-london-com; U-Bahn: Embank-

333

Drei Ebenen – oben die »Mother« Bar mit täglichem DJ-Programm, im dunklen Keller Techno, Drum 'n' Bass, während der Hauptraum mit Electro-House bebt.

➤ EC1 ➤ [L 2] 333 Old Street, Hoxton; Tel. 77 39 59 49; www.333mother.com; U-Bahn: Old Street; Bar: Mo–Mi 20–3, Do, So 20–4, Fr, Sa 20–5 Uhr; Klub: Fr, Sa 22–5 Uhr; Eintritt 5–10 £

JAZZ UND ROCK

Carling Academy Brixton

Die großen Namen der Rockwelt treten in diesem ehemaligen Varietétheater aus den 1920er-Jahren mit einer der Rialtobrücke in Venedig nachempfundenen Bühne auf. Die Rolling Stones, Bob Dylan, Madonna, Prince, Franz Ferdinand und viele andere gaben sich schon die Ehre.

➤ SW9 ➤ [südl. H 8] **211 Stockwell Road; Tel. 77 71 30 00; U-Bahn: Brixton; www.brixton-academy.co.uk;**

PizzaExpress, Jazz Club Soho

Der Gründer der PizzaExpress-Kette ist ein Jazzliebhaber, deswegen wurde die Kombination von Pizza und Jazz stets gepflegt. Das beliebte Kellerlokal bietet jeden Abend Livemusik mit international bekannten Künstlern. Auch hier ist eine Reservierung ratsam.

➤ W1 ➤ [F 4] **10 Dean Street; Tel. 77 34 32 20; www.pizzaexpress.co.uk; U-Bahn: Tottenham Court Road; tgl. 19.30–24 Uhr (Restaurant 11.30–24 Uhr); Eintritt 15–20 £ •• CREDIT**

Ronnie Scott's

Nach fast 50 Jahren ist diese Institution in Soho immer noch die Londoner Anlaufstelle für die internationale Jazzprominenz, auch wenn ihr Gründer, der Tenorsaxofonist Ronnie Scott, nicht mehr lebt. Vor Kurzem wurde der Klub unter neuem Besitz einer überfälligen Renovierung unterzogen. Die Qualität der Küche ist gestiegen. Unbedingt reservieren.

➤ W1 ➤ [F/G 4] **47 Frith Street; Tel. 74 39 07 47; www.ronniescotts.co.uk; U-Bahn: Leicester Square, Tottenham Court Road; Eintritt mindestens 26 £, je nach Programm; für Essensgäste Eintritt bei Vorauszahlung von 18 £ pro Person; Mo–Sa 18–3, So 18–24 Uhr CREDIT**

KINOS

BFI IMAX Cinema

Auf einer Verkehrsinsel beim Bahnhof Waterloo liegt das größte britische Kino für ein 3-D-Erlebnis. Es wird vom British Film Institute betrieben.

➤ SE1 ➤ [H 5] **Charlie Chaplin Walk, South Bank; Tel. 0 87 07 87 25 25; www.bfi.org.uk/imax; U-Bahn: Waterloo**

Everyman

Das älteste Programmkino von London. Neue Titel, Klassiker, Familienfilme und thematische Festivals in luxuriöser Einrichtung. Per Knopfdruck kann man vom Sitz aus einen Kellner rufen, der Getränke und Knabberzeug bringt.

➤ NW3 ➤ [nördl. C 1] **5 Holly Bush Vale, Hampstead; Tel. 0 87 00 66 37 77; www.everymancinema.com; U-Bahn: Hampstead**

Gate Picturehouse

Unvermuteter eduardianischer Prunk hinter unscheinbarer moderner Fassade. Seit Jahrzehnten ein beliebter Treffpunkt für Cineasten. Auch Liveübertragungen aus der New Yorker Metropolitan Oper.

➤ W11 ➤ [A 4/5] **87 Notting Hill Gate; www.picturehouses.co.uk; U-Bahn: Notting Hill Gate**

National Film Theatre

Sitz des teils staatlich subventionierten British Film Institute, das im Besitz eines der größten Filmarchive der Welt ist mit Spiel- und Dokumentarfilmen und Fernsehprogrammen. Jeden Tag laufen etwa sechs Filme, darunter Klassiker, Kultfilme, Raritäten und Neuerscheinungen.

AUTORENTIPP Kinofilme sind in Großbritannien Kategorien zugeordnet:
U (universal) – für alle Altersstufen
PG (Parental guidance) – es bleibt den Eltern überlassen, ob sie den Film für ihre Kinder geeignet finden
12A – Kinder unter zwölf Jahren sind nur in Begleitung eines Erwachsenen zugelassen
15 – Kinder unter 15 Jahren sind nicht zugelassen
18 – nur für Erwachsene

➤ SE1 ➤ [H 5] **Belvedere Road, South Bank, Waterloo; Tel. 79 28 32 32; www.bfi.org.uk; U-Bahn: Waterloo**

KONZERTSÄLE, OPER, TANZ

Barbican Hall

In diesem Kulturkomplex der Londoner City ist das London Symphony Orchestra beheimatet. Die großen internationalen Musikensembles und Solisten geben hier regelmäßig Gastauftritte. Aber auch konzertante Opernaufführungen, Theater und Tanz stehen auf dem Programm.

➤ EC2 ➤ [K 3] **Barbican Centre, Silk Street; Tel. 76 38 88 91; www.barbican.org.uk; U-Bahn: Barbican, Moorgate**

Cadogan Hall

Diese ehemalige Christian-Science-Kirche, 1901 im neobyzantinischen Stil erbaut, wurde 2004 in einen Konzertsaal mit 900 Plätzen verwandelt. Seitdem residiert hier das Royal Philharmonic Orchestra. Mischprogramm aus Klassik, Jazz, Vorträgen und Filmaufführungen.

➤ SW1 ➤ [D 7] **5 Sloane Terrace; Tel. 77 30 45 00; www.cadoganhall.com; U-Bahn: Sloane Square**

English National Opera

Breites Repertoire von Opern, die anders als an der Royal Opera auf Englisch aufgeführt werden. Das Niveau ist hoch, aber da keine Weltstars auftreten, sind die Karten preiswerter als in Covent Garden.

➤ WC2 ➤ [G 4] **London Coliseum, St. Martin's Lane; Tel. 76 32 83 00; www.eno.org; U-Bahn: Charing Cross, Leicester Square**

Holland Park Opera

Beliebte Freilicht-Opernfestspiele von Juni bis August. Man sitzt unter einem Baldachin in einem der schönsten Londoner Parks, wo die Arien oft vom Schrei der Pfaue begleitet werden.

➤ W8 ➤ [A 6] **Holland Park, Tel. 0 84 52 30 97 69; www.rbkc.gov.uk/ohphollandpark/general/; U-Bahn: High Street Kensington**

Laban

Eine der führenden Hochschulen für zeitgenössischen Tanz, benannt nach Rudolph von Laban, einem Pionier des deutschen Ausdruckstanzes, ist in einem imposanten Bau der schweizerischen Architekten Herzog und de Meuron untergebracht. Regelmäßige Aufführungen.

➤ SW8 ➤ [westl. O 8] **Creekside; Tel. 86 91 86 00; www.laban.org; Bahnhof: Cutty Sark (DLR), Deptford, Greenwich (jeweils 10 Min. zu Fuß)**

The Place

Zentrum für zeitgenössischen Tanz von internationalem Renommee. Die Sitze im Theater sind nicht nummeriert. Wer als Erster kommt, ergattert den besten Platz.

➤ WC1 ➤ [G 2] 17 Duke's Road, Bloomsbury; Tel. 73 87 00 31; www.theplace.org.uk; U-Bahn: Euston

Royal Albert Hall

Dem römischen Amphitheater nachempfundene Veranstaltungshalle, benannt nach Königin Viktorias Prinzgemahl und 1871 eröffnet. Vielerlei Spektakel vom Boxkampf bis hin zu der alljährlichen berühmten Konzertreihe »The Proms« (→ S. 122). In der riesigen Arena des Kuppelbaus haben 5500 Menschen Platz.

➤ SW7 2A ➤ [C 6] Kensington Gore; Tel. 75 89 82 12; www.royalalberthall.com (Onlinetickets); U-Bahn: South Kensington

Wer sich für zeitgenössischen Tanz interessiert, wird im Theater The Place interessante Aufführungen erleben (S. 113).

Royal Opera House, Covent Garden

Die Heimat der Royal Opera und des Royal Ballet zählt zu den renommiertesten Opernhäusern der Welt. Opern werden in der Originalsprache gesungen – mit englischen Übertiteln. Reservierungen sind online möglich, ab 10 Uhr am Tag der Vorstellung werden 67 Karten an der Kasse zum Verkauf freigegeben, nur eine Karte pro Kopf. Vier Stunden vor Vorstellungsbeginn sind Restkarten an der Kasse zum halben Preis zu erwerben.

➤ WC2 ➤ [G 3] Bow Street; Tel. 73 04 40 00; www.royaloperahouse.org; U-Bahn: Covent Garden; Mo–Sa tgl. Führungen hinter die Kulissen; Eintritt 9 £

Sadler's Wells Theatre

Ende der 1990er-Jahre ein mit Lotteriegeldern eigens für Tanz und Ballett gebautes Theater. Vielfältiges Angebot von Flamenco und Tango bis hin zu zeitgenössischem Tanz mit Gastaufführungen internationaler Ensembles.

➤ EC1 ➤ [J 1] Rosebery Avenue; Tel. 0 87 07 37 77 37; www.sadlers-wells.com; U-Bahn: Angel

St. John's, Smith Square

Barockkirche an einem stillen Platz nahe dem Parlament. Sie wurde 1941 bei einem Luftangriff zerstört und nach dem Krieg wieder aufgebaut. Reichhaltiges Angebot an klassischer Musik. Restaurant im Backsteingewölbe der Krypta.

➤ SW1 ➤ [G 6] Smith Square; Tel. 72 22 10 61; www.sjss.org.uk; U-Bahn: St James's Park, Westminster

South Bank Centre

Der Kulturkomplex am südlichen Ufer der Themse umfasst neben der Hayward Gallery drei Konzertsäle, von denen der größte die nach einer aufwendigen Renovierung seit Juni 2007 in frischem Glanz erstrahlende Royal Festival Hall ist. Sie wurde 1951 für das Festival of Britain errichtet, mit dem das Land den Willen zum kulturellen Aufschwung nach dem Krieg bekundete. In den Foyers, die ganztägig geöffnet haben, finden regelmäßig kostenlose Veranstaltungen statt. Vor den Lokalen auf der Themseterrasse entfaltet sich das Stadtpanorama.

➤ SE1 ➤ [H 5] Belvedere Road; Tel. 0 87 03 80 04 00; www.frh.org.uk; U-Bahn: Waterloo

Wigmore Hall

Er wird gerühmt für seine Akustik und ist bei den internationalen Interpreten für Kammermusik und Liedgut besonders

AUTORENTIPP Die kommerziellen Bühnen, auf denen die großen Musicals und Unterhaltungsstücke laufen, liegen im West End. Aufführungen, die im subventionierten National Theatre, in der Provinz oder an einer Fringe-Bühne (vergleichbar mit Off-Broadway und Off-Off-Broadway) besonders erfolgreich gewesen sind, siedeln mitunter ins West End um. Abseits davon hat sich eine dynamische Szene in den teils öffentlich geförderten Fringe-Theatern durchgesetzt.

beliebt: dieser 1901 von dem Berliner Klavierhersteller Bechstein neben seinen Londoner Geschäftsräumen erbaute Saal.
➤ W1 ➤ [E 3] **36 Wigmore Street; Tel. 79 35 21 41; www.wigmore-hall.org.uk; U-Bahn: Bond Street, Oxford Circus**

THEATER

Almeida

Kleines, im nördlichen Stadtteil Islington gelegenes Theater, das sich hohes Ansehen verschafft hat. Es konnte zahlreiche Hollywoodstars gewinnen, für bescheidene Honorare in Uraufführungen und Raritäten aufzutreten.

AUTORENTIPP Bei besonders begehrten Veranstaltungen sollte man sich rechtzeitig telefonisch oder via Internet an die Theaterkasse wenden. Agenturen wie Ticketmaster oder Keith Prowse erheben oft eine saftige Provision. Einige Theater berechnen allerdings ebenfalls eine Bearbeitungsgebühr von etwa 2,50 £. Am Tag der Vorstellung werden unverkaufte Plätze oft als »standby tickets« bis auf die Hälfte herabgesetzt. Ermäßigte Last-Minute-Karten sind auch an der Südseite am Uhrturm von Leicester Square am »tkts«-Stand der London Society of Theatre erhältlich (U-Bahn: Leicester Square; Mo–Sa 10–19, So 12–15 Uhr). Bevor man sich anstellt, darauf achten, dass Karten für Matinee- und Abendvorstellungen an unterschiedlichen Fenstern verkauft werden. Ein Brett informiert über das verfügbare Angebot. An der Station Canary Wharf der Docklands Light Railway gibt es ebenfalls einen »tkts«-Kiosk. Man hüte sich vor den Schwarzhändlern, mitunter sind die überteuerten Karten nicht einmal echt.

➤ N1 ➤ [nördl. J 1] **Almeida Street; Tel. 73 59 44 04; www.almeida.co.uk; U-Bahn: Angel, Highbury & Islington**

Donmar Warehouse

Ungewöhnliche Klassikeraufführungen und neue Dramen, oft mit großen Darstellernamen. Bevor es eine Studiobühne wurde, mit Platz für 250 Zuschauer, war es ein Hopfen- und Bananenlager.
➤ WC2 ➤ [G 4] **41 Earlham Street, Seven Dials; Tel. 0 87 00 60 66 24; www.donmar-warehouse.com; U-Bahn: Covent Garden**

King's Head

Intimes Theater in einem Pub, das zu einer Londoner Institution geworden ist. Vielfältiges, mit knappsten Mitteln verwirklichtes Programm.
➤ N1 ➤ [nördl. J 1] **115 Upper Street; Tel. 72 26 19 16; www.kingsheadtheatre.org; U-Bahn: Angel, Highbury & Islington**

Menier Chocolate Factory

Eine der attraktivsten neuen Kultureinrichtungen Londons. Hochkarätiges Fringe-Theater, Jazz, eine Galerie und ein Restaurant mit raffiniert-anspruchsloser britischer Küche im atmosphärischen Rahmen einer ehemaligen Schokoladenfabrik aus dem 19. Jahrhundert. Sondermenü mit zwei Gängen vor dem Theater für 20 £ und Imbisse.
➤ SE1 ➤ [K 5] **51–53 Southwark Street; Tel. 79 07 70 60, Restaurant 73 78 17 12; www.menierchocolatefactory.com; U-Bahn: London Bridge; Jazz jeden 3. Do des Monats ab 20.30 Uhr; Restaurant: Mo–Fr 12–15, Di–Sa 18–23 Uhr •• MASTER VISA AmEx**

Auf Tuchfühlung mit den Akteuren ist man im Pub »King's Head«, wo mittags und abends Theater gespielt wird.

National Theatre

Staatlich subventionierter Theaterkomplex mit einer großen Plattformbühne, einer herkömmlichen Vorbühne und einem Studiotheater. Es stehen jeweils bis zu acht Inszenierungen von Klassikern und neuen Dramen zur Auswahl. Lesungen, Diskussionen und Musik im Foyer.

➤ SE1 ➤ [H 5] **South Bank; Tel. 73 59 44 04; www.nationaltheatre.org.uk; U-Bahn: Waterloo; Mo–Sa mehrmals tgl. Führungen hinter die Kulissen**

Old Vic

Historisches Londoner Theater, wo die Größen der britischen Bühne aufgetreten sind. Der bekannte Hollywoodschauspieler Kevin Spacey gestaltet hier seit einigen Jahren das Programm.

➤ SE1 ➤ [J 5] **The Cut; Tel. 0 87 00 60 66 28; www.oldvictheatre.com; U-Bahn: Waterloo, Southwark**

Open Air Theatre, Regent's Park

Freilichtbühne (→ Tour 2) mit populärem Sommerprogramm. Meistens stehen Shakespeare, Musicals und Kinderstücke auf dem Programm. Der Dauerrenner ist Shakespeares »Sommernachtstraum«.

➤ NW1 ➤ [D 2] **Regent's Park, Inner Circle; Tel. 0 87 00 60 18 11; www.openairtheatre.org; U-Bahn: Baker Street**

Royal Court

Seit den späten 1950er-Jahren eine der führenden Plattformen für das zeitgenössische Theater. Uraufführungen etablierter und unbekannter Dramatiker.

➤ SW1 ➤ [D 7] **Sloane Square; Tel. 75 65 50 00; www.royalcourttheatre.com; U-Bahn: Sloane Square**

Royal Shakespeare Company

Die in Shakespeares Geburtsstadt Stratford-upon-Avon ansässige Truppe gibt von Dezember bis März alljährlich ein Londoner Gastspiel in einer der drei West-End-Bühnen des Produzenten Sir Cameron Mackintosh, dem Adwych, dem Novello oder dem Noel Coward Theatre.

Tel. 0 87 09 50 09 40; www.delfontmackintosh.co.uk

Jedes Jahr feiern die über 60 000 in London lebenden Chinesen ihr Neujahrsfest: 15 Tage lang sind die Straßen um Chinatown mit bunten Laternen geschmückt.

BUNTER MARATHON DER PARADEN

Folkloristische Feste und traditionelle Ereignisse wie die Blumenschau in Chelsea, die auch ein Fixum im Gesellschaftskalender sind, machen Jahr für Jahr aufs Neue von sich reden.

Von königlichem Festgepränge bis hin zu den skurrilsten Bräuchen ist der Londoner Eventkalender das ganze Jahr mit Veranstaltungen jeder Art vollgestopft: Paraden, Gedenkfeiern, Messen, Musik- und Theaterfestivals, traditionelle Ruder- oder Pferderennen sind auch immer gesellschaftliche Ereignisse, die mit dem jeweilig passenden Outfit besucht werden. Über Einzelheiten und aktuelle Termine informiert die Wochenzeitschrift »Time Out« (www.timeout.com/london).

JANUAR

Neujahrsparade

Begleitet von Blaskapellen beginnt mit dem Zwölfuhrschlag von Big Ben am 1. Januar ein bunter Umzug vom Parliament Square nach Green Park, der den »trübsten Tag des Jahres« aufhellen soll.

www.londonparade.co.uk

Gedenken an Charles I.

Vor dem Banqueting House (→ S. 129), wo König Charles I. am 30. Januar 1649 geköpft wurde, wird am letzten Sonntag im Januar der Hinrichtung mit einer Kranzniederlegung gedacht.

www.english-civil-war-society.org

JANUAR/FEBRUAR

Chinese New Year

Am zweiten Neumond nach der Wintersonnenwende begehen die Chinesen in Chinatown ihr Neujahrsfest mit Drachentänzen, Böllern und großen Essen in den Restaurants des Viertels.

Zwischen 21. Jan. und 21. Feb.; www.london.gov.uk

MÄRZ/APRIL

Oxford and Cambridge Boat Race

Ruderrennen zwischen den beiden Spitzenuniversitäten, das 1829 erstmals stattfand und seit 1856 alljährlich auf der Themse abgehalten wird. In den Kneipen entlang der rund 6,5 Kilometer langen Strecke zwischen Putney Bridge und Mortlake herrscht Hochbetrieb.

Ende März/Anfang April; www.theboatrace.org; zum Start: U-Bahn-Station Putney; zum Ziel: Bahnstation Mortlake

APRIL

London Marathon

Angefeuert von der Menge quälen sich fast 50 000, teils ulkig verkleidete Läufer schwitzend über die 42 Kilometer von Greenwich Park zur Westminster-Brücke.

Tel. 79 02 02 00; www.london-marathon.co.uk

MAI

Lufthansa Festival of Baroque Music

Dreiwöchiges Programm nicht nur mit Barockmusik, sondern auch mit Jazz und Weltmusik in Westminster Abbey und der Barockkirche St. John's Smith Square.

Kartenverkauf: Tel. 72 22 19 61; www.lufthansafestival.org.uk

Chelsea Flower Show

Seit 1913 hält die Royal Horticultural Society die bedeutendste Gartenschau des Landes auf dem Gelände des Royal Hospital (→ Der gute Tipp von MERIAN, S. 64) ab. Die Eröffnung durch die Königin gehört zu den Höhepunkten im Kalender der Londoner Gesellschaft. Nichtmitglieder der RHS werden nur an den letzten drei Tagen zugelassen. Ab 16 Uhr, eineinhalb Stunden vor Schluss, werden die Schaupflanzen verkauft.

Ende Mai, Di–Sa; Eintritt bis zu 40 £; Tel. 0 87 09 06 37 81; www.rhs.org.uk

JUNI

Derby Day

Das seit 1779 stattfindende Galopprennen für dreijährige Zuchtpferde ist eine der wichtigsten Veranstaltungen des Sports weltweit.

Anfang Juni; Epsom Downs, Epsom, Derby; Tel. 0 13 72 47 00 47; www.epsomderby.co.uk; Zugverbindung von den Bahnhöfen Waterloo und Victoria nach Epsom Station. Von dort 10 Min. mit Bus oder Taxi zur Rennbahn.

Grosvenor House Art & Antiques Fair

Die edelste der britischen Kunst- und Antiquitätenmessen zieht Mitte Juni eine internationale Klientel an.

➤ W1 ➤ [E 4] Grosvenor House Hotel, Park Lane; Tel. 73 99 81 00; www.grosvenorfair.co.uk

The Summer Fair, Olympia Fine Art & Antiques

Ein Fundgrube für Sammler, Händler und Inneneinrichter. Mit fast 300 Teilnehmern ist Olympia die größte Kunst-

FEIERTAGE

1.1. Neujahr
25.12. Christmas Day
26.12. Boxing Day

Bewegliche Feiertage
Karfreitag, Ostermontag, May Day (der erste Mo im Mai), Frühjahrsfeiertag (letzter Mo im Mai, statt Pfingsten), Sommerfeiertag (letzter Mo im August)

und Antiquitätenmesse. Von dekorativem Schnickschnack bis hin zu ausgesuchten Preziosen findet sich auf den Ständen ein reichhaltiges Angebot.
➤ W14 ➤ [westl. A 6] **Olympia Exhibition Hall, Hammersmith Road; Tel. 73 70 82 11; www.clarionevents.co.uk; 11–18 Uhr kostenloser Shuttleservice jede halbe Stunde zwischen 141 New Bond Street und der Olympia**

Royal Ascot

Bei der königlichen Pferderennwoche wetteifert die Londoner Hautevolee mit den edelsten Vollblütern um Aufmerksamkeit. Ausgefallene Damenhüte und die täglich wechselnde Garderobe der königlichen Gesellschaft, die um 14 Uhr mit rot und gold livrierten Kutschern in offenen Landauern vorfährt, sind mindestens so interessant wie der hochdotierte Galoppsport. In Laufe dieser Woche werden rund 150 000 Flaschen Champagner, 3,5 Tonnen Lachs, 5 Tonnen Erdbeeren und 7500 Liter Sahne verzehrt.
Ascot Racecourse, Ascot, Berkshire; Tel. 0 87 07 27 12 34; www.ascot.co.uk; mit dem Zug von Waterloo Station zum Bahnhof Ascot, dann 7 Min. zu Fuß zur Rennbahn

Oxford gegen Cambridge heißt es seit 1829 beim alljährlichen Ruderrennen auf der Themse (S. 119).

Trooping the Colour

Die farbenprächtige Zeremonie zum »offiziellen« Geburtstag der Königin findet nicht an ihrem Geburtstag im April, sondern am zweiten Samstag im Juni statt. Man baut darauf, dass das Wetter dann besser ist. Die Parade hat ihren Ursprung im 17. Jahrhundert, als den Soldaten die Farben der Bataillone vorgeführt wurden, damit sie ihrer Einheit im Schlachtgetümmel folgen konnten. Die Königin wohnt dem von traditioneller Marschmusik begleiteten Ritual in einer Kutsche bei. Anschließend versammeln sich die Windsors auf dem Balkon des Buckingham Palace für die Luftparade der Royal Air Force.
➤ SW1 ➤ [G 5] **Horse Guards Parade; www.royal.gov.uk; Anmeldung für die Verlosung von Karten bis spätestens Anfang Feb. an: The Brigade Major, Headquarters Household Devision, Horse Guards, Whitehall, London SW1A 2AX; wer bei der Verlosung Glück hat, kann Karten erwerben. Sonst stellt man sich in die Menge entlang der Mall.**

Pride Festival

Das 14-tägige schwul-lesbische Fest von Mitte bis Ende Juni gipfelt in einer schrillen Parade vom Hyde Park zum Trafalgar Square, wo für Unterhaltung gesorgt wird.
www.pridelondon.org

JUNI/JULI

Wimbledon Lawn Tennis Championship

Wimbledon ist nicht nur das einzige Grand-Slam-Turnier, das noch auf Rasen gespielt wird, sondern auch ein Ort, der auf urenglische Manier seine eigenen Traditionen pflegt.

➤ SW19 ➤ S. 8/9, [a 5] Ende Juni/Anfang Juli; The All England Lawn Tennis Club, Church Road, Wimbledon; Tel. 89 71 24 73; U-Bahn: Southfields, dann mit Bus 493; Formulare für die Kartenauslosung mit einem frankierten Rückumschlag bis spätestens 15. Dez. anfordern bei: AELTC Ticket Office, P.O.Box 98; London SW19 5AE; Anmeldeschluss 31. Dez.

City of London Festival

Drei Wochen klassische Musik, Jazz, Theater und Tanz in Kirchen, Zunfthallen oder anderen Bauten der Londoner City sowie auf Plätzen und in Gärten.

Ende Juni–Mitte Juli; Tel. 77 96 49 49; www.colf.org

JULI

Henley Royal Regatta

Was Wimbledon für Tennis und Ascot für das Pferderennen darstellt, ist diese seit 1839 ausgetragene Regatta auf der Themse für den Rudersport.

Regatta Headquarters, Henley-on-Thames, Oxfordshire; Tel. 0 14 91 57 21 58; www.hrr.co.uk; regelmäßiger Zugverkehr vom Bahnhof Paddington, ca. 1 Std. Fahrtzeit bis Henley-on-Thames

MITTE JULI–MITTE SEPTEMBER

Proms

Mit mehr als 70 Konzerten wartet das größte Festival klassischer Musik auf. Bis heute gelten die Ideale, die Robert Newman bewogen, die Promenadenkonzerte zu gründen. Als er den Dirigenten Sir Henry Wood 1895 für die erste Saison in der Queen's Hall engagierte, war das Ziel, ein möglichst breites Publikum für die klassische Musik zu gewinnen. Zum Konzept gehörten niedrige Kartenpreise und eine zwanglose Atmosphäre. 1927 übernahm die BBC die Leitung der Promenadenkonzerte, die ihren Namen ableiten von dem französischen »promener« für spazieren gehen. Bei diesem Festival war der Ausdruck auf die stehenden Besucher gemünzt, die der Aufführung für wenig Geld beiwohnen konnten. Als die Queen's

Das Royal Ascot ist nicht nur eines der ältesten Pferderennen, sondern auch ein schillerndes gesellschaftliches Ereignis (S. 121).

Hall 1941 bei einem Bombenangriff zerstört wurde, zogen die Proms in die Royal Albert Hall. Inzwischen geht das klassische Repertoire einher mit Jazz, Gospel, Musical, zeitgenössischen Auftragswerken, Musik aus allen Kulturen und konzertanten Opernaufführungen. Die renommiertesten Solisten und Orchester der Welt treten auf. Und schon für 4 £ kann jeder, der rechtzeitig bucht oder die langen Schlangen für die Tageskarten nicht scheut, auf den bis zu 1500 Stehplätzen in der Arena oder auf der Galerie dabei sein. Um die zahlreichen Interessierten zu befriedigen, finden seit einigen Jahren während der »Last Night« auch Proms im Londoner Hyde Park sowie in den Parks von Belfast, Glasgow, Manchester und Swansea statt. Nach einem eigenen Liveprogramm wird zum traditionellen Finale die Albert Hall auf einer Großleinwand dazugeschaltet, damit landauf, landab alle einstimmen können in den begeisterten Gesang.

➤ SW7 ➤ [C 6] **Royal Albert Hall, Kensington Gore; Tel. 75 89 82 12; U-Bahn: South Kensington, High Street Kensington; www.bbc.co.uk/proms**

AUGUST

Notting Hill Carnival

Bunt dekorierte Umzugswagen, Steelbands, exotische Kostüme, dröhnende Bassklänge, ausgelassener Tanz, Trillerpfeifen und Stände mit karibischer Kost: Das größte Straßenfest Europas ging aus den Rassenunruhen der 1950er-Jahre zwischen westindischen Einwanderern und Weißen in Notting Hill hervor. Rund eine Million Menschen strömen unter Polizeiaufgebot am letzten Augustwochenende in das Viertel. Am Sonntag findet der Kinderumzug statt, am Montag (Feiertag) die multikulturelle Parade.

www.mynottinghill.co.uk

OKTOBER

Frieze Art Fair

Das Who's who internationaler Sammler und Galeristen versammelt sich in einem Zelt im Regent's Park zu der Messe für

Gegenwartskunst, an der mehr als 150 Aussteller teilnehmen.

➤ NW1 ➤ [E 2] Regent's Park; Tel. 78 33 72 70; www.friezeartfair.com; U-Bahn: Regent's Park

London Film Festival

Internationale Filmfestspiele mit spektakulären Galas und Premieren vor allem im National Film Theatre und dem Odeon-Kino am Leicester Square.

Tel. 79 28 32 32; www.bfi.org.uk, www.lff.org.uk

OKTOBER/NOVEMBER

State Opening of Parliament

Die Königin fährt mit Krone und festlicher Robe in einer prunkvollen Kutsche zum Palast von Westminster, wo sie zur Parlamentseröffnung vom Thron im Oberhaus die Regierungserklärung verliest.

Ende Okt./Mitte Nov. sowie kurz nach einer Wahl; www.parliament.uk

NOVEMBER

Bonfire Night

Mit Feuerwerken und dem Verbrennen einer Guy-Fawkes-Puppe auf Scheiterhaufen wird am 5. November die Vereitelung der katholischen Verschwörung gegen König und Parlament 1605 gefeiert.

www.bonfire.org

London to Brighton Veteran Car Run

Oldtimerrallye von London nach Brighton, dem knapp 100 Kilometer entfernten Seebad an der Südküste. Die Fahrzeuge müssen vor 1905 gebaut worden sein.

1. So im Nov.; Abfahrt ca. 7.15 Uhr von Hyde Park Corner; www.vccofgb.co.uk

Lord Mayor's Show

Einweisung des Oberbürgermeisters der Londoner City mit einem Festumzug. Die Staatskarosse von 1757 bringt den neuen Würdenträger zu den Royal Courts of Justice (→ Top Ten, Tour 4), wo er einen Treueeid auf die Königin schwört. Am Abend wird ein spektakuläres Feuerwerk auf der Themse entfacht.

2. Sa im Nov.; www.lordmayorsshoworg

Remembrance Sunday

Volkstrauertag an dem Sonntag, der dem Jahrestag des Waffenstillstands vom 11. November 1918 am nächsten liegt. Vor dem Vorbeimarsch der Veteranen legen die Königin, der Premierminister und Honoratioren Kränze am Cenotaph in Whitehall, dem Ehrenmal für die Gefallenen aller Kriege, nieder. In den Tagen davor werden zugunsten der Veteranen die künstlichen roten Mohnblumen fürs Revers verkauft, die zum Symbol des Gedenkens geworden sind.

www.britishlegion.org.uk

DEZEMBER

Serpentine Swim

Wagemutige Mitglieder des Serpentine Swimming Club tauchen seit 1864 am - 1. Weihnachtsfeiertag bei jedem Wetter in den See im Hyde Park und schwimmen 100 yards (91,44 Meter).

➤ W2 ➤ [C/D 5] Lido an der Südseite des Sees im Hyde Park, 9 Uhr; www.serpentineswimmingclub.com

Ursprünglich eine Protestveranstaltung zieht der Notting Hill Carnival heute eine Million Teilnehmer und Schaulustige an (S. 123).

BLICKPUNKTE

Ein Leben reicht nicht, um ganz London kennenzulernen. Auf jedem Schritt begegnet man Geschichte, jeder Stein erzählt eine neue Anekdote, jeder Blick in eine Seitenstraße offenbart neue Welten, jede Epoche hat eine neue Schicht aufgelegt. Das dichte Nebeneinander von Vergangenheit und Gegenwart macht denn auch den Reiz der Vielvölkerstadt aus.

Sehenswürdigkeiten 128

SPEZIAL Steinerne Witwentränen 132

SPEZIAL Die grüne Metropole 144

Museen 170

SPEZIAL Siegestrophäen 174

SPEZIAL Seemacht England 180

Für die Tower Bridge wurden über 11 000 Tonnen Stahl verarbeitet (S. 159).

Der einzige noch erhaltene Teil des Whitehall Palace ist das Banqueting House.
Allein wegen seiner prächtigen Rubens-Decke lohnt es einen Besuch.

VERY BRITISH BIS MULTIKULTURELL

Die weniger bekannten Sehenswürdigkeiten, die kleinen Plätze und Seitenstraßen geben mitunter mehr preis über die Besonderheiten der britischen Metropole als ihre berühmtesten Denkmäler.

BANK OF ENGLAND

Die britische Zentralbank, nach einer alten Karikatur auch die »Old Lady of Threadneedle Street« genannt, wurde 1694 gegründet, um die erschöpfte Staatskasse aufzustocken. Sie setzte sich im Laufe des 18. Jahrhunderts zusehends gegen die Konkurrenz durch und etablierte sich als Kreditinstitut der Regierung. 1788 gab sie bei dem Architekten Sir John Soane einen ihrer Bedeutung angemessenen Monumentalbau in Auftrag. Soane beschäftigte sich 45 Jahre lang mit diesem Gebäude. Es gilt als sein Hauptwerk, obwohl nur die fensterlose Vorhangfassade den Umbau von Sir Herbert Baker in den 1920er- und 30er-Jahren überlebt hat. Eine Rekonstruktion des Aktienbüros im hauseigenen Museum, das die Geschichte der Bank erläutert, vermittelt einen Eindruck von Soanes Vorstellungen.

➤ EC2 ➤ [K 3/4] **Threadneedle Street (Eingang Museum Batholomew Lane); Tel. 76 01 54 91; www.bankofengland.co.uk; U-Bahn: Bank; Mo–Fr 10–17 Uhr; Eintritt frei**

BANQUETING HOUSE

Inspiriert vom klassizistischen Stil Andrea Palladios kommt diesem Werk des Baumeisters Inigo Jones eine enorme Bedeutung in der britischen Architekturgeschichte zu. Das Banqueting House gehörte zum Palast von Whitehall, in dem die Monarchen seit Heinrich VIII. residierten. Der für höfische Unterhaltungen und Staatsanlässe bestimmte Bau wurde 1622 vollendet. Er hat den Brand von 1698 überstanden, der den Rest des Palastes vernichtete. Karl I. ließ die Decke des prachtvollen, lichtdurchfluteten Bankettsaals von Rubens ausschmücken. Die neun aus Antwerpen gelieferten Leinwände glorifizieren die friedliche Herrschaft von Karls Vater, Jakob I. Rubens wurde aufgetragen, den Anspruch des Königs hervorzuheben, von Gottes Gnaden zu regieren. Umso ergreifender ist der Gedanke, dass Karl I., dem das sture Festhalten am Absolutismus zum Verhängnis wurde, am 30. Januar 1649 direkt aus der barocken Pracht dieses Raumes zum Schafott in Whitehall geführt wurde.

➤ SW1 ➤ [G 5] **Whitehall; Tel. 0 87 07 51 51 78; www.hrp.org.uk; U-Bahn: Westminster, Charing Cross; Mo–Sa 10–17 Uhr (manchmal kurzfristig wegen Regierungsveranstaltungen geschl.); Eintritt 4,50 £**

BEVIS MARKS SYNAGOGUE

In einem Hof in der City steht die älteste noch existierende Synagoge Englands. Sie wurde 1701 nach dem Vorbild der portugiesischen Synagoge in Amsterdam von sephardischen Juden gebaut, die durch die Inquisition aus Spanien und Portugal vertrieben worden waren. Deswegen heißt sie auch »Spanish and Portu-

guese Synagogue«. Die barocke Ausstattung des Backsteinbaus zeugt vom Wohlstand, zu dem es die Londoner Gemeinde gebracht hatte, nachdem die im Mittelalter verbannten Juden im 17. Jahrhundert unter Cromwell wieder aufgenommen wurden. Die Bevis-Marks-Synagoge diente lange als das Zentrum des britischen Judentums. In der zweiten Hälfte des 19. Jahrhunderts aber war die Mitgliederzahl so geschrumpft, dass 1886 sogar der Abriss erwogen wurde. Die Gemeinde widersetzte sich diesen Plänen, und inzwischen konnte die renovierte Synagoge, die in den 1990er-Jahren bei den Bombenanschlägen der irischen Terrororganisation IRA schwere Schäden erlitt, ihr 300-jähriges Bestehen feiern. Vom elegant-modischen koscheren Restaurant nebenan blickt man durch die Fenster auf die Messinglüster der Synagoge.

➤ EC3 ➤ [L 3] **Bevis Marks; Tel. 76 21 12 74; U-Bahn: Aldgate, Liverpool Street; tgl. außer Do 11–13, So 10.30–12.30 Uhr**

➤ EC3 ➤ [L 3] **Bevis Marks The Restaurant, 4 Heneage Lane; Tel. 72 83 22 20; www.bevismarkstherestaurant.com; Mo–Fr 12–15, Mo–Do 17.30–22 Uhr**

MASTER VISA AmEx

BRITISH LIBRARY

Die vom British Museum nach St. Pancras verlegte Nationalbibliothek gehört zu den größten der Welt. Am Eingang ist Eduardo Paolozzis bronzene Figur Isaac Newtons platziert. Neben 18 Millionen Büchern auf 625 Regalkilometern besitzt die British Library unschätzbar wertvolle Handschriften, Inkunabeln und historische Dokumente. Sie sammelt zudem Briefmarken, Zeitungen und Zeitschriften, Partituren und Landkarten sowie Material für das nationale Hörarchiv. Die rote Backsteinkonstruktion, von der Prinz Charles meinte, sie wirke eher wie eine Geheimdienstakademie als ein wichtiges öffentliches Gebäude, war als das größte britische Bauprojekt des 20. Jahrhunderts höchst umstritten. Sie hebt sich unvorteilhaft von der neugotischen Pracht des benachbarten »Great Midland Hotel« ab, aber die Benutzer sind mit den neuen Einrichtungen mehr als zufrieden. Einige der Schätze, darunter die Magna Charta und die Gutenberg-Bibel, sind in der Sir John Ritblat Gallery ausgestellt.

➤ NW1 ➤ [G 1] **96 Euston Road; Tel. 0 87 04 44 15 00; www.bl.uk; U-Bahn: King's Cross/St. Pancras, Euston, Euston Square; Mo, Mi, Do, Fr 9.30–18, Di 9.30–20, Sa 9.30–17, So 11–17 Uhr; Eintritt frei**

Die Innenausstattung der British Library überzeugt durch ihre Lichtführung und architektonische Details.

BROADCASTING HOUSE

Seit 1932 ist das oftmals mit einem Schiff verglichene Art-déco-Gebäude der Hauptsitz der BBC, der öffentlich-rechtlichen Rundfunkanstalt, die in aller Welt Schule machte. Figuren des Bildhauers Eric Gill aus Shakespeares »Sturm« zieren den Haupteingang. Sie stellen den Zauberer Prospero und den Luftgeist Ariel dar, der sich ausspricht wie »aerial«, der englische Begriff für Antenne – ein bewusst gewähltes Wortspiel. Im Broadcasting House arbeitet die Hörfunkabteilung. Die Fernsehproduktion findet im westlichen Vorort White City statt. Zimmer 101 soll das Vorbild für die Folterkammer in George Orwells Roman »1984« gewesen sein. Bis zum Jahr 2010 soll nach Plänen von Richard MacCormac ein hochmodernes Medienzentrum mit dem größten Nachrichtenraum der Welt fertiggestellt sein. Broadcasting House ist nur einmal im Jahr öffentlich zugänglich, am Open-Day-Wochenende im September. Aber im Television Centre finden regelmäßig Führungen durch die Studios statt, die bis zu zwei Stunden dauern.

➤ W1 ➤ [E 3] Broadcasting House, Portland Place; www.bbc.co.uk; U-Bahn: Regent's Park, Oxford Circus

➤ W12 ➤ [westl. A 4] BBC Television Centre, Wood Lane; Tel. 0 87 06 03 03 04 / 0 28 90 53 59 04; U-Bahn: White City; Mo–Sa 10–16 Uhr; Eintritt 8,95 £, Einlass (ab neun Jahren) nur mit Voranmeldung

BROMPTON ORATORY

Die aufwendigste und nach der neugotischen Westminster Cathedral größte katholische Kirche des Landes wurde von 1854 bis 1884 im römischen Barockstil gebaut. Sie ist eine Folge des Wiederauflebens der römischen Kirche in England nach dem Emanzipationsgesetz von 1829, das den seit der Reformation stark benachteiligten Katholiken das Wahlrecht gab und ihnen Zugang zu öffentlichen Ämtern gewährte. Die Kirche gehört der von Philipp Neri gegründeten Kongregation des Oratoriums (Gebetssaal) an, von deren musikalischen Andachten sich der Begriff Oratorium ableitet. Die barocke Pracht der Brompton Oratory sollte britischen Katholiken, die keine Gelegenheit hatten, Italien zu be-

Weiter auf S. 134

STEINERNE WITWENTRÄNEN

Königin Viktorias Denkmal für ihren geliebten Prinz Albert ist ein neugotisches Gesamtkunstwerk.

Es heißt oft, dass die vergoldete Plastik Prinz Alberts von Sachsen-Coburg-Gotha (1819–1861) auf seinem **Denkmal in Kensington Gardens** 1915 aus Sicherheitsgründen eingeschwärzt wurde, weil das Glitzern bei Mondschein die deutschen Zeppeline hätte anziehen können. Manche führten die Maßnahme eher auf den Wunsch der britischen Krone zurück, ihre Beziehungen zu Deutschland im Ersten Weltkrieg herunterzuspielen. Tatsächlich hatte der Beschluss mehr mit dem Zeitgeschmack zu tun, die spätviktorianische Protzigkeit des von 1864 bis 1876 errichteten »Albert Memorial« heruntertönen wollte.

Das extravagante, mit Marmor, Emaillearbeit, Halbedelsteinen und Glasmosaiken verzierte Monument ist eines der zahlreichen Denkmäler, die Queen Victoria ihrem an Typhus gestorbenen Mann setzte. Über Jahre hinweg ließ sich die »Witwe von Windsor«, die in trauernder Zurückgezogenheit lebte, nur aus ihrer Klausur locken, um wieder ein neues Ehrenmahl für den Prinzgemahl zu enthüllen. An den Plänen für das »Albert Memorial« nahm Victoria regen Anteil. Es wurde, wie in goldenen Lettern auf dem Giebel geschrieben steht, von der Königin und ihrem Volk aus Dankbarkeit für ein dem öffentlichen Wohl geweihtes Leben errichtet.

Aus vielen Entwürfen wählte Viktoria den gotisch nachempfundenen Schrein George Gilbert Scotts, des Architekten der Hamburger Nikolaikirche. Unter einem Baldachin mit Spitztürmen sitzt der dreifach lebensgroße Albert auf hohem Sockel inmitten einer

Im Marmorfries spiegeln sich die kulturellen Leidenschaften Prinz Alberts.

symbolträchtigen Ausstattung, in der Scott von der Wissenschaft bis zur Industrie, vom Empire bis zum freien Handel, von Homer bis Goethe alles untergebracht hat, was die Viktorianer für ihr kulturelles Erbgut hielten.

Das Denkmal erweckt den Eindruck, der Prinzgemahl sei der Liebling der Nation gewesen. Dabei konnten sich die Briten zu seinen Lebzeiten wenig für diesen Ausländer erwärmen, dessen geistige Interessen ihnen äußerst suspekt vorkamen. Nach Alberts frühzeitigem Tod meinte die Nation jedoch plötzlich, ihm Unrecht getan zu haben. Das zur Hälfte durch öffentliche Spenden finanzierte Denkmal lässt sich als eine Art Wiedergutmachung sehen. Die Anerkennung, die man ihm vorenthalten hatte, wurde ihm postum nun gleich kübelweise in der aufwendigen Symbolik zuteil. Sie sollte vor allem Alberts Überzeugung von der kreativen Verschmelzung der Künste, der Wissenschaften und der Industrie hervorheben, die der Weltausstellung von 1851 zugrunde gelegen hatte. In der Robe des Hosenbandordens thront der Prinzgemahl über der nach ihm benannten Royal Albert Hall auf der anderen Straßenseite. Dahinter liegt das von ihm erträumte, aber nie vollendete »Albertopolis«, jenes Viertel, das aus dem Ertrag der Weltausstellung mit Museen und Akademien bebaut wurde. In seiner Hand hält Albert den Katalog der Weltausstellung, als deren treibende Kraft er gewürdigt wird.

George Gilbert Scott hatte sich derart hohe Ziele gesetzt, dass unerprobte Methoden angewandt werden mussten. Die Bausubstanz wies Schäden auf, noch bevor die Figur Alberts fast 15 Jahre nach dessen Tod

Mehrere Künstler der Royal Academy wirkten an der Gestaltung des Gesamtkunstwerks mit.

montiert wurde. Der neugotische Baldachin war nie wasserdicht, und die Eisenstruktur begann allmählich zu korrodieren, sodass der Regen durch immer neue Risse eindringen konnte. Die Mosaiksteine bröckelten ab, und das Wasser, das von den Bronze- und Kupferfiguren ablief, hinterließ schwarzgrüne Strähnen auf dem Stein. Der Verfall schritt voran, aber erst als 1983 ein bleierner Brocken vom Kranzgesims fiel, wurde Alarm geschlagen, und auch dann wollte niemand für die Reparaturen aufkommen. Ein schnoddriger Beamter schlug sogar den Abriss vor. 1994 nahm sich schließlich die Denkmalschutzorganisation English Heritage des Falles an. Inzwischen strahlt Albert wieder in goldener Pracht, vor allem nachts, wenn das Denkmal beleuchtet ist.

➤ SW7 ➤ [C 5] Kensington Gore; U-Bahn: South Kensington, High Street Kensington

suchen, wenigstens ein Modell einer italienischen Kirche vor Augen führen. Hier wird sonntags um 11 Uhr noch die lateinische Messe zelebriert.

➤ SW7 ➤ [C 6] **Thurloe Place, Brompton Road; Tel. 78 08 09 00; www.bromptonoratory.com; U-Bahn: South Kensington; tgl. 6.30–20 Uhr**

BUCKINGHAM PALACE

Während sich andere Königsresidenzen in Pomp und Pracht ergehen, strahlt Buckingham Palace am Ende der feierlichen Mall biedere Solidität aus. Die 108 Meter lange Fassade mit dem Balkon, von dem die Monarchen in Zeiten der Trauer und des Jubels dem Volk zuwinken, stammt erst aus dem Jahr 1913. Das ursprünglich zu Beginn des 18. Jahrhunderts für den Herzog von Buckingham errichtete Stadtpalais wurde 1761 von Georg III. für sich und seine junge Braut Charlotte von Mecklenburg-Strelitz als private Residenz erworben und anschließend von William Chambers umgestaltet. Nach dem Tod seines Vaters beauftragte der notorisch verschwenderische Georg IV. seinen Architekten John Nash 1825 mit der Erweiterung. Der für den heutigen Zeitgeschmack übertrieben ornamentale Prunk der repräsentativen Räume geht auf ihn zurück. Doch erst im Jahr nach der Thronbesteigung Viktorias wurde der Buckingham Palace offizielle Residenz des Königshauses, obgleich die Monarchin sich dort nicht wohlfühlte und es an Kinder- und Gäste-

Zu den Höhepunkten eines Londonbesuchs gehört die traditionelle Wachablösung vor dem Buckingham Palace.

zimmern fehlte. Dieser Mangel wurde durch weitere Umbauten behoben. Sie erforderten allerdings die Verlegung des marmornen Eingangstors, das jetzt etwas verloren auf der nach ihm Marble Arch benannten Verkehrsinsel an der Nordostecke des Hyde Parks steht.

Heute dient der Palast mit seinen 775 Zimmern, darunter 78 Badezimmer, Elisabeth II. nicht nur als Stadtresidenz, sondern ihrer »Firma«, wie Prinz Philip das Familienunternehmen Windsor pragmatisch nennt, auch als Verwaltungssitz. Im Sommer, wenn das Paar in Schottland weilt, sind die 19 State Rooms der Öffentlichkeit zugänglich. Der Rundgang schließt den mit roter Seide ausgeschlagenen Thronsaal und den riesigen Ballsaal ein, in dem Staatsbankette gehalten und Orden und Würden verliehen werden. Er bietet auch Gelegenheit, einige Raritäten aus der Gemäldesammlung zu sehen, die, mit weltberühmten Meisterwerken bestückt, den dreifachen Umfang der National Gallery hat.

➤ SW1 ➤ [F 5/6] The Mall; www.royalcollection.org.uk; Kartenbüro: Visitor Entrance, Buckingham Palace Road: Postadresse: Ticket and Sales Information Office, The Official Residence of the Queen, London SW1A 1AA; bookinginfo@royalcollection.org.uk; Tel. 77 66 73 00; U-Bahn: Victoria, Green Park, Hyde Park Corner; Ende Juli–Ende Sept. tgl. 9.45–18 Uhr; Eintritt 15 £, Vorbestellung für alle Teile des Palastes unbedingt empfohlen.

Changing of the Guard: Um den besten Blick auf die Wachablösung vor dem Buckingham Palast zu erhaschen, steigen viele auf das schwerfällige Victoria Memorial, das Eduard VII. 1911 zu Ehren seiner Mutter errichten ließ. Das von einer vergoldeten Siegesgöttin gekrönte Marmordenkmal mit der Statue der Königin, umrahmt von Symbolfiguren wie Mutterschaft, Gerechtigkeit und Wahrheit, verkörpert die Ideale ihrer Herrschaft. Begleitet von den Klängen einer Gardekapelle, die neben traditioneller Militärmusik auch Hits aus populären Musicals anstimmt, marschiert eine Wache von der Wellington Kaserne auf und löst die alte ab. Das rund 45 Minuten dauernde Spektakel der perfekt gedrillten Infanteriesoldaten mit ihren Bärenfellmützen und scharlachroten Uniformjacketts ist ein Dauerschlager.

Die Wachablösung der berittenen Leibgarde auf Horse Guards Parade in Whitehall ist vielleicht noch eindrucksvoller. Niemand weiß so recht, was die zwei Kavalleristen in ihren prachtvollen Uniformröcken und Federbuschhelmen bewachen. Sie sind von 10 bis 16 Uhr am Torbogen zum großen Paradeplatz postiert und sehen ungerührt über die Touristen hinweg, als seien sie nicht vorhanden. Sie wechseln sich stündlich ab. Einmal am Tag kommt Nachschub aus der Kaserne im Hyde Park angeritten.

➤ SW1 ➤ [F 5/6] Household Regiments, www.army.mod.uk; Buckingham Palace und St. James's Palace Mai–Juni tgl. 11.30 Uhr, Juli–April an jedem zweiten Tag, sofern es das Wetter erlaubt; Horse Guards, Whitehall, Mo–Sa 11, So 10 Uhr

Royal Mews: In den von John Nash gebauten und den Bedürfnissen der Zeit

immer wieder angepassten königlichen Stallungen mit den prächtigen Kutschen und den Limousinen Ihrer Majestät kann man dem Hofstaat bei der Arbeit zusehen. Der vier Tonnen schweren, goldenen Staatskarosse, die 1762 für Georg II. gefertigt wurde, müssen acht Pferde vorgespannt werden. Sie wird lediglich bei Krönungen und Kronjubiläen benutzt.

➤ SW1 ➤ [E 6] Eingang Buckingham Palace Road; Tel. 77 66 73 02; www.royalcollection.org.uk; Ende März–Ende Okt. tgl. außer Fr 11–16 Uhr, bei Staatsbesuchen geschl.; Eintritt 6 £, Nachlass für kombinierte Karte mit Queen's Gallery

Queen's Gallery: Den Glanzpunkt des Komplexes bildet die Queen's Gallery, in der wechselnde Teile der über die verschiedenen Residenzen verteilten königlichen Kunstsammlung ausgestellt werden. Im Jahr 2002 wurde die alte Queen's Gallery durch einen dreimal so großen Neubau im postmodern angehauchten klassizistischen Stil von dem Architekten John Simpson ersetzt. Der Neubau bietet dieser einzigartigen Sammlung, die neben Gemälden und Zeichnungen auch Möbel, Handschriften, Plastiken, Porzellan, Bücher und Handschriften, Schmuck und Goldschmiedearbeiten von höchster Qualität einschließt, eine angemessene Plattform.

➤ SW1 ➤ [F 7] Tel. 7 66 73 01; tgl. 10–17.30 Uhr; unbedingt vorher anmelden, Kombikarte (→ Royal Mews, S. 135)

CHELSEA PHYSIC GARDEN

Nur der botanische Garten in Oxford ist älter als der 1673 von der Apothekergilde gegründete Heilkräutergarten in Chelsea. In der Mitte dieses hinreißenden Refugiums steht die Statue von Sir Hans Sloane (→ S. 171), der den Apothekern den bis dahin gepachteten Grundbesitz gegen eine Jahresgebühr von 5 £ auf unbegrenzte Zeit überließ. Der Garten dient der Erforschung und der Erhaltung medizinischer Pflanzen.

➤ SW3 ➤ [D 8] 66 Royal Hospital Road; Tel. 73 52 56 46; Eingang Swan Walk; www.chelseaphysicgarden.co.uk; U-Bahn: Sloane Square; April–Okt. So, Mi 12–18 Uhr, Juli–Sept. zusätzlich Di, Do 12–17 Uhr; Eintritt 6,50 £

CHINATOWN

Das chinesische Viertel um die Fußgängerstraße Gerrard Street im Stadtteil Soho ist relativ neuen Datums. Früher kon-

Die ungewöhnliche Form der City Hall wurde gewählt, um die Oberfläche zu verringern.

zentrierten sich die Einwanderer aus China, die als Seeleute meist mit dem Teehandel zu tun hatten, um das Hafengebiet. Die erste Chinatown in Limehouse bei den Docks geriet im 19. Jahrhundert vor allem wegen der Opiumhöhlen in Verruf. Nach dem Zweiten Weltkrieg verlagerte sich der Schwerpunkt zum Westen der Stadt hin. Heute lebt der Großteil der auf etwa 60 000 Menschen geschätzten chinesischen Minderheit nicht in Soho, dennoch ist das Areal eine der markantesten ethnischen Enklaven geworden, nicht zuletzt weil sich die chinesischen Lebensmittelgeschäfte und Restaurants großer Popularität erfreuen.

➤ W1 ➤ [F/G 4] **U-Bahn: Leicester Square, Piccadilly Circus**

CITY HALL

Der neue Sitz der Großlondoner Stadtverwaltung wurde im Juli 2002 von Sir Norman Foster eröffnet. Anklänge des Berliner Reichstagsgebäudes finden sich in der spiralförmigen Rampe, von der die Öffentlichkeit in den Versammlungssaal hinunterblicken kann.

➤ SE1 ➤ [L 5] **Greater London Authority, The Queen's Walk, More London; Tel. 79 83 41 00; www.londongov.uk; U-Bahn: London Bridge; beschränkter Zutritt Mo–Fr 8–20 Uhr; Eintritt frei**

CLEOPATRA'S NEEDLE

Zwei viktorianische Sphinxe bewachen den fast 3500 Jahre alten Obelisken aus rosafarbenem Granit, den der türkische Vizekönig von Ägypten Mohammed Ali 1819 den Briten schenkte. Der 20 Meter hohe und 180 Tonnen schwere Monolith wurde erst 1877 unter großen Mühen nach England verschifft. Als er im darauffolgenden Jahr am Themseufer aufgestellt wurde, legte man Tonfässer mit Alltagsgegenständen wie Haarnadeln, eine Rasierklinge, einen Zugfahrplan und eine Ausgabe der »Times« vom Tage unter den Sockel, um künftige Archäologen zu verwirren. Der Obelisk stammt aus Heliopolis und wurde von Kaiser Augustus nach Alexandria gebracht. Die Hieroglyphen auf der Säule beschreiben Taten und Siege von Thutmosis III. und Ramses dem Großen. Das Gegenstück steht im Central Park von New York.

➤ WC2 ➤ [H 4] **Victoria Embankment; U-Bahn: Embankment**

Straßentheater: Covent Garden Piazza ist eine beliebte Bühne für Selbstdarsteller verschiedenster Art.

COVENT GARDEN PIAZZA

Boutiquen, Cafés und Straßenkünstler haben den kopfsteingepflasterten Platz um den früheren Gemüse- und Blumenmarkt zu einem beliebten Touristenzentrum gemacht. Die Piazza wurde im 17. Jahrhundert von Inigo Jones für den Herzog von Bedford angelegt. Dieser gab bei seinem Baumeister auch die St. Paul's Church in Auftrag, die nicht edler sein sollte als eine Scheune. Jones versprach, die edelste Scheune Englands zu entwerfen. Unter dem schönen toskanischen Portikus ist die vorlaute Elisa in »My Fair Lady« auf Professor Higgins gestoßen. Wegen ihrer Lage im Herzen des Theaterviertels gilt St. Paul's als Kirche der Schauspieler. Nach der Verlegung des Marktes auf die südliche Themseseite wurde die viktorianische Markthalle als Einkaufspassage restauriert.

➤ WC2 ➤ [G 4]
www.coventgardenmarket.co.uk; U-Bahn: Covent Garden

DOWNING STREET

Gemessen an den pompösen Regierungsgebäuden rundherum nimmt sich die georgianische Häuserreihe der schmalen Downing Street zwischen Whitehall und St. James's Park mit dem Amtssitz des Premierministers (seit 1735) bescheiden aus. Früher konnte man bis zur Tür von Nr. 10 vordringen. Zum Terrorschutz versperrt ein großes Gittertor seit 1990 den Zugang zur Sackgasse.

➤ SW1 ➤ [G 5] **www.number-10.gov.uk**

ELTHAM PALACE

In den Überresten einer mittelalterlichen Wasserburg, die als königliche Residenz diente, hat der Textilmillionär Stephen Courtauld (jüngerer Bruder des Sammlers Samuel Courtauld) sich und seiner Frau in den 1930er-Jahren einen mit dem modernsten Komfort ausgestatteten Art-déco-Palast gebaut, dessen Interieur wie eine Hollywoodfilmkulisse anmutet. Dieses Exotikum am äußersten südöstlichen Rand der Stadt ist nach Jahren der Vernachlässigung restauriert worden.

➤ SE9 ➤ [südöstl. O 6] **Court Yard; Tel. 82 94 25 48; www.english-heritage.org.uk; Bahnhof: Eltham; April–Okt. Mo, Di, Mi, So 10–17 Uhr, Nov.–Dez. 10–16 Uhr, Dez.–Feb. geschl., Feb.–März 10–16 Uhr; Eintritt 7,60 £**

FLEET STREET

Die großen Zeitungen sind längst verzogen, aber die einst von Redaktionsbüros und Druckereien gesäumte Fleet Street ist immer noch ein Synonym für das britische Zeitungswesen. Vom Selbstbewusstsein der damaligen Verleger zeugt der Palast aus Glas und Chrom von 1932, in dem der »Daily Express« bis 1989 residierte (Nr. 127), damals eine sehr viel auflagenstärkere Boulevardzeitung, als sie es heute ist. Das extravagante Art-déco-Foyer ist von der Straße aus sichtbar. Hinter dem Sitz der Nachrichtenagentur Reuters liegt die von Sir Christopher Wren gebaute Kirche St. Bride's, auch die »Kathedrale der Journalisten« genannt. Der gestufte Kirchturm soll der Ursprung des traditionellen Hochzeitskuchens sein. Ein kleines Museum informiert über die Geschichte von Fleet Street.

➤ EC4 ➤ [H/J 4] **Fleet Street; U-Bahn: Blackfriars, St. Paul's**
St. Bride's Church, Tel. 74 27 01 33; www.stbrides.com; Mo–Fr 8–18, Sa 11–15, So 10–13, 17–19.30 Uhr

GUILDHALL

So heißt der Verwaltungssitz der City of London, des historischen Stadtkerns innerhalb der sogenannten Quadratmeile. Diese entspricht mehr oder weniger dem Areal der römischen Stadt und ist heute das Finanzzentrum der Stadt. Die jetzige Guildhall stammt aus dem Jahr 1411. Von dem ursprünglichen Gemäuer ist bis auf die Krypta wenig geblieben, und die mittelalterliche »Great Hall« mit den Fahnen und Schildern der Innungen ist im Wesentlichen eine Rekonstruktion. Sie vermittelt dennoch mitsamt der Lindenholzfiguren der mythischen Riesen Gog und Magog, die stirnrunzelnd von der

Galerie hinunterblicken, einen Sinn für die Besonderheiten der City-Verwaltung. In diesem Saal hält der Premierminister jedes Jahr im November im Anschluss an die zeremonielle Parade anlässlich der Vereidigung des neuen City-Bürgermeisters eine Grundsatzrede bei einem feierlichen Bankett.

Die Überreste eines römischen Amphitheaters sind im Keller der Guildhall Art Gallery zu besichtigen. In der 4000 Gemälde umfassenden Kunstsammlung der City ragen die Werke der Präraffaeliten und eine Ansicht der Kathedrale von Salisbury von John Constable unter den offiziellen Porträts von Honoratioren des 17. bis 20. Jahrhunderts und Seeschlachten hervor.

Zum Komplex der Guildhall gehört in einem modernen Flügel auch das Clockmaker's Museum der Uhrmacherinnung, in dem 700 Zeitmesser aus mehreren Jahrhunderten ausgestellt sind.

➤ EC2 ➤ [K 3] Guildhall, Gresham Street; Tel. 76 06 30 30; www.corpoflondon.gov.uk; U-Bahn: St. Paul's, Bank, Moorgate; Mai–Sept. tgl. 10–17; Okt.–April Mo–Sa 10–17 Uhr; Eintritt frei

➤ EC2 ➤ [K 3] Guildhall Art Gallery, Guildhall Yard, off Gresham Street; Tel. 7 73 32 37 00; www.guildhall-art-gallery.org.uk; Mo–Sa 10–17, So 12–16 Uhr; Eintritt 2,50 £, Fr und nach 15.30 Uhr Eintritt frei

➤ EC2 ➤ [K 3] Clockmaker's Museum, Guildhall Library, Aldermanbury; Tel. 73 32 18 68/18 70; www.clockmakers.org; Mo–Sa 9.30–16.45 Uhr; Eintritt frei

HAMPTON COURT PALACE

In Hampton Court (→ Tour 3) wurde englische Geschichte geschrieben. An einer Biegung der Themse, westlich der Innenstadt, baute sich Kardinal Thomas Wolsey (1475–1530) als Lordkanzler von König Heinrich VIII. einen protzigen Palast. Als er in Ungnade fiel, weil er das Scheidungsbegehren des Königs nicht erfüllen konnte, buhlte er um dessen Gunst, indem er ihm Hampton Court anbot. Heinrich beschlagnahmte den Besitz und baute ihn als Lustschloss aus. Nicht zuletzt der Rehjagd wegen war Hampton Court mit seinem Park eine bevorzugte königliche Residenz. Eduard VII. wurde hier geboren. Elisabeth I. veranstaltete aufwendige Maskenspiele, und selbst der republikanische Oliver Cromwell fühlte sich hier wohl. Karl I. legte einen französischen Park an, für Wilhelm III. und Maria II. erweiterte Christopher Wren den gewaltigen Tudorpalast und gab ihm

Die verschlungenen Wege im Irrgarten von Hampton Court Palace entführen den Besucher.

bieten sechs thematische Rundgänge an. Der 1702 auf einer Fläche von rund 1350 Quadratmetern angelegte Irrgarten sorgt unvermindert für Heiterkeit und Verwirrung.

East Molesey, Surrey; Tel. 0 87 07 50 51 75; www.hrp.org.uk; Bahnhof: Hampton Court; Ende März–Ende Okt. tgl. 10–18, Ende Okt.–Ende Feb. 10–16.30 Uhr; Eintritt 12,30 £

einen barocken Anstrich. Georg II. beauftragte William Kent mit weiteren Veränderungen. Nach seinem Tod machte das Königshaus keinen Gebrauch mehr von Hampton Court.

Bei der Besichtigung von Palast und Gärten durchwandert man die Epochen: von den Tudorküchen, der Großen Halle von Heinrich VIII. mit der Stichbalkendecke, seiner Hofkapelle und der 1540 für ihn hergestellten astronomischen Uhr über die nach dem Brand von 1986 sorgfältig restaurierten Interieurs von Wren bis hin zu den privaten Gemächern von Caroline von Ansbach, der Gemahlin von Georg II. In der Gemäldegalerie hängen Bilder aus königlichen Sammlungen, die meistens einen Bezug zum Palast haben. Den künstlerischen Höhepunkt bilden die neun in einer Orangerie untergebrachten, um 1500 datierten Leinwände mit den »Triumphen Julius Cäsars« von Andrea Mantegna. Kostümierte Führer

HIGHGATE CEMETERY

Kaum ein kommunistischer Führer der Nachkriegszeit hat es versäumt, sich in Highgate vor Karl Marx zu verneigen. Bei seiner Beisetzung waren allerdings nicht mehr als ein Dutzend Menschen zugegen, und das Geld reichte nur für ein schlichtes Grab. Die britische kommunistische Partei bettete ihn um und errichtete 1956 das wuchtige stalinistische Denkmal mit der Inschrift »Arbeiter aller Welt, vereinigt euch«. Der östliche Abschnitt des Friedhofs, wo Marx liegt, hat so gar nichts von dem gotischen Zauber des älteren, von Grünzeug überwachsenen Teils auf der anderen Straßenseite. Dieser gruselig-verwunschene Abschnitt inspirierte Bram Stoker zu »Dracula«. Er kann nur mit einer im Voraus gebuchten Führung besichtigt werden.

➤ N6 ➤ [nördl. E 1] Highgate Cemetery, Swain's Lane; Tel. 83 40 18 34; www.highgate-cemetery.org;

Noch heute gedenken viele Prinzessin Dianas, die von 1981 bis zu ihrem Tod 1997 im Kensington Palace lebte.

U-Bahn: Archway; 1. April–31. Okt. Mo–Fr 10–16.40, Sa, So 11–16.30, 1. Nov.–31. März Mo–Fr 10–15.30, Sa, So 11–15.30 Uhr; Eintritt 2 £; Führungen durch den Westfriedhof Mo–Fr 14 Uhr

KENSINGTON PALACE

Hampton Court lag zu weit weg, und der Palast von Whitehall war dem asthmatischen König zu feucht, deswegen machten Wilhelm III. und Maria II. Kensington zu ihrem Hauptwohnsitz. Sie kauften 1689 ein Landhaus und ließen es von Christopher Wren ausbauen. Nicholas Hawksmoor und William Kent nahmen weitere Veränderungen vor. Obwohl das Königshaus bis 1760 hier residierte, hat der Palast trotz der Prunkräume einen häuslichen Charakter bewahrt. Königin Viktoria kam hier 1819 zur Welt. Als sie den Thron bestieg, siedelte sie in den Buckingham Palast um. Seitdem wird Kensington Palace von der königlichen Verwandtschaft bewohnt. Prinzessin Margaret war hier zu Hause, und Prinz Charles zog 1981 mit seiner Braut Diana in den nordwestlichen Trakt ein. Diese Wohnung ist beim Rundgang durch die historischen Räume nicht zu besichtigen. Dafür bekommen die Besucher nebst anderen Kleidungsstücken aus der königlichen Garderobe einige von Dianas glanzvollen Abendkleidern zu sehen. Als Diana 1997 starb, lag ein Blumenmeer vor der Südfront des Palastes.

➤ W8 ➤ [B 5] Kensington Palace State Apartments, Kensington Gardens; Tel. 0 87 07 51 51 70 (Kartenbüro 0 87 07 51 80); www.hrp.org.uk; U-Bahn: South Kensington, Queensway, Notting Hill Gate; 1. März–31. Okt. tgl. 10–18, 1. Nov.–Ende Feb. 10–17 Uhr

KENWOOD HOUSE 2

Das aus dem 17. Jahrhundert stammende Kenwood House wurde von 1764 bis 1779 im Stil des Klassizismus umgebaut.

Kenwood House, auf einer Anhöhe am nördlichen Ende von Hampstead Heath gelegen, besitzt alles, was zu einem klassischen englischen Landhaus gehört: ein herrschaftliches Gebäude, eine großzügige Parkanlage und dazu eine vorzügliche Gemäldesammlung. Sie wurde Ende des 19. Jahrhunderts von dem philanthropischen Brauerei-Erben Edward Guinness, dem ersten Earl of Iveagh, zusammengetragen. Um seine Bilder in angemessenem Rahmen zu zeigen, kaufte er 1925 Kenwood House. Aus dem frühen 17. Jahrhundert datierend wurde Kenwood House 1764–1779 von dem schottischen Architekten Robert Adam für den Grafen Mansfield umgestaltet. Das Ergebnis war ein nobler klassizistischer Bau mit feinen Stuckornamenten, Chippendale-Spiegeln und Ziermalerei von Antonio Zucchi, dem Ehemann der Schweizer Malerin Angelika Kauffmann, die auch mit einigen Werken im Haus vertreten ist. Lord Iveagh starb 1927, bevor seine Bilder an den Wänden hingen. Er vermachte das Haus und einen Teil der Sammlung dem Staat, und bereits im Jahr darauf wurde die Öffentlichkeit zugelassen. Im ehemaligen Esszimmer sind vor allem die niederländischen und flämischen Meisterwerke aus dem Iveagh-Nachlass zu sehen, darunter das eindringliche späte Selbstbildnis Rembrandts, das er nach dem Tod seiner Frau malte, und die hinreißende »Gitarrenspielerin« von Jan Vermeer. Über dem Kamin hängt Anton van Dycks Porträt der Henriette von Lothringen. Bei schönem Wetter kommen die Londoner am Wochenende mit dem Picknickkorb nach Kenwood. Im Juli und im August finden am See im Park Freilichtkonzerte statt.

Weiter auf S. 146

DIE GRÜNE METROPOLE

Vor Jahrhunderten teilten sich die Monarchen schon mit ihrem Volk die erholsamen Parks in London.

Bereits vor 100 Jahren hat der Schriftsteller Ford Madox Ford angemerkt, London beginne dort, wo die Baumstämme allmählich schwarz werden. Je schwerer der Rußschleier und je mehr das wuchernde Ballungsgebiet seine Fangarme in das umgebende Land hinausstreckte, desto stärker besannen sich die Londoner ihres Laubs und ihrer Grünflächen. Wenn die Metropole mitunter als »Stadt der Bäume« bezeichnet wird, ist dies vor allem der allgegenwärtigen »Londoner Platane« zu verdanken, die ein Sinnbild ständigen Wandels in der Riesenagglomeration darstellt. Denn der Baum erneuert jedes Jahr seine Rinde und ist wie die meisten Stadtbewohner eine Hybride.

Die ausgeprägte Liebe der Briten zur Natur spiegelt sich überall im Londoner Stadtbild wider – in den Blumentöpfen vor Kellerwohnungen, den handtuchgroßen Hintergärten, den Schrebergärten auf brachliegenden Industriegebieten, den von Häuserreihen eingefassten Gemeinschaftsgärten ebenso wie im sonntäglichen **Blumenmarkt in der Columbia Road,** der bereits aus der Ferne erkennbar ist an den über den Köpfen tanzenden Sträuchern, mit denen die beglückten Käufer heimziehen. Und die weitläufigen Parks verleihen der altrömischen Idee des »rus in urbe«, des Ländlichen in der Stadt, ihren perfekten Ausdruck. Bis heute zeugen sogar einige Bauernhöfe mitten in London, wie jener in **Coram's Fields** auf dem

Grundstück des früheren Findelhauses, von der Sehnsucht nach dem pastoralen Leben.

Keine vergleichbare Metropole kann sich so viel Grünlands rühmen. Im Großlondoner Raum gibt es neben unzähligen kleineren Plätzen 1700 öffentliche Freiflächen mit einem Umfang von jeweils mehr als 0,4 Hektar. Allein die City verwaltet 150 Gärten, Parks, Plätze und Kirchhöfe, wo sich Büroangestellte in der Mittagspause gern aufhalten. **Bunhill Fields,** ein ehemaliger Friedhof für Nonkonformisten, auf dem der visionäre Dichter und Zeichner William Blake und Daniel Defoe, der Autor von »Robinson Crusoe«, im Schatten weit ausladender Platanen ruhen, gehört zu den beliebtesten Zufluchten.

Die großen Parks, die schon im 18. Jahrhundert die »Lungen Londons« hießen, sind auf die Jagdleidenschaft früherer Monarchen, die Erschließung von Gemeindeeigentum und den Gemeinsinn der Viktorianer zurückzuführen, die den Arbeitern einen Ausgleich für die zunehmende Urbanisierung bieten wollten. Als Refugien für die Innenstädter sollten diese Grünanlagen nicht nur dem Vergnügen, sondern auch der physischen und seelischen Regeneration dienen. In diesem Sinne entstanden Mitte des 19. Jahrhunderts **Victoria Park** im East End und **Battersea Park** am südlichen Themseufer, und aus ähnlichen Überlegungen wurde **Hampstead Heath** (→ Der gute Tipp von MERIAN, S. 50) in der 1870er-Jahren nach heftigen Debatten im Parlament vor der Bauwut der Immobilienspekulanten gerettet.

Der ursprünglich königliche St. James's Park ist seit dem 17. Jahrhundert für die Öffentlichkeit zugänglich.

Obwohl die acht großen königlichen Parks bis heute den Namenszusatz »royal« tragen, hat die Öffentlichkeit zu den meisten schon seit Jahrhunderten Zugang. Dort wurden Duelle ausgefochten, gingen leichtlebige Damen bei Anbruch der Dunkelheit im Schutz der Sträucher ihrem Gewerbe nach. Die feine Gesellschaft führte im **Green Park** ihre Garderobe aus und stellte im **Hyde Park** entlang Rotten Row – eine Verballhornung von »route du roi« (Straße des Königs) – ihre Kutschen zur Schau. Im **St. James's Park** pflegten sich die Londoner mit einem Becher warmer Milch von den an Ort und Stelle gemolkenen Kühen zu erfrischen. Die Londoner betrachteten diese ehemaligen Lustgärten der Herrscher schnell als ihr Eigentum. Als die Gemahlin Georgs II. den Premierminister fragte, was es kosten würde, den St. James's Park wieder zu schließen, antwortete dieser mit dem Wortspiel: »Nur drei Kronen, Ihre Majestät – die von England, Schottland und Irland.«

➤ E2 ➤ [L/M 1] Columbia Road Flower Market; www.columbia-flower-market.freewebspace.com; U-Bahn: Old Street

➤ WC1 ➤ [G/H 2] Coram's Fields, 93 Guilford Street; Tel. 78 37 61 38; www.coramsfields.org; U-Bahn: Russell Square

➤ EC1 ➤ [K 2] Bunhill Fields, City Road; U-Bahn: Old Street

➤ E3 ➤ [O 1] Victoria Park, Grove Road; U-Bahn: Mile End

➤ SW11 ➤ [D/E 8] Battersea Park, Albert Bridge Road; www.batterseapark.org; Bahnhof: Battersea Park

➤ NW3, S. 8/9, [b 2] ➤ [nördl. D 1]
Hampstead Lane; Tel. 83 48 12 86; www.english-heritage.org.uk; U-Bahn: Archway, Golders Green, Hampstead; 1. April–31. Okt. tgl. 11–17, 1. Nov.–31. März 11–14 Uhr; Eintritt frei

KEW GARDENS 3

Paradegarten, Konservierungsstätte, internationales Forschungszentrum, Museum – die Aufgaben der Royal Botanic Gardens in Kew sind so vielfältig wie die auf 120 Hektar verteilten Sehenswürdigkeiten. Das Palmenhaus, 1844–1848 nach Entwürfen von Decimus Burton gebaut, ist die wichtigste Glas- und Eisenkonstruktion aus der viktorianischen Ära, die überdauert hat. In der Verschmelzung von Schönheit und Wissenschaft verleiht dieser Bau der Funktion des botanischen Gartens sichtbaren Ausdruck. Die heutige Anlage geht auf Augusta von Sachsen-Gotha zurück, die Mutter Georgs III. Aus dieser Zeit stammt die achteckige chinesische Pagode von William Chambers, die auch ein Markenzeichen von Kew ist. Nach dem Tod seiner Mutter 1772 vereinte Georg III. ihren Garten mit einem benachbarten Anwesen, das er von seinem Großvater Georg II. geerbt hatte, und setzte die Bepflanzung fort.

Ohne den Botaniker Joseph Banks wäre das heutige Kew nicht zu denken. Im Geist der Aufklärung initiierte er den Aufbau einer Sammlung von Pflanzen aus aller Welt, die sowohl wissenschaftli-

chen als auch wirtschaftlichen Zwecken dienen sollte. Das gewagte neue Glashaus für Alpenpflanzen zeigt, dass die Arbeit von Kew keineswegs nur museal ist. Das Palmenhaus eignet sich mit seinem exotischen Aquarium bestens für einen Winterbesuch. Das Museum 1 informiert über die Geschichte von Kew, das Museum 2 gibt Aufschluss über die physische und wirtschaftliche Abhängigkeit des Menschen von der Pflanzenwelt.

Man kann auch den jüngst renovierten Kew Palace besichtigen, die einzige von einst sieben königlichen Residenzen in Kew, die noch steht. In diesem Backsteinpalast, der aufgrund seines Aussehens auch »Holländisches Haus« genannt wurde, lebte Georg III. zeitweilig, bis seine mit Perioden des Wahnsinns einhergehende Krankheit ihn daran hinderte.

➤ S. 8/9, [a 3] ➤ [südl. B 8] Kew, Richmond, Surrey; U-Bahn: Kew Gardens; Anfang April–Anfang Sept. Mo–Fr 9.30–18.30, Sa, So 9.30–19.30, Anfang Sept.–Ende Okt. tgl. 9.30–18, Ende Okt.–Anfang Feb. 9.30–16.15, Anfang Feb.–Ende März 9.30–17.30 Uhr; Eintritt April–Okt. 11,75 £, Nov.–März 9,50 £

Kew Palace, Royal Botanic Gardens; Tel. 0 87 07 51 51 79; www.hrp.org.uk; 27. April–29. Okt. Di–So 10–18 Uhr, Eintritt – nur in Verbindung mit den Gärten – 5 £

LEIGHTON HOUSE

Ein Hauch orientalischer Exotik umgibt Frederick Leightons Haus in der Nähe von Holland Park. Der von den Nazarenern geprägte Maler und Bildhauer (1830–1896), der in Florenz und am Städelschen Kunstinstitut in Frankfurt ausgebildet wurde, schuf diesen Bau als einen Tempel der Schönheit. Er sollte opulent und aufrichtig sein, erklärte Leighton, bevor die Arbeit 1864 begann. An Opulenz fehlt es dem Kernstück, der einem maurischen Palast in Palermo nachempfundenen »Arabischen Halle«, nicht. Sie war vor allem als Schaukasten für Leightons Sammlung islamischer Keramikkacheln aus dem 16. und 17. Jahrhundert gedacht, mit denen die Wände ausgelegt sind. In der Mitte steht unter einem Leuchter ein Becken aus schwarzem Marmor. Heute hängen Gemälde von Leighton und einigen seiner präraffaelitischen Freunde wie Edward Burne-Jones in den Räumen, in denen der gefeierte Präsident der königlichen Kunstakademie lebte und arbeitete. Es zeugt von dem Ansehen, das Leighton genoss, dass er der erste Künstler war, der zum Mitglied des Oberhauses gekürt wurde. Sein Haus ist ein faszinierendes Schaustück des viktorianischen Zeitgeschmacks.

➤ W14 ➤ [B 11] 12 Holland Park Road; Tel. 76 02 33 16; www.rbkc.gov.uk/leightonhousemuseum; U-Bahn: High Street Kensington; tgl. außer Di 11–17.30 Uhr; Eintritt 3 £

Die Große Amazonas-Wasserlilie zählt zu den spektakulärsten Pflanzen, die man in Kew Gardens bewundern kann.

LLOYDS OF LONDON

Wie im Pariser Centre Pompidou setzte Richard Rogers im 1986 fertiggestellten Lloyds-Gebäude die technischen »Eingeweide« wie Fahrstühle, Feuertreppen und selbst die Toiletten nach außen, um Freiraum zu schaffen für ein großes, zwölfstöckiges Atrium. Die Stahl- und Eisenkonstruktion entstand zu einer Zeit, da die neue Architektur in England zu stagnieren schien. Der Effekt war umso größer, da der traditionsreiche Auftraggeber als stockkonservativ galt. Der Lloyds-Versicherungsmarkt ist eine Börse, die ihre Anfänge im späten 17. Jahrhundert im Kaffeehaus von Edward Lloyd hat. Bei ihm verkehrten Reeder, Kapitäne und Kaufleute, und es sprach sich bald herum, dass dort die zuverlässigsten Schiffs- und Handelsnachrichten zu holen seien. »Lloyd's Coffeehouse« wurde zum Treffpunkt für Geschäftsleute, die bereit waren, Schifffahrtsrisiken abzudecken. Daraus ging das Weltunternehmen hervor, das nun im Rogers-Gebäude seinen Sitz hat.

➤ EC3 ➤ [L 4] Lime Street; Tel. 73 27 10 00; www.lloyds.com; U-Bahn: Bank, Aldgate; Besichtigung nur für Gruppen bis zu 16 Personen oder nach Vereinbarung mit dem Visits Manager, c/o Worldwide Markets, Lloyd's, One Lime Street, London EC3M 7HA; Tel./Fax 73 27 65 86, E-Mail: tours@lloyds.com

LONDON EYE

Mit einer Höhe von 135 Meter ist das von dem Architektenehepaar David Marks und Julia Barfield zur Jahrtausendwende entworfene London Eye das höchste Riesenrad der Welt. Es steht gegenüber vom Parlament auf der Südseite der Themse, hat 32 Glasgondeln, für jeweils 25 Personen, und dreht sich in einer halben Stunde einmal um seine Achse – Zeit genug, um das spektakuläre Stadtbild in sich

Sämtliche Versorgungseinrichtungen, Aufzüge und Treppen wurden beim Lloyds Building nach außen gekehrt.

aufzunehmen. Die Gondeln können zum Beispiel für romantische Champagnerfahrten und Hochzeiten gebucht werden (→ Illustration, S. 154/155).

➤ SE1 ➤ [H 5] Jubilee Gardens; Tel. 0 87 05 00 06 00; www.londoneye.com; Okt.–Mai tgl. 10–20, Juni–Sept. tgl. 10–21 Uhr; Eintritt 13,50 £, ermäßigt bei Vorausbuchung

NEASDEN TEMPLE

Nicht weit vom Wembley Stadion liegt im eher trostlosen Vorort Brent eine der ungewöhnlichsten Sehenswürdigkeiten Londons: der gigantische, inmitten bescheidener Backsteinhäuser weiß schimmernde Shri Swaminarayan Mandir mit seinem filigranen Schnitzwerk, 1995 von einer Hindusekte gebaut. 2000 Tonnen carrarischer Marmor und 3000 Tonnen bulgarischer Kalkstein wurden nach Indien verschifft, von 1500 Meistern gemeißelt und dann nach London transportiert. Dort hat man die 26 000 Stücke wie ein Puzzle zusammengefügt. Bis vor Kurzem war es der größte Hindutempel außerhalb Indiens. Eine Ausstellung informiert über den Hinduismus. In Großbritannien leben rund 560 000 Hindus, mehr als die Hälfte davon in London.

➤ NW10 ➤ [nordwestl. A 1] 105–119 Brentfield Road; Tel. 89 65 26 51; www.mandir.org; U-Bahn: Wembley Park; tgl. 9–18 Uhr; Eintritt zur Ausstellung 2 £

PALACE OF WESTMINSTER/ HOUSES OF PARLIAMENT

Die neugotische Pracht von Charles Barry zwischen 1834 und 1860 errichtetem Palace of Westminster, dem Parlamentsgebäude, lässt sich am besten vom südlichen Themseufer wahrnehmen. Von dort aus malte Claude Monet seine berühmten Impressionen der langen, von Fialen (Spitztürmchen) und Türmen unterbrochenen Fassade, wie sie sich im Wasser spiegelt. Der Sitz der beiden Kammern des britischen Parlaments, Oberhaus und Unterhaus, bezieht seinen offiziellen Titel von dem königlichen Palast, den Eduard der Bekenner baute, und den William I. und Wilhelm Rufus von Grund auf erneuerten. Aus dieser Zeit stammt die imposante »Westminster Hall«, der größte normannische Saal Europas, der Ende des 14. Jahrhunderts seine bemerkenswerte Stichbalkendecke erhielt. Neben dem Juwelenturm auf der gegenüberliegenden Straßenseite, ist diese Halle fast der einzige Teil des mittelalterlichen Schlosses, der den großen Brand von 1834 überlebte. Ursprünglich für Bankette bestimmt, war die Westminster Hall vom 13. bis zum 19. Jahrhundert auch Tagungsort des obersten Gerichts. Hier wurden Thomas Morus, Guy Fawkes und Karl I. zum Tode verurteilt. Heute wird der Saal für zeremonielle Zwecke genutzt, unter anderem die Aufbahrung von Monarchen und einigen wenigen Staatsmännern. Während sich das Oberhaus schon immer im Herrschersitz versammelt hatte, tagte das Parlament in seiner Frühzeit im Kapitelhaus der Abtei von Westminster. Erst nachdem Heinrich VIII. 1529 den Palast von Whitehall bezog, fanden die Sitzungen in der St. Stephen's Chapel der Königsresidenz statt. Wenn das Parlament tagt, weht ein Union Jack von der Spitze des Victoria Tower, dem Gegenstück zum berühmten Uhrturm Big Ben. Nachts zeigt ein Licht über seinem Ziffernblatt an, dass eine Sitzung im Gange ist.

Einen Teil des sich über zwei Kilometer erstreckenden Gebäudes mit 1200 Räumen und 100 Treppenhäusern bekommt man zu sehen, wenn man in die Besuchergalerie der beiden Kammern geführt wird, um einer Sitzung beizuwohnen. Ausländer ohne britischen Wohnsitz können sich nicht voranmelden. Einen Platz (kostenlos) erkämpft man sich nur durch langes Anstehen vor dem St.-Stephen's-Eingang. Am begehrtesten ist die Fragestunde im Unterhaus, vor allem am Mittwoch um zwölf Uhr bei der wöchentlichen Streitstunde zwischen Premierminister und Oppositionsparteien. Für das Oberhaus ist der Andrang geringer – aber auch dort finden interessante Debatten statt, und die Kammer ist, anders als das Unterhaus, vom Zweiten Weltkrieg glücklicherweise unversehrt geblieben. Während der langen Sommerpause kann man sich für eine kostenpflichtige Führung anmelden.

➤ SW1 ➤ [G 6] Parliament Square; U-Bahn: Westminster; www.parliament.uk; Sitzungen: Unterhaus Mo, Di 14.30–22.30, Mi 11.30–19.30, Do 10.30–18.30, Fr, sofern an diesem Tag Sitzung ist, 9.30–15 Uhr; Oberhaus Mo, Di 14.30–22, Mi 15–22, Do 11–19.30, Fr ab 11 Uhr, bis die Tagesordnung abgehakt ist; Eintritt frei; Führungen Tel. 0 87 09 06 37 73; Eintritt 7 £

PICCADILLY CIRCUS

Einst der Nabel des britischen Weltreichs genannt, kennzeichnet dieser Knotenpunkt immer noch das Zentrum Londons. In John Nashs Masterplan für die Stadterneuerung im frühen 19. Jahrhundert liefen zwei elegante Straßen an dieser Stelle zusammen. Nashs Anlage wurde in den 1880er-Jahren durch den Bau der Shaftesbury Avenue zerstört. Heute flimmern die Leuchtreklamen an den umliegenden Gebäuden, und Rucksacktouristen sitzen zu Füßen des sogenannten Eros. Mit dem griechischen Gott der Liebe hat die anfangs als schockierend empfundene Figur des nackten, beflügelten

Bogenschützen allerdings nichts zu tun. Vielmehr stellt sie den christlichen Engel der Nächstenliebe dar. Der Brunnen wurde 1893 als Denkmal für den viktorianischen Sozialreformer Lord Shaftesbury errichtet, der sich unter anderem gegen die Beschäftigung von Kindern in den Kohlegruben und Fabriken einsetzte. Der Bildhauer Alfred Gilbert hat sich ein Spiel mit dem Begriff »shaft« für Pfeil und dem Namen Shaftesbury erlaubt. Wie ein Maskottchen ziert »Eros« den Zeitungskopf des »Evening Standard«, des Londoner Abendblatts. Er ist zu einer Art Wahrzeichen der Stadt geworden.

➤ W1 ➤ [F 4] **U-Bahn: Piccadilly Circus**

Die »piccadils« (Spitzenkrägen) der Dandys waren namensgebend für den legendären Platz – damals schon ein beliebter Treffpunkt.

REFORM CLUB

Die diskreten Herrenklubs entlang der St. James's Street und Pall Mall laden nicht gerade zum Besuch ein. Im Reform Club gibt man sich etwas lockerer. Dort wird gelegentlich ein Einblick in diese geschlossene englische Welt gewährt. Als einer der neueren unter den traditionsreichen Herrenklubs hat sich der 1836 gegründete Verein von Anfang an dem Fortschritt verpflichtet. Er ging aus dem 1832 verabschiedeten Reformgesetz hervor, mit dem die liberalen Kräfte gegen den Widerstand der Konservativen eine repräsentativere Verteilung der Unterhaussitze und eine breitere Wahlberechtigung durchsetzten. Der Verein sollte den Reformparteien als Treffpunkt für die Koordinierung ihrer politischen Tätigkeit und für die gesellige Erörterung ihrer progressiven Ideen dienen. Die Gründer ließen sich von Charles Barry, dem mit dem Wiederaufbau des Parlaments beauftragten Architekten, einen prächtigen Palast im Stil der italienischen Renaissance entwerfen, der sogleich als Meisterwerk des Genres gefeiert wurde. Inzwischen ist die parteipolitische Zugehörigkeit für die Aufnahme nicht mehr relevant. Im Sinne der ursprünglichen Ideale wurden 1981 Frauen als Mitglieder zugelassen. Der Reform Club ist in die Literaturgeschichte eingegangen: Im Rauchzimmer wettete Jules Vernes Phileas Fogg, dass er in 80 Tagen um die Welt reisen könne. Zu den berühmten Mitgliedern zählten Winston Churchill und Arthur Conan Doyle, Schöpfer des Meisterdetektivs Sherlock Holmes.

➤ SW1 ➤ [F 5] 104 Pall Mall; Führungen nach Vereinbarung an Wochentagen morgens; Tel. 79 30 93 74; www.reformclub.com; Besucher werden aufgefordert, 7,50 £ zu spenden.

ST. JAMES'S PALACE

Der Tudorpalast ist bis heute der offizielle Sitz des Hofes geblieben, obwohl die Monarchen seit 1837 im Buckingham Palace wohnen. Deswegen werden die Botschafter am »Hofe von St. James« akkreditiert. Beim Tod des Souveräns tagt hier der »Accession Council« oder Thronbesteigungsrat, der den neuen Monarchen oder eine Monarchin ausruft.

Der mit Zinnen versehene Backsteinpalast wurde 1532 von Heinrich VIII. erbaut. Trotz späterer Veränderungen ist es das auffallendste Beispiel des Tudorbaustils im Herzen der Stadt. Der Palast war der Londoner Sitz von Prinz Charles und seinen Söhnen, bevor sie nach dem Tod der Königinmutter um die Ecke gezogen sind ins Clarence House, das weiß verputzte Herrenhaus, das John Nash für den Herzog von Clarence, später Wilhelm IV., entworfen hat.

Die Chapel Royal im St. James's Palace ist zu bestimmten Zeiten zum Gottesdienst zugänglich. In dieser Kapelle empfing Karl I. am Morgen seiner Hinrichtung die Kommunion, wurde Königin Viktoria 1840 mit dem Prinzen Albert von Sachsen-Coburg-Gotha getraut, und hier stand der Sarg von Diana Prinzessin von Wales in der Nacht vor der Trauerfeier. Händel war Komponist an der Chapel Royal, und die seit dem Mittelalter gepflegte musikalische Tradition wird bis heute durch den Chor aufrechterhalten. Die Sänger tragen noch immer die scharlachrote und goldene Robe nach dem unter Karl II. bestimmten Entwurf.

Gegenüber vom »Ambassadors' Court«, wo die Wachablösung zu denselben Zeiten stattfindet wie am Buckingham Palace, liegt die Queen's Chapel, die mit ihren perfekten Proportionen und dem zurückgenommenen Zierat ein kleines Juwel des englischen Palladianismus darstellt. Sie wurde 1625 von Inigo Jones für Henrietta Maria fertiggestellt, die Gemahlin des späteren Karl I., die dort die katholische Andacht hielt.

➤ SW1 ➤ [F 5] Chapel Royal, Ambassadors' Court, St. James's Palace; Tel. 78 39 13 77; U-Bahn: Green Park; So-Gottesdienst Anfang Okt.–Ostersonntag 11.15 Uhr; Queen's Chapel: Ostern–Ende Juli 11.15 Uhr, Kommunionsgottesdienst jeden So 8.30 Uhr

ST. JAMES'S STREET

Die St. James's Street ist von traditionsreichen Herrenklubs und Geschäften gesäumt. Berry Bros & Rudd (Nr. 3) handelt seit mehr als 300 Jahren mit Wein. Die Firma, die bis heute in Familienbesitz ist, beliefert das Königshaus seit der Herrschaft von Georg III. Neben dem Geschäft führt eine schmale Gasse in den kleinen Hinterhof, Pickering Place, wo das letzte Duell in London gefochten worden sein soll. In Nr. 6 befindet sich seit 1676 der Hutmacher James Lock & Co, zu dessen Kunden Admiral Nelson,

Winston Churchill und Charlie Chaplin zählten. Hier wurde 1850 die Melone geboren. John Lobb fertigt in Nr. 9 seit 1849 Maßschuhe für eine ähnlich erlesene Klientel an. Die alten Leisten werden, sorgfältig beschildert, alle noch im Keller aufbewahrt. Etwas zurückgesetzt steht Nr. 25, das 1964 von den Architekten Peter und Alison Smithson fertiggestellte »Economist Building«, in dem das angesehene Wirtschaftsmagazin »The Economist« sein Büro hat. Der aus drei Rastertürmen bestehende Komplex fällt aus dem von Geschichte und Tradition geprägten Rahmen heraus und gilt als modellhaftes Beispiel der modernen Stadtplanung.

➤ SW1 ➤ [F 5] **U-Bahn: Green Park**

Seit Generationen heißen die Erben der Lobb-Dynastie John.

ST. MARTIN-IN-THE-FIELDS

Wie der Name besagt, lag die erste Kirche am heutigen Trafalgar Square tatsächlich einmal in den Feldern zwischen Westminster und der City. Der jetzige Bau von 1726 stammt von dem Wren-Schüler James Gibbs. Die Verbindung von korinthischem Säulenportal und barockem Kirchturm ist in der nordamerikanischen Kolonie viel nachgeahmt worden. St. Martin-in-the-Fields ist sowohl die Gemeindekirche der Admiralität als auch die von Buckingham Palace. Sie hat seit jeher enge Beziehungen zum englischen Königshaus. Karl I. wurde hier getauft, Georg I. war Gemeindevorsteher und hat die Orgel gespendet. Die Kirche ist rund um den Globus durch das nach ihr benannte Kammerorchester berühmt: die Academy of St. Martin-in-the-Fields. Unter dem mit italienischem Stuck reich verzierten Tonnengewölbe finden regelmäßig kostenlose Mittagskonzerte mit klassischer Musik statt, abends wird bei Kerzenlicht musiziert, und im Café in der Krypta treten zweimal wöchentlich Jazzbands auf.

➤ WC2 ➤ [G 4] **Trafalgar Square; Tel. 77 66 11 00, Kartenbüro: 78 39 83 62; www.smif.org; Mo–Fr 8–18, Sa 9–18, So 8–20 Uhr**

Café in the Crypt, Tel. 78 39 43 42; Mo–Mi 8–20, Do–Sa 8–22.30, So 12–20 Uhr

30 ST. MARY AXE

Kein Neubau Londons hat sich derart eingeprägt wie die elliptische Konstruktion Norman Fosters für die Schweizer Rückversicherungsgesellschaft Swiss Re. Streifen aus grau getöntem Glas winden sich um den 2004 fertiggestellten Turm, der sich nach oben und unten verjüngt. Jedes Stockwerk dreht sich, leicht versetzt, um die Achse. Wie eine gigantische Rakete ragt das 180 Meter hohe Gebäude im Herzen der City aus dem Boden. Im Volksmund hat sich der Spitzname »the gherkin«, die Essiggurke, durchgesetzt. Das Gebäude kann nur von außen besichtigt werden.

➤ EC3 ➤ [L 3] **30 St. Mary Axe; www.30stmaryaxe.com; U-Bahn: Liverpool Street**

ST. MARY-LE-BOW

Für die Londoner Folklore nimmt diese Kirche eine besondere Rolle ein. Man sagt, nur wer in Hörweite der Glocken von Bow geboren ist, sei ein echter Cockney, wie die Urlondoner im Volksmund heißen. Bis 1876 erklangen die Glocken um 21 Uhr zum Abendgeläut. Im Zweiten Weltkrieg markierten die Glockenschläge von Bow den Beginn der BBC-Auslandssendungen im Rundfunk und gaben ein

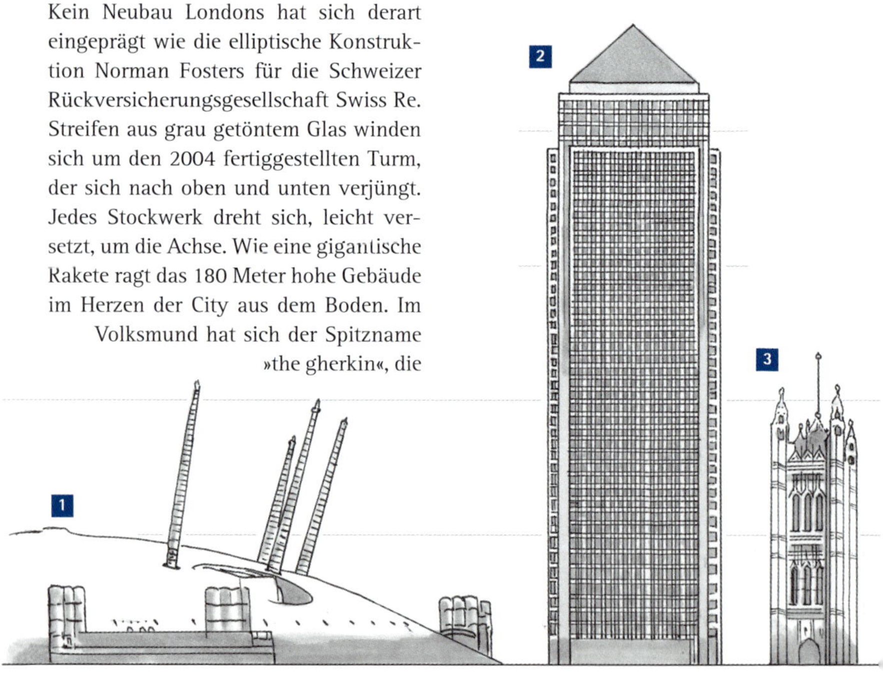

Signal der Hoffnung an die besetzten Völker in Europa. Die Glocken kommen auch in einem mittelalterlichen Volkslied vor. Die von Christopher Wren nach dem großen Brand von 1666 wiederaufgebaute Kirche wird vor allem wegen des eleganten Turms gerühmt. Am 10. Mai 1941 wurde St. Mary-le-Bow bei einem Bombenangriff zerstört. Für die Restaurierung der 1964 neu geweihten Kirche spendete Deutschland das geschnitzte Kreuz aus Oberammergau. Die normannische Krypta beherbergt ein bei den Büroangestellten der City beliebtes vegetarisches Restaurant.

➤ EC2 ➤ [K 4] Cheapside; Tel. 72 48 51 39; www.stmarylebow.co.uk; U-Bahn: Bank, Mansion House, St. Paul's; Mo–Do 6.30–18, Fr 6.30–16.15 Uhr

The Place Below; Tel. 73 29 07 89; www.theplacebelow.co.uk; Mo–Fr 7.30–15 Uhr

ST. PAUL'S CATHEDRAL

Mit dem Anspruch, das protestantische Gegenstück zum Petersdom in Rom zu sein, erhebt sich Christopher Wrens Kuppel majestätisch aus dem Straßengewirr. Vor der Zeit der Wolkenkratzer beherrschte sie das Stadtbild und wurde im Zweiten Weltkrieg zu einem Symbol des Durchhaltens gegen die deutschen Luftangriffe. Die St. Paul's Cathedral ist das fünfte oder sechste Gotteshaus an dieser Stelle. Das erste wurde im Jahr 604 n. Chr. gegründet.

Bereits sechs Tage nach dem Großen Brand von 1666 legte Wren Pläne für den Wiederaufbau der City vor, aber es dauerte fast zehn Jahre, bis der Grundstein für die neue Kathedrale gelegt wurde und weitere 35 Jahre bis zur Fertigstellung, die durch Streitigkeiten über die Ausgaben und die Pläne immer wieder verzögert wurde. Von Wrens ursprünglichem Plan ist, wie die in der Krypta ausgestellten Modelle bezeugen, nicht viel mehr als die Kuppel geblieben. Statt des von ihm gewünschten kreuzförmigen

1 Millennium Dome, 100 m
2 Canary Wharf Tower, 244 m
3 Victoria Tower (Palace of Westminster), 102 m
4 St. Paul's Cathedral, 111 m
5 London Eye, 135 m
6 Big Ben, 96 m
7 Tower Bridge, 65 m

Die dem Schutzpatron Londons geweihte St. Paul's Cathedral hat nach dem Petersdom die zweitgrößte Kuppel der Welt.

Zentralbaus musste er sich mit der Kompromisslösung eines lang gezogenen Mittelschiffs abfinden. Dennoch gilt die Kirche mit ihrer 111 Meter hohen Kuppel und den 22 Stufen zu dem von zwei barocken Glockentürmen umrahmten doppelten korinthischen Westportikus als sein bedeutendstes Werk.

Die Kathedrale ist die Hauptkirche der 500 Gemeinden nördlich der Themse umfassenden Diözese London und die Pfarrkirche des britischen Commonwealth. Sie wird für große Staatsakte wie Thronjubiläen und Trauerfeiern benutzt. Prinz Charles und Diana Spencer haben in St. Paul's geheiratet, weil sich dort mehr Gäste unterbringen ließen als in Westminster Abbey.

Bei der Betrachtung der Innenausstattung ist vor allem das Chorgestühl von Grinling Gibbons, einem Meister der barocken Holzschnitzerei, zu beachten. Im nördlichen Chorseitenschiff steht die Skulptur »Mutter und Kind« von Henry Moore, der mit anderen Künstlern wie J.M.W. Turner und Joshua Reynolds in der Krypta ruht.

Zahlreiche Nationalhelden sind in der St. Paul's Cathedral bestattet. Im nördlichen Querschiff befindet sich das aufwendige Wellington-Denkmal, das von einem Reiterstandbild des Siegers von Waterloo gekrönt ist. Wellingtons Sarg steht ebenso wie der von Admiral Nelson, dem Sieger der Seeschlacht von Trafalgar, in der Krypta. Dort befindet sich auch das schlichte Grab des anerkannten Architekten Christopher Wren.

259 Stufen führen hinauf zur Flüstergalerie, so genannt, weil selbst ein leises Flüstern aufgrund des schallreflektierenden Gewölbes 32 Meter entfernt auf der anderen Seite des runden Umgangs zu hören ist. Unter den Fresken von James Thornhill, die das Leben des Heiligen Paulus schildern, kann man aus 30 Meter Höhe die Größe der Kathedrale bestaunen. Über weitere 119 Stufen gelangt man auf die Steinerne Galerie. Noch gewaltiger ist der Blick in 85 Meter Höhe von der Goldenen Galerie am Fuß der Laterne. Der Aufstieg (insgesamt 530 Stufen) ist nichts für Zaghafte. Oben auf den Eisengussstiegen ist es nicht nur steil, sondern auch sehr eng.

➤ EC4 ➤ [J/K 4] Ludgate Hill; Tel. 72 46 83 57; www.stpauls.co.uk; U-Bahn: St. Pauls; Mo–Sa 8.30–16 Uhr; Eintritt 9 £

SHAKESPEARE'S GLOBE THEATRE

Die 1644 abgerissene Shakespeare-Bühne originalgetreu nachzubauen war der Lebenstraum des amerikanischen Schauspielers Sam Wanamaker. Er hat das Vorhaben geradezu obsessiv vorangetrieben, die Eröffnung des Freilufttheaters 1997 am südlichen Themseufer, etwa 60 Meter vom ursprünglichen Standort des »hölzernen O« entfernt, jedoch nicht mehr erlebt. In dem polygonalen Fachwerkbau stehen die »Grundlinge« wie im 17. Jahrhundert im Innenhof, in den Galerien rundherum sitzt man auf überdachten Bänken. Das neue Globe Theatre hat sich als populäre Bühne für die Werke von Shakespeare und seinen Zeitgenossen durchgesetzt. Auch außerhalb der Sommersaison informiert eine Ausstellung über die Geschichte des Theaters und des Stadtteils Bankside, einst ein verruchtes Vergnügungsviertel. Neben der Besichtigung des Theaters werden auch Führungen zum Rose Theatre, einer anderen Shakespeare-Bühne in Bankside, angeboten, deren Überreste 1989 bei Ausgrabungen entdeckt wurden. Sie liegen heute im Keller eines Bürogebäudes.

➤ SE1 ➤ [K 4] **21 New Globe Walk; Tel. 79 02 15 00; www.shakespeares-globe.org; U-Bahn: Mansion House, Blackfriars; Okt.–Mai tgl. 10–17, Mai–Okt. Mo–Sa 9–12 Uhr (Globe und Ausstellung), 12.30–17 Uhr (Ausstellung und Rose Theatre), So 9–11.30 Uhr (Globe und Ausstellung), 12–17 Uhr (Ausstellung und Rose Theatre); Eintritt 9 £**

➤ SE1 ➤ [K 4] **The Rose Theatre, 56 Park Street; Tel. 75 93 00 26; www.rosetheatre.org.uk**

SOHO SQUARE

Dieser hübsche kleine Platz wurde 1680 angelegt und zeugt mit der lädierten Figur von Karl II. noch von der Zeit, als Soho zu den noblen Vierteln der Stadt zählte. Rundherum herrscht nun viel Trubel mit den Büros der Filmbranche, den Sexklubs und hippen kosmopolitischen Lokalen. Die Grünfläche in der Mitte bietet den Angestellten und Bewohnern der Nachbarschaft aber eine friedliche Oase.

➤ W1 ➤ [F/G 3/4] **U-Bahn: Tottenham Court Road**

SOUTHWARK CATHEDRAL

Nahe der Themse, umgeben von Eisenbahnlinien und angrenzenden Gebäuden ist die Kirche, die 1905 zur Kathedrale erhoben wurde, einer der bedeutendsten gotischen Sakralbauten des Landes. Die normannische Kirche auf den Resten einer römischen Villa brannte 1212 nieder und wurde durch einen gotischen Bau ersetzt. Trotz der spätviktorianischen Veränderungen blieben mittelalterliche Elemente bestehen. Besonders sehenswert sind der Altarschirm von 1520 und die vielen Monumente, die schon Samuel Pepys im 17. Jahrhundert hervorhob. Shakespeares jüngerer Bruder liegt in Southwark Cathedral begraben, und ein neueres Denkmal erinnert daran, dass Shakespeare selbst ein regelmäßiger Besucher war. Eine Kapelle ist dem Andenken von John Harvard, dem Gründer der amerikanischen Universität, gewidmet. Er wurde 1607 in der Kirche getauft.

➤ SE1 ➤ [K 5] **London Bridge; Tel. 73 67 67 00; www.southwark.anglican.org; U-Bahn: London Bridge; tgl. 8–18 Uhr**

TOWER OF LONDON

Kein Gebäude der Stadt ist seit fast einem Jahrtausend so eng mit der britischen Geschichte verwoben wie die von einem Schutzwall und Graben umgebene Anlage, die sich entlang der Themse über fünf Hektar erstreckt und von der römischen Stadtmauer durchlaufen wird. Im Volksbewusstsein hat sich die mehrfach ausgebaute normannische Festung vor allem als finsterer Kerker und blutige Hinrichtungsstätte eingeprägt, aber auch als Schatzkammer. Denn hier werden die Kronjuwelen aufbewahrt. Der letzte Häftling war während des Zweiten Weltkriegs Hitlers Stellvertreter Rudolf Heß, der 1941 unter bis heute ungeklärten Umständen nach Schottland flog und festgenommen wurde. Das letzte Todesurteil wurde im August 1941 von einem Exekutionskommando an dem deutschen Spion Josef Jakobs vollstreckt. Heute ist der um 1080 von Wilhelm dem Eroberer begonnene Tower mit seinen Zinnentürmen, Kasernen, Toren, mit der Schatzkammer der Kronjuwelen und der fast ebenso berühmten Rüstkammer die meistbesuchte Touristenattraktion Londons.

Vor dem Middle Tower, durch den man in die Anlage gelangt, befand sich bis 1834 die königliche Menagerie. Sie geht auf das Jahr 1235 zurück, als Heinrich III. von dem Staufer Friedrich II. drei

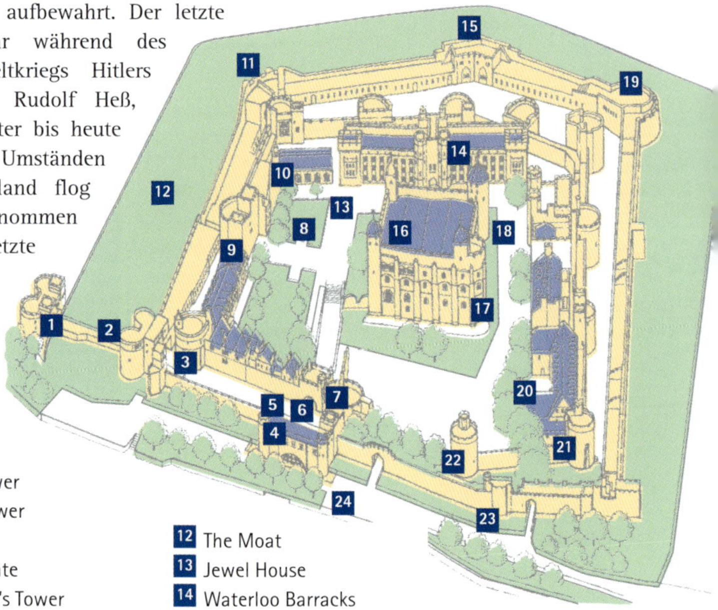

1 Middle Tower
2 Byward Tower
3 Bell Tower
4 Traitor's Gate
5 St. Thomas's Tower
6 Bloody Tower
7 Wakefield Tower
8 Tower Green
9 Beauchamp Tower
10 Chapel of St. Peter ad Vincula
11 Legge's Mount
12 The Moat
13 Jewel House
14 Waterloo Barracks
15 Bowyer Tower
16 White Tower
17 Chapel of St. John the Evangelist
18 Royal Fusiliers Museum
19 Brass Mount
20 New Armouries
21 Salt Tower
22 Langthorn Tower
23 Cradle Tower
24 Tower Wharf

Leoparden geschenkt bekam. Von der exotischen Tiersammlung, die im 19. Jahrhundert in den damals gegründeten Zoo im Regent's Park verlegt wurde, sind nur noch die seit dem 17. Jahrhundert unter königlichem Schutz stehenden Raben geblieben. Ihre Flügel werden gestutzt, damit sie nicht wegfliegen. Denn die Legende besagt, das Königreich werde stürzen, wenn die Vögel entfliehen.

Der Weg führt durch den Byward (Losungswort) Tower, vorbei am Bell Tower, in dem Thomas Morus und Elisabeth I. gefangen gehalten wurden, zum Traitor's Gate. Früher wurden die Gefangenen nach ihrer Verurteilung in Westminster auf dem Wasserweg flussabwärts zum Tower gebracht und an diesem Verrätertor abgeliefert. Darüber erhebt sich der St. Thomas's Tower, wo kostümierte Führer in der ehemaligen Königsresidenz die Zeit von Eduard I. beschwören.

Gegenüber liegt der viereckige Bloody Tower. Hier ließ Richard III. seine zwei Neffen 1483 nach dem Tod ihres Vaters Eduard IV. einsperren und vermutlich ermorden, damit seiner Thronbesteigung nichts im Wege stand. Ende des 17. Jahrhunderts wurden zwei Kinderskelette im White Tower entdeckt, der mit seinen vier Ecktürmen den Innenhof beherrscht. Diese 1076 für Wilhelm den Eroberer begonnene und von seinem Sohn Wilhelm Rufus fertiggestellte Burg ist nicht nur der älteste Teil des Towers, sondern auch einer der frühesten Festungsbauten dieses Ausmaßes in Europa. Darin ist heute ein Teil der königlichen Waffensammlung zu sehen, die auf Heinrich VIII. zurückgeht. Besonders eindrucksvoll ist die schlichte Chapel of St. John the Evangelist im ersten Stock, eines der reinsten und besterhaltenen Beispiele normannischer Kirchenarchitektur.

In der südwestlichen Ecke des Innenhofs steht das Queen's House, ein Tudor-Fachwerkbau, in dem zwei der sechs Frauen von Heinrich VIII., Anne Boleyn und Catherine Howard, weilten, bevor sie auf der Richtstätte vor der Grünfläche (Tower Green) enthauptet wurden.

Die meisten Besucher haben vor allem ein Ziel: die Kronjuwelen. Wie im Flughafen gleitet man auf einem Rollband an dem Krönungsornat vorbei, darunter die für Königin Viktoria mit 2868 Diamanten, 272 Perlen, 17 Saphiren, 11 Smaragden und fünf Rubinen besetzte Imperial State Crown und der legendäre Koh-i-Noor-Diamant. Zu Stoßzeiten wird das Tempo des Rollbands beschleunigt.

➤ EC3 ➤ [L/M 4] The Tower of London; Tel. 0 87 07 56 60 60; Kartenbüro: 0 87 07 56 70 70; www.hrp.org.uk; U-Bahn: Tower Hill; 1. März–31. Okt. Di–Sa 9–18, So, Mo 10–18, 1. Nov.–28. Feb. Di–Sa 9–17, So–Mo 10–17 Uhr; Eintritt 15 £. Unbedingt vorher (bis zu 7 Tage im Voraus) Karten kaufen, um die Schlangen zu vermeiden. Karten auch an U-Bahn-Stationen erhältlich.

TOWER BRIDGE

Die dem Tower nachempfundene Klappbrücke von Horace Jones und John Wolfe Barry ist ein Bravourstück viktorianischer Ingenieurstechnik und gehört zu den Wahrzeichen der Stadt. Die Hydraulikmotoren des 1894 mit viel Pomp eröffneten östlichsten Themseübergangs werden seit 1976 nicht mehr mit Dampf, sondern mit Strom und Öl betrieben. 33,5 Meter über der Fahrbahn wurden Verbindungsstege zwischen den beiden neugotischen Türmen gebaut, damit Fußgänger auch bei hochgezogener Bücke nicht behindert werden. Davon wurde aber so wenig Gebrauch gemacht, dass bereits 1910 die Stege geschlossen wurden. Heute können Besucher einen atemberaubenden Blick genießen, sich über die Geschichte der Brücke informieren und die Maschinenräume besichtigen. Wegen des geringeren Flussverkehrs wird die Brücke nur noch etwa 900-mal im Jahr hochgeklappt. Man kann sich telefonisch nach dem Zeitplan erkundigen, um mitzuerleben, wie sich die Basküle öffnen (Tel. 7 94 03 94).

➤ SE1 ➤ [L/M 5] **Tower Bridge; Tel. 74 03 37 61; www.towerbridge.org.uk; Eintritt 5,50 £, 6,50 £ in Verbindung mit The Monument**

TRAFALGAR SQUARE

Der größte Platz Londons, an dem viele Verkehrsadern zusammenlaufen, verdankt seinen Namen dem Sieg Lord Nelsons über die französisch-spanische Flotte bei Kap Trafalgar am 22. Oktober 1805. Er wird beherrscht von einer korinthischen Granitsäule, von deren Spitze in 56 Meter Höhe der einarmige Admiral die Stadt mustert. Die aus französischen Kanonen gegossenen Reliefs am Sockel gedenken der großen Seeschlachten Nelsons. Die Säule wurde 1843 errichtet, die majestätischen Bronzelöwen von Edwin Landseer kamen 1867 dazu.

Trafalgar Square wurde 1820 von John Nash entworfen und 20 Jahre später von Charles Barry umgestaltet. Das Reiterstandbild Karls I. von dem französischen Bildhauer Hubert Le Sueur steht dort, wo Eduard I. im Jahr 1291 das letzte der zwölf Kreuze errichten ließ, die die Etappen des Trauerzugs seiner Frau Eleonore von Lincoln zur Westminster Abbey markieren. Das gotische Eleonorenkreuz wurde 1647 während des Bürgerkriegs als götzendienerisch abgerissen. Eine Kopie steht heute etwa 100 Meter weiter östlich vor dem nach diesem Denkmal benannten Bahnhof Charing Cross. Eine kleine Bronzetafel auf dem Pflaster neben der Figur Karls I. vermerkt, dass von hier alle Entfernungen von und nach London gemessen werden. Es ist das geografische Zentrum der Hauptstadt.

Denkmäler für Könige und längst vergessene Militärhelden zieren den Platz. Der Sockel an der nordwestlichen Ecke steht seit 1841 leer. Da man sich nicht auf den Bestimmungszweck einigen konnte, dient er als Plattform für Auftragswerke zeitgenössischer Bildhauer. Mit seinen sprudelnden Brunnen ist Trafalgar Square nicht nur ein Sammelplatz für Touristen, sondern seit dem 19. Jahrhundert auch ein Schauplatz für politische Demonstrationen. Seitdem die vielbefahrene Straße vor der National Gallery 2003 nach Plänen von Norman Foster in eine Fußgängerzone verwandelt wurde, ist Trafalgar Square keine Verkehrsinsel mehr. Zu Weihnachten wird seit 1947 eine große Tanne auf dem Platz errichtet, ein jährliches Geschenk der Stadt Oslo als Dank für den Beistand der Briten im Zweiten Weltkrieg.

➤ SW1 ➤ [G 4/5] **U-Bahn: Charing Cross**

HOCHKARÄTIGE KOLLEKTIONEN

Kaum eine Metropole hat so viele Museen zu bieten wie London, und in keiner Hauptstadt sind dank der Abschaffung von Eintrittsgebühren an den staatlichen Museen so viele Kunstschätze kostenlos zu besichtigen.

BRITISH MUSEUM 5

Das British Museum ist das älteste staatliche Museum der Welt und mit seinen Schätzen aus allen Kulturen und Epochen wohl auch das bedeutendste. Es entstand 1753 im Geist der Aufklärung und hatte das Ziel, das ganze Wissen der Menschheit unter einem Dach zu erfassen und zu vermitteln. Der Grundstock der Sammlung war der Nachlass des Mediziners Sir Hans Sloane (1660–1753), dessen Büste rechts vom Haupteingang steht. Er hatte eine »universale Sammlung« von Fossilien, Pflanzen, Insekten, Muscheln, Münzen, Antiken, Gemälden, Büchern, Handschriften und Kuriositäten aufgebaut, die der Staat erwerben konnte. Dieser Bestand von rund 70 000 Objekten gab den Anstoß zur Parlamentsakte, die das British Museum ins Leben rief. Es sollte dem Nutzen und Gewinn der Öffentlichkeit für alle Zeiten dienen und kostenlos zugänglich sein. Mozart gehörte zu den frühen Besuchern des Museums. Wie in einer Wunderkammer waren damals in einem Stadtpalais ausgestopfte Tiere, ägyptische Mumien, Mineralien, Zeichnungen, Gemmen und dergleichen zu besichtigen.

Die stetig wachsende Sammlung verlangte größere Räumlichkeiten. So wurde 1823 bei dem Architekten Sir Robert Smirke jener im Stil eines griechischen Tempels entworfene, um einen viereckigen Innenhof gruppierte Bau in Auftrag gegeben, dessen Fertigstellung sich über fast drei Jahrzehnte hinzog. Nach und nach mussten Teile der ursprünglichen Sammlungen aus Platznot ausgegliedert werden – die Gemälde in die National Gallery, die naturwissenschaftlichen Bestände in das Natural History Museum (→ S. 161) und schließlich, unter viel Ach und Krach, 1998 die Bücher in die neue British Library. Der berühmte Lesesaal der Bibliothek, in dem Karl Marx tagaus, tagein auf dem Platz 07 an »Das Kapital« arbeitete, dient jetzt als Informationszentrum. Es steht inmitten des im Jahr 2000 von Norman Foster mit einem feingliedrigen Gewebe aus Glas und Stahl überdachten Atriums, in dem das Café und die Museumsgeschäfte untergebracht sind. Der »Great Court«, soll der größte bedeckte Platz Europas sein. Die hier aufgestellten Skulpturen geben einen Vorgeschmack auf die Sammlungen.

Von diesem zentralen Punkt aus sind die verschiedenen Trakte des Museums zu besichtigen. Im Ostflügel des Erdgeschosses, in dem früher die Bibliothek Georgs III. in prachtvollem klassizistischem Rahmen untergebracht war, vermittelt die »Enlightenment Gallery« (Saal 1) auf anschauliche Weise einen Eindruck von der Idee des universalen Museums, das den Gründern des British Museum vorschwebte.

Um der Fülle des Angebots von der Antike über die asiatische Kunst und die ethnografische Sammlung bis hin zum reich bestückten grafischen Kabinett gerecht zu werden, reicht ein touristischer Besuch beileibe nicht aus. Mit einem am Informationsschalter im Innenhof erhältlichen Plan gewappnet lässt sich jedoch in einer guten Stunde eine Blitztour zu einigen Höhepunkten bewältigen. Nicht versäumen sollte man in Saal 4 den Stein von Rosetta, dessen in schwarzen Basalt eingemeißeltes Dekret aus dem Jahr 196 v. Chr. die Entzifferung der ägyptischen Hieroglyphen ermöglichte, weil der Text in drei Fassungen wiedergegeben ist. An der asyrischen Kunst in den Sälen 6–9 vorbei führt der Weg zu den Parthenon-Skulpturen (Saal 18), die das Museum 1816 von Lord Elgin, dem britischen Gesandten am Osmanischen Hof, erwarb. Sie geraten immer wieder in die Schlagzeilen, weil die griechische Regierung ihre Rückführung fordert.

Oben in Saal 50 faszinieren die bis zur ihrer Entdeckung 1983 in einer Moorgrube bei Manchester erstaunlich gut erhaltenen Überreste des sogenannten Lindow-Mannes aus der Nähe von Manchester, der wohl im 1. Jahrhundert n. Chr. ein brutales Ende fand, ähnlich wie die mumifizierten Ägypter in den Sälen 61–62. Einen Glanzpunkt bilden in Saal 41 die Schätze, mit denen sich ein angelsächsischer König im 7. Jahrhundert in einem Langschiff begraben ließ. Sie wurden 1939 im ostenglischen Sutton Hoo zutage gefördert und gelten als der bedeutendste archäologische Fund in Großbritannien. Nebenan in Saal 42 stehen die ausdrucksstarken Lewis-Schachfiguren, die im 12. Jahrhundert vermutlich in Norwegen aus Walross-Elfenbein geschnitzt und 1831 auf der Hebrideninsel Lewis am Strand gefunden wurden.

➤ WC1, S. 8/9, [c 3] ➤ [G 3] Great Russell Street; Tel. 73 23 82 99; www.thebritishmuseum.ac.uk; U-Bahn: Tottenham Court Road, Russel Square, Holborn; Sa–Mi 10–17.30, Do–Fr 10–20.30 Uhr, »Great Court«: So–Mi 9–18, Do–Sa 9–23 Uhr; Eintritt frei

CABINET WAR ROOMS/ CHURCHILL MUSEUM

In den miefigen Bunkerräumen kommt man sich vor wie ein Statist in einem der vielen Filme über den Zweiten Weltkrieg, in denen uniformierte Männer und Frauen in angespannter Atmosphäre die jüngsten Rückschläge und Vormärsche mit farbigen Reißzwecken auf den Lagekarten markieren, während draußen die Bomben fallen. Aber dies ist keine Filmkulisse, sondern die geheime Zentrale, von der aus das britische Kabinett und die Stabschefs der Militärs den Kampf gegen Hitler lenkten. In den Sitzungsräumen, Büros und spartanischen Schlafzimmern, in denen das Personal während der Luftangriffe nächtigen konnte, ist alles geblieben wie es war am Tag nach der Kapitulation der Japaner im August 1945, die der Arbeit in dem unterirdischen Labyrinth ein Ende setzte.

Gasmasken und Stahlhelme hängen an den Haken bereit, Akten häufen sich in ungeordneten Stapeln, auf Winston Churchills Bett liegt der Schlafanzug bereit, obwohl er nur selten Gebrauch davon machte. Bei Luftangriffen zog es der Kriegspremier mit charakteristischer Bravour vor, auf das nächste Dach zu klettern, um dem Spektakel zuzusehen. Der Rundgang durch die muffigen Flure führt vorbei an der Besenkammer, in der Churchill auf einer abhörsicheren Direktleitung mit dem amerikanischen Präsidenten telefonieren konnte. Geräuscheffekte wie klingelnde Telefone und hallende Schritte in den Gängen steigern das Kolorit.

Das ebenfalls in den Kellerräumen untergebrachte Churchill Museum ist dem Leben und dem Wirken des Staatsmannes gewidmet, den seine Landsleute unlängst zum größten Briten aller Zeiten kürten. Faszinierendes Filmmaterial, preisgekrönte interaktive Installationen und Exponate vom Taufkleid, über eine abgekaute Zigarre bis hin zum Nobelpreis machen die facettenreiche Figur lebendig und be-

Weiter auf S. 176

Im Cabinet War Rooms, einer Bunkeranlage aus dem Zweiten Weltkrieg, wird Geschichte spürbar.

SIEGESTROPHÄEN

Apsley House und Wellington Arch: Mitten im Verkehrsgebraus bleibt der Held von Waterloo unvergessen.

Mit typischem Understatement werden englische Adelssitze oft als »House« bezeichnet. Apsley House, auch »Number one London« genannt, weil es die erste Adresse nach dem Schlagbaum stadteinwärts war, ist ein Beispiel dafür. Der von Robert Adam geschaffene Bau wurde vom ersten Herzog von Wellington mit der honigfarbenen Kalksteinverkleidung und dem herrschaftlichen Portikus versehen. In diesem Stadtpalais an einer der meistbefahrenen Kreuzungen Londons werden die Kriegsbeute und die Siegestrophäen des Feldherrn und Staatsmannes zur Schau gestellt, der Napoleon 1815 bei Waterloo bezwang. Selbst zu Lebzeiten des Herzogs merkten Zeitgenossen an, dass der Bau mehr Museum als Wohnhaus sei.

Den Eingang beherrscht Antonio Canovas nackte Marmorfigur Napoleons als Mars. Napoleon selbst hatte sie bei dem Bildhauer in Auftrag gegeben, lehnte sie aber als »zu athletisch ab«. Es heißt, sie habe ihm missfallen, weil die geflügelte Siegesgöttin in seiner Hand ihm den Rücken kehrt und er sie deswegen als Symbol der Niederlage betrachtete. Die zweifach lebensgroße Plastik wurde 1816 von der britischen Re-

Der »Eiserne Herzog«, wie der Herzog von Wellington auch genannt wurde, residierte im repäsentativen Apsley House.

gierung in Paris erworben und Wellington überreicht. Sie weist im Treppenhaus den Weg nach oben in die im Stil der napoleonischen Zeit eingerichteten Räume.

Zuerst gilt es jedoch, die zwei Porzellanservice zu bewundern, die der französische König Ludwig XVIII. und Friedrich Wilhelm III. von Preußen als Dank für den Sieg über Napoleon schenkten. Zu den schönsten Gemälden Londons gehören in den oberen Räumen Adam Elsheimers »Judith und Holofernes«, Correggios »Christus am Ölberg« und der »Wasserverkäufer« von Velázquez, alles Werke aus ehemals spanischem Königsbesitz, die Wellington nach dem erfolgreichen Spanienfeldzug überlassen wurden.

Der siebte Herzog von Wellington hat Apsley House 1947 dem Staat übereignet, sich aber das Wohnrecht gesichert. Seine Nachkommen leben noch im Obergeschoss.

Nur durch eine Unterführung zu erreichen, liegt auf der Verkehrsinsel gegenüber »Wellington Arch«. Der Triumphbogen wurde 1828 von Decimus Burton zur Feier von Wellingtons Siegen als Portal zum Buckingham Palace entworfen. 1882 wurde er an diese Stelle verlegt und 1912 mit einer bronzenen Friedensquadriga gekrönt. »Wellington Arch« diente bis 1992 als die kleinste Polizeistation Londons. Jetzt ist er ein kleines Museum der Denkmalpflege-Organisation English Heritage, die Apsley House verwaltet. Vom Dach aus blickt man in die Gärten des Buckingham-Palastes. Auf der Verkehrsinsel befinden sich neben dem Reiterstandbild des Herzogs auf seinem Pferd Copenhagen auch Mahnmale für die im Ersten Weltkrieg Gefallenen der königlichen Artillerie, des Maschinengewehr-Korps sowie für die australischen und neuseeländischen Truppen, die an der Seite der Briten gekämpft haben.

Hinter Apsley House steht im Hyde Park der Achill von Richard Westmacott. Die 33 Tonnen schwere Bronze, gegossen aus Kanonen, die bei den Feldzügen des Herzogs beschlagnahmt wurden, erregte bei der Errichtung 1822 großes Aufsehen wegen ihrer Nacktheit, zumal viele sie für eine Darstellung Wellingtons hielten. Tatsächlich ist dieser Achill die Kopie eines der antiken Rossbändiger auf dem Quirinal in Rom. Ihm wurde anstandshalber ein Feigenblatt aufgesetzt.

➤ W1 ➤ [E 5] 149 Piccadilly; Tel. 74 99 56 76; www.english-heritage.org.uk; U-Bahn: Hyde Park Corner; 1. April–31. Okt. Di–Sa 10–17, 1. Nov.–31. März 10–16 Uhr; Eintritt Apsley House 5,10 £, Wellington Arch 3,10 £, kombiniertes Ticket 6 £

Meisterwerke, die der Feldherr als Kriegsbeute aus Spanien mitbrachte, zieren die Wände des Adelssitzes.

stätigen seine eigene Einschätzung: »Alle Menschen sind Würmer, aber ich glaube, dass ich ein Glühwurm bin.«

➤ SW1 ➤ [G 5] **Clive Steps, King Charles Street; Tel. 79 30 69 61; www.iwm.org.uk; U-Bahn: Westminster; tgl. 9.30–18 Uhr (letzter Einlass 17 Uhr); Eintritt 11 £**

CLOCKMAKER'S MUSEUM

(→ Sehenswürdigkeiten, S. 140)

COURTAULD INSTITUTE OF ART GALLERY/ SOMERSET HOUSE

Samuel Courtauld legte mit seiner Sammlung, hier ein Selbstporträt van Goghs, den Grundstock der nach ihm benannten Galerie.

Die von dem Textilindustriellen Samuel Courtauld (1876–1947) gebildete und durch spätere Schenkungen angereicherte Sammlung verfügt mit ihren ausgezeichneten Impressionisten, den Ölskizzen von Rubens und Tiepolo, dem »Prometheus«-Triptychon von Oskar Kokoschka sowie Tausenden von Zeichnungen alter Meister über einen der bedeutendsten Kunstbestände des Landes. Obwohl Courtauld die größten Mittel beisteuerte, waren zwei weitere Sammler maßgeblich an der Gründung beteiligt: der Politiker Lord Lee of Fareham, der sein Anwesen Chequers dem Staat als Landsitz für die künftigen Premierminister schenkte, und der Anwalt Sir Robert Witt. Dieser spendete sein weltberühmtes Abbildungsarchiv zur Malerei und Grafik, das ein Forschungsvehikel von unschätzbarem Wert darstellt. Die drei vereinte der Wunsch, das Verständnis für die bildende Kunst zu vertiefen. Ihnen schwebte ein Museum vor, das der Untermauerung des damals noch jungen Studiums der Kunstgeschichte dienen sollte. Aus dieser Vorstellung gingen das Courtauld Institute of Art und seine Galerie hervor, die der Londoner Universität angegliedert sind.

Nach langer räumlicher Trennung konnten Institut und Museum 1989 in Somerset House unter einem Dach vereint werden. Das zwischen 1776 und 1786 entstandene Hauptwerk von Sir William Chambers, Generalintendant der königlichen Bauten, gilt mit seinen eleganten klassizistischen Formen als eines der bedeutendsten Bauwerke des 18. Jahrhunderts Die Sammlung bezog die im 18. Jahrhundert für die Royal Academy of Arts gebauten Räume, in denen Werke neuerdings nach den wichtigsten

Stiftern gruppiert sind. Auf diese Weise will man den Charakter des Museums als »Sammlung von Sammlungen« hervorheben und Einblicke in die Geschmacksgeschichte geben. Zu den meistbeachteten Werken gehören Édouard Manets »Bar in den Folies Bergère« mit der rätselhaft blickenden Bedienung, Pierre-Auguste Renoirs »Die Loge« und Paul Cézannes »Kartenspieler«, alle aus der Sammlung Courtauld, die von Lord Lee erworbene Bilder »Adam und Eva« Lucas Cranachs d. Ä. und »Die Familie Jan Brueghels d. Ä.« von Rubens aus dem Nachlass des Grafen Antoine Seilern.

The Hermitage Rooms, die der Eremitage im Winterpalast von St. Petersburg nachempfundenen Räume, dienen dem russischen Museum als Schaukasten für wechselnde Teile seiner Sammlung, die zu einem Gastspiel nach London geschickt werden.

Im Südflügel von Somerset House ist die Gilbert Collection, eine Sammlung dekorativer Kunst, untergebracht. Ein verblüffend realistisches Wachsmodell Sir Arthur Gilberts, in Shorts und Tennisschuhen in seinem mit Prunkmöbeln eingerichteten Büro sitzend, empfängt die Besucher. Der gebürtige Londoner hat in Kalifornien ein Vermögen mit Grundstücksgeschäften gemacht. Einen Teil seines Geldes legte er in englischem Silber, römischen Mikromosaiken des 19. Jahrhunderts sowie florentinischen Pietra-Dura-Werken (Steineinlegearbeiten) an, die er kurz vor seinem Tod im Jahr 2001 dem englischen Staat schenkte. Die herausragenden Stücke, darunter auch sechs Schnupftabakdosen aus der Sammlung Friedrichs des Großen und üppige Leuchter und Schüsseln der Meister der englischen Goldschmiedekunst des 18. Jahrhunderts, werden in verdunkelten Räumen glanzvoll präsentiert.

➤ WC2 ➤ [H 4] Strand; Tel. 78 45 46 00; www.somerset-house.org.uk; U-Bahn: Temple; Courtauld Institute, Tel. 78 48 25 26; www.courtauld.ac.uk; tgl. 10–18 Uhr; Eintritt 5 £, Mo 10–14 Uhr Eintritt frei; Hermitage Rooms, Tel. 78 45 46 30; www.hermitagerooms.com; Eintritt 6 £; Gilbert Collection, Tel. 74 20 94 00; www.gilbert-collection.org.uk; Eintritt 5 £; Nachlässe für kombinierte Eintrittskarten zu den Sammlungen.

DESIGN MUSEUM

Inmitten der von ihm sanierten Werftanlagen auf dem südlichen Themseufer hat der Designer und Gastronom Sir Terence Conran 1989 das Design Museum in einem ehemaligen Lagerhaus für Bananen gegründet, das in den 1950er-Jahren im Bauhaustil errichtet wurde. Wech-

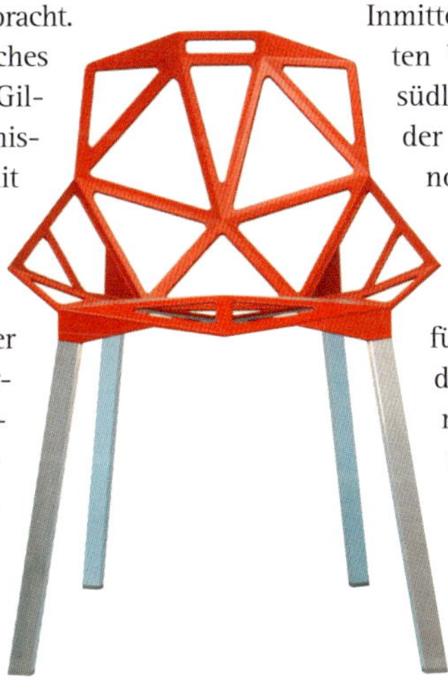

Der minimalistische Chair One von Konstantin Grcic im Design Museum

selnde Ausstellungen beleuchten Aspekte des Industriedesigns. Der Schwerpunkt der hauseigenen Sammlung liegt auf dem Stuhl, dessen Entwicklung von dem um 1860 vorgestellten Kaffeehausstuhl des Wiener Herstellers Thonet über Entwürfe von Marcel Breuer, Mies van der Rohe und Charles Eames bis Frank Gehry geschildert wird.

➤ SE1 ➤ [M 5] **Butler's Wharf, 28 Shad Thames; Tel. 0 87 08 33 99 55; www.designmuseum.org; U-Bahn: Tower Hill, London Bridge; Eintritt 7 £**

DULWICH PICTURE GALLERY

Die älteste, zu diesem Zweck erbaute Gemäldegalerie des Landes beeindruckt nicht nur durch die Qualität der Sammlung. Das zwischen 1811 und 1813 von Sir John Soane entworfene Gebäude hat der modernen Museumsarchitektur vor allem durch das raffinierte Oberlicht wichtige Impulse gegeben. Es liegt auf einem weitläufigen grünen Gelände im südlichen Vorort Dulwich neben dem renommierten Dulwich College. Ein Großteil der Bilder war ursprünglich für den polnischen König Stanislaus II. bestimmt. Er hatte die Kunsthändler Noel Desenfans und Francis Bourgeois beauftragt, eine Sammlung für ihn zu bilden. Aber der König musste 1795 abdanken, und die rund 350 Gemälde des 17. und 18. Jahrhunderts wurden stattdessen 1811 dem Dulwich College vermacht unter der Bedingung, dass sie öffentlich zugänglich sein müssten. Durch spätere Schenkungen wurde der ursprüngliche Bestand erweitert, dennoch hat das Museum seinen intimen Charakter bewahrt. Die niederländischen Maler sind besonders stark vertreten. Zu den Hauptattraktionen zählen Rembrandts »Mädchen am Fenster«, Meisterwerke von Poussin und Murillo sowie prachtvolle Beispiele der englischen Porträtmalerei.

➤ SE21 ➤ [südl. K 8] **Gallery Road; Tel. 86 93 52 54; www.dulwichpicturegallery.org.uk; Zug vom Victoria Bahnhof nach West Dulwich oder von London Bridge nach North Dulwich; Di–Fr 10–17, Sa–So 11–17 Uhr, Mo geschl. außer an Feiertagen; Eintritt 4 £**

Im Geffrye Museum bekommt man einen Überblick über englische Inneneinrichtung seit dem 17. Jahrhundert.

ESTORICK COLLECTION

Die Sammlung italienischer Futuristen gilt als die beste außerhalb Italiens. Sie wurde von dem gebürtigen Amerikaner Eric Estorick und seiner Frau in den 1940er- und 1950er-Jahren zusammengetragen. Neben Werken der führenden Futuristen, darunter Umberto Boccioni und Gino Severini, sind auch Exponate von Giorgio de Chirico, Modigliani und Morandi in den Räumen eines georgianischen Wohnhauses zu sehen.

➤ N1 ➤ [nördl. J 1] 39a Canonbury Square; Tel. 77 04 95 22; www.estorickcollection.com; U-Bahn: Highbury & Islington; Mi–Sa 11–18, So 12–17 Uhr; Eintritt 3,50 £

FREUD MUSEUM

Die mit einem iranischen Teppich überzogene Couch gehört zu den Hauptattraktionen des dem Vater der Psychoanalyse gewidmeten Museums in dem Haus, in dem er mit einem Teil seiner Bibliothek und seiner Antikensammlung Zuflucht fand, nachdem ihn die Nazis im Juni 1938 aus Wien vertrieben hatten. Mit seiner Biedermeiereinrichtung ist es ein Stück Wien im Herzen von Hampstead. Nach dem Tod von Sigmund Freud 1939 hat seine Tochter Anna die Arbeit ihres Vaters hier fortgesetzt. Als sie 1982 starb, wurde das Haus in ein Museum mit Forschungsstätte umgewandelt und 1986 eröffnet. Es finden regelmäßig Ausstellungen und Veranstaltungen statt.

➤ NW3 ➤ [nördl. C 1] 20 Maresfield Gardens; Tel. 74 35 20 02; www.freud.org.uk; U-Bahn: Finchley Road; Mi–So 12–17 Uhr; Eintritt 5 £

GEFFRYE MUSEUM

In den ehemaligen Armenhäusern der Gilde der Eisenwarenhändler ist in einer Folge von zwölf Räumen die Geschichte der britischen Einrichtung von 1600 bis zur Loftkultur von heute besonders atmosphärisch dargestellt. Auch die Gartenkultur kommt in diesem entzückenden kleinen Museum zur Geltung.

➤ E2 ➤ [L 1] 136 Kingsland Road, Shoreditch; Tel. 77 39 98 93; www.geffrye-museum.org.uk; U-Bahn: Liverpool Street, dann mit dem Bus 149 oder 242; Old Street (Ausgang 2), dann mit dem Bus 243; Di–Sa 10–17, So 12–17 Uhr; Gärten Anfang April–Ende Okt.; Eintritt frei

SEEMACHT ENGLAND 6

Barocke Bauwerke und naturwissenschaftliche Schätze locken in die ehemalige Königsresidenz Greenwich an der Themse.

Der Besuch in Greenwich ist ein Muss für das Verständnis der Seemacht England. Sieben Kilometer flussabwärts vom Tower residierte einst das Königshaus. Hier steht die alte Sternwarte, wo der seit 1884 als Basis des internationalen Koordinatensystems anerkannte Nullmeridian verläuft; hier befand sich die Marineakademie; im Trockendock dient der im Mai 2007 durch einen Brand beschädigte Teeklipper »Cutty Sark« als Symbol des britischen Welthandels im 19. Jahrhundert; und hier wurde 1937 das größte Schifffahrtsmuseum der Welt eröffnet. Aufgrund seiner architektonischen und historischen Bedeutung wurde Greenwich von der UNESCO zum Weltkulturerbe erklärt. Neben den Denkmälern und Museen locken beliebte Kneipen und Trödelläden in den malerischen Ort. Besonders reizvoll ist die Anreise auf dem Wasser.

Mit modernster Museumstechnik veranschaulicht das **National Maritime Museum,** wie die Geschichte des »gekrönten Eilands« Shakespeares von der »Silbersee« geprägt ist, die es umgibt. Galionsfiguren, Flaggen, Uniformen, Porträts, Messgeräte und Schiffsmodelle aus dem zwei Millionen Objekte zählenden Bestand sind auf thematisch angeordneten Galerien verteilt. Sie beleuchten Schwerpunkte wie das Leben Lord Nelsons, den Aufbau des Empire und die großen Entdeckungsreisen. Von der Entwicklung der Kartografie bis hin zur Bedrohung der Meere durch die Umweltverschmutzung greift das Museum auch eine Fülle von weltumfassenden Themen auf.

Weithin sichtbar ist die rote Zeitkugel von Flamsteed House, nach der die Schiffe ihre Chronometer stellten.

Nebenan im strahlend weißen **Queen's House,** dem ersten klassizistischen Bau in England, ist die Bildersammlung ausgestellt. 1616 bei Inigo Jones in Auftrag gegeben war als Refugium für Anna von Dänemark, die Gemahlin Jakobs I., wurde das Schlösschen später für Henrietta Maria, die Frau Karls I., fertiggestellt. Es diente zahlreichen Landhäusern als Vorbild.

Oben auf dem Hügel, wo den Besucher ein spektakulärer Blick auf die Themse und hinüber zur neuen Bürostadt von Canary Wharf und zum Millennium Dome erwartet, steht das 1676 von Sir Christopher Wren für

Prachtwerke des englischen Klassizismus: das Queen's House eingerahmt vom Old Royal Naval College an der Themse.

Karl II. erbaute **Royal Observatory.** Die Sternwarte im weitläufigen königlichen Park war die älteste naturwissenschaftliche Forschungsstätte des Landes. Sie wurde wegen des Smogs nach dem Zweiten Weltkrieg zunächst verlegt und 1998 geschlossen. Auf dem Dach des Backsteinbaus sitzt die rote Zeitkugel, die den Schiffen auf der Themse erlaubte, ihre Chronometer auf die mittlere Sonnenzeit am Nullmeridian einzustellen. Obwohl sie bis heute täglich hochgezogen und um Punkt 13 Uhr heruntergelassen wird, haben Atomuhren ihre Funktion übernommen. **Flamsteed House** dient jetzt als Museum für Astronomie und Navigationsinstrumente. Im Hof des benachbarten Meridian Building markiert eine Messingschiene den Meridian. Dort kann man mit beiden Füßen in zwei Hemisphären gleichzeitig stehen. Ein grüner Laserstreifen zeigt den Nullmeridian im Londoner Nachthimmel an. Neben der alten Sternwarte wirkt das nagelneue digitale Laser-Planetarium wie ein außerirdisches Raumschiff.

Drei bedeutende britische Baumeister – Christopher Wren, Nicholas Hawksmoor und John Vanbrugh – haben an der Gestaltung des imposanten **Old Royal Naval College** mitgewirkt. Dieses Barockensemble diente ursprünglich als Altersheim für Seeleute und deren Angehörige und beherbergte von 1883 bis 1998 die Marineakademie. Heute sind die Universität von Greenwich und eine Musikhochschule hier untergebracht. An derselben Stelle stand einst der Tudorpalast Placentia, in dem Heinrich VIII. und seine Tochter Elisabeth I. geboren wurden. In der vom Barockmaler James Thornhill mit allegorischen Szenen ausgeschmückten »Painted Hall«, die als Speisesaal gedacht war, wurde Nelson 1806 vor seinem Staatsbegräbnis in der St. Paul's Cathedral mit gewaltigem Aufwand aufgebahrt. Es war die letzte große Stunde von Greenwich.

➤ SE10, S. 8/9, [e 3] ➤ [östl. O 6]
National Maritime Museum, Queen's House und Royal Observatory; Romney Road; Tel. 88 58 44 22; www.nmm.ac.uk; U-Bahn: Cutty Sark oder North Greenwich und dann Bus 188; tgl. 10–17 Uhr, im Sommer 10–18 Uhr; Eintritt frei

➤ SE10, S. 8/9, [e 3] ➤ [östl. O 6] **Painted Hall, Old Royal Naval College; Tel. 82 69 47 47; www.oldroyalnavalcollege.org; tgl. 10–17 Uhr; Eintritt frei**

HANDEL HOUSE MUSEUM

Die Engländer haben Georg Friedrich Händel seines Umlauts beraubt und den Komponisten des »Messias« als George Frederick Handel zu einem der Ihren erklärt. Das Haus, das er von 1723 bis zu seinem Tod 1759 bewohnte, ist in ein kleines Museum umgewandelt worden, das anhand von Briefen, Partituren, Porträts und Stichen nicht nur ein lebendiges Bild seiner Londoner Jahre vermittelt, sondern auch Einblick in die Wohnverhältnisse jener Zeit gewährt. An der Front des Nachbarhauses vermerkt eine Plakette, dass Jimi Hendrix 1968 bis 1969 dort lebte.

➤ SW1 ➤ [E 4] 25 Brook Street (Eingang hinten in Lancashire Court); Tel. 7 74 95 16 85; www.handelhouse.org; U-Bahn: Bond Street; Di, Mi, Fr, Sa 10–19, Do 10–20, So 12–19 Uhr; Eintritt 5 £

HORNIMAN MUSEUM

In einem Juwel aus der Jugendstilzeit sind die Naturalien und Exotika zu bestaunen, die der Teehändler und leidenschaftliche Sammler Frederick John Horniman Ende des 19. Jahrhunderts von seinen fernöstlichen Reisen mitbrachte und im Londoner Handel erwarb. Die Kollektion war in seinem Privathaus ausgestellt, bevor Horniman 1898 bei Charles Harrison Townsend, dem Erbauer der Whitechapel Gallery, das Museum in Auftrag gab, das der Architekturhistoriker Nikolaus Pevsner eines der kühnsten öffentlichen Gebäude der Epoche in Großbritannien nannte. Horniman stiftete das Museum mit dem herrlichen, 6,5 Hektar großen Garten der Stadt zur Unterhaltung und Bildung ihrer Bürger. Das ursprüngliche Potpourri an zoologischen Präparaten und naturgeschichtlichen Kuriositäten, darunter ein 1886 importiertes, ausgestopftes Walross, ist durch eine ethnografische Sammlung von internationalem Rang sowie eine bedeutende Kollektion von Musikinstrumenten mit mehr als 7000 Objekten bereichert worden. Davon sind rund 1500 in der »Music Gallery« zu sehen. Auf Knopfdruck erklingen ihre Laute. Das Aquarium, das Horniman im Keller einrichten ließ, ist unlängst renoviert worden. Im viktorianischen Wintergarten finden Konzerte statt, wie überhaupt das Museum mit einem regen Veranstaltungsprogramm aufwartet. Der Garten umfasst einen kleinen Kinderzoo und bietet

Die naturgeschichtlichen Objekte des Horniman Museum, hier eine Maske aus Mali, machen auch Kindern Spaß.

weitschweifende Blicke auf die Innenstadt. Obwohl abseits gelegen, lohnt der Ausflug, zumal mit Kindern.

➤ SE23 ➤ [südl. L 8] 100 London Road, Forest Hill; Tel. 86 99 18 72; www.horniman.ac.uk; Bahnhof: Forest Hill; tgl. 10.30–17.30 Uhr; Eintritt frei

HUNTERIAN MUSEUM

Das Hirn des Mathematikers und Erfinders Charles Babbage (1791–1871), dessen mechanische Rechenmaschine als Vorläufer des Computers gilt, gehört zu den Präparaten, die im jüngst renovierten Museum der Chirurgie im stattlichen klassizistischen Quartier des Royal College of Surgeons zu besichtigen sind. Den Mittelpunkt bildet die Sammlung des Anatomen John Hunter (1728–1793), Gründer der experimentellen Pathologie in England. Was nach einem Bombenangriff von seiner riesigen Kollektion übriggeblieben ist, gibt einen faszinierenden Einblick in die Medizingeschichte. Porträts und Gemälde aus dem 18. Jahrhundert, darunter das berühmte Nashorn von George Stubbs, ergänzen nebst Operationsbesteck das Bild.

➤ WC2 ➤ [H 3] The Royal College of Surgeons of England, 35–43 Lincoln's Inn Fields; Tel. 74 05 34 74; www.rcseng.ac.uk; U-Bahn: Holborn; Di–Sa 10–17 Uhr; Eintritt frei

IMPERIAL WAR MUSEUM

Das Empire besteht zwar nicht mehr, aber der Name des Museums ist geblieben, obwohl das Imperial War Museum auch von den martialischen Verstrickungen aus der Zeit erzählt, nachdem Britannien sein Weltreich verloren hatte. 1917 – während des Ersten Weltkriegs – wurde im Kabinett beschlossen, ein Museum zu gründen, das sämtliche Aspekte des Krieges im 20. Jahrhundert beleuchten soll, damit die Schrecken dieser kriegerischen Auseinandersetzung nicht vergessen werden. Dazu gehört sowohl die Rolle des Geheimdienstes als auch der Einsatz von Tieren als Kriegshelfer, seien es Fledermäuse und Schweine oder gar Glühwürmchen. Das Museum befindet sich seit 1936 im Monumentalbau des früheren Bethlehem Royal Hospital in Lambeth. Gewaltige Kampfmaschinen, realistische Nachstellungen etwa des Lebens in einem Schützengraben des Ersten Weltkriegs oder eines Luftangriffs im Zweiten Weltkrieg und anrührende persönliche Memorabilien beschwören die Schrecken des Krieges. Auf der zweiten Etage ist die Sammlung von Kriegskunst ausgestellt, die bei neuen Konflikten durch Auftragswerke aktualisiert wird. Im dritten Stock erinnert eine Dokumentation auf erschütternde Weise an den Holocaust, die Kindern unter 14 Jahren nicht empfohlen wird.

➤ SE1 ➤ [J 6] Lambeth Road; Tel. 74 16 53 20; www.iwm.org.uk; U-Bahn: Lambeth North, Elephant & Castle; tgl. 10–18 Uhr; Eintritt frei

AUTORENTIPP Besonders zu empfehlen sind die abendlichen Besuche, die einige der großen Museen durch verlängerte Öffnungszeiten an bestimmten Tagen eingeführt haben.

MADAME TUSSAUD'S

In dem 1835 gegründeten Wachsfigurenkabinett sind die allerneuesten Stars der Big-Brother-Welt zusammen mit anderen Größen zu bestaunen, die dem Zahn der Zeit standgehalten haben. Das Gruselkabinett verewigt die widerlichsten Verbrecher, und die Londoner Geschichte wird in rasendem Tempo abgehandelt mit Tableaus, die kein Klischee scheuen. Ein Abschnitt präsentiert historische Figuren, die seit dem Mittelalter auf der Weltbühne gestanden haben. Am Eingang ist die kleine greise Gestalt Madame Tussauds postiert – eine noch von ihr selbst gefertigte Figur. Die gebürtige Straßburgerin Marie Grosholtz, die ihr Metier als Wachsbildnerin in Paris bei ihrem Onkel Philippe Curtius lernte, kam nach der Französischen Revolution mit Modellen guillotinierter Köpfe und anderen Reliquien der Schreckenszeit nach England und verstand es, den Massenmarkt anzusprechen. Jahrelang bereiste sie mit ihren Exponaten das Land, bevor sie sich in der Baker Street niederließ. Unter ihrem Enkel bezogen die Wachsmodelle ihre jetzige Bleibe. Beglückte Besucher lassen sich neben ihren Lieblingsfiguren fotografieren. Unbedingt vorher buchen, um Schlangen und übertriebene Eintrittspreise zu vermeiden. Nach 17 Uhr werden die Karten skontiert.

➤ NW1 ➤ [D/E 2] Marylebone Road; Tel. 0 87 09 99 00 46; www.madame-tussauds.co.uk; U-Bahn: Baker Street; Mo–Fr 9.30–17.30, Sa–So 9–18 Uhr; Eintritt ab 18 £

Kein Londonaufenthalt ohne Madame Tussaud's: Historische Größen findet man im Wachsfigurenkabinett ebenso wie Popikonen.

MUSEUM OF BRANDS, PACKAGING AND ADVERTISING

Der Spleen eines besessenen Sammlers, der in der Nähe der Portobello Road einen Schaukasten für die Dinge errichtet hat, die sonst meist im Müll landen. Robert Opie hortet seit seinem 16. Lebensjahr alles, was mit Marken und Konsum zu tun hat – von alten Keksdosen bis hin zu Persil-Packungen. Das Material ist witzig in klimatisierten Vitrinen präsentiert. An einzelnen Produkten wird gezeigt, wie sich eine Marke dem jeweiligen Zeitgeschmack anpasst.

➤ W11 ➤ [westl. C 1] **2 Colville Mews, Lonsdale Road; Tel. 79 08 08 80; www.museumofbrands.com; U-Bahn: Notting Hill Gate, Ladbroke Grove; Di–Sa 10–18, So 11–16 Uhr; Eintritt 5,80 £**

MUSEUM OF LONDON

Die riesige Sammlung von Gegenständen zur Geschichte Londons von prähistorischer Zeit bis in die Gegenwart erlaubt dem Museum, die Entwicklung der Stadt vor allem anhand des Alltagslebens ihrer einfachen Bewohner darzustellen. Der Lauf der Zeit wird sehr anschaulich gemacht in einer Reihe von epochenbezogenen Tableaus und Rekonstruktionen mit originalen Exponaten wie Kleidern, Kunsthandwerk, Stichen, Fotos und Zeitzeugenberichten. Der Bestand ist besonders gut ausgestattet mit römischen Funden, und es ist passend, dass das Museum nahe den Überresten der alten römischen Stadtmauer steht, auf die man einen Blick werfen kann.

➤ EC2 ➤ [K 3] **London Wall; Tel. 0 87 04 44 38 52; www.museumoflondon.org.uk; U-Bahn: Barbican, St. Paul's; Mo–Sa 10–17.50, So 12–17.50 Uhr; Eintritt frei**

NATIONAL GALLERY ✡7

Während in anderen europäischen Monarchien die königlichen Sammlungen meist den Grundstock an alten Meistern für Museen stellten, ist die National Gallery eine betont bürgerliche Gründung aus dem Jahr 1824. Der zentrale Standort des klassizistischen Gebäudes aus dem Jahr 1838 wurde gewählt, weil er für die Reichen, die in ihren Kutschen aus dem Londoner West End anfuhren, genauso zugänglich war wie für die Armen, die zu Fuß aus dem West End kamen. Mit 2300 Werken, von denen fast alle ausgestellt sind, ist die National Gallery zwar eine der kleinsten unter den großen Gemäldegalerien der Welt, aber eine der besten. Mehr oder weniger chronologisch nach den jeweiligen Schulen geordnet, erzählt sie die Geschichte der westlichen Malerei von 1250 bis 1900, von Giotto bis zum Picasso der »blauen Periode«. Für die Kunstepochen danach greifen Tate Britain und Tate Modern den Faden auf.

Im Sainsbury-Flügel links vom Hauptportal beginnt die Präsentation mit dem Aufblühen der Frührenaissance. Die Wechselwirkung zwischen Niederländern und Italienern tritt ebenso zum Vorschein wie die Entwicklung der jeweiligen italienischen Schulen. Nicht zu versäumen sind Paolo Uccellos »Schlacht von San Romano«, Piero della Francescas »Taufe Christi«, Giovanni Bellinis »Porträt des Dogen Leonardo Loredan«, Andrea Mantegnas »Christus am Ölberg« und Jan van Eycks »Arnolfini-Hochzeit«.

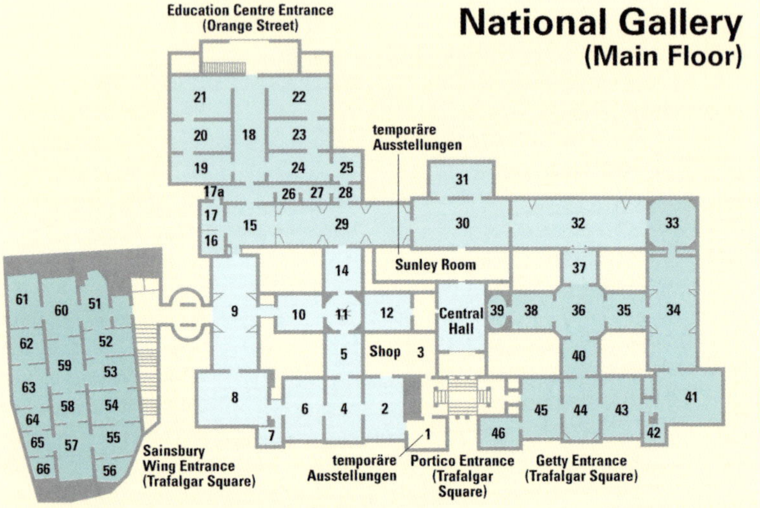

Gemälde von 1250 bis 1500

51 Ferrara und Mailand 1450-1500
52 Italien 1250-1350
53 Italien 1350-1400
54 Toskana 1400-1450
55 Italien 1400-1460
56 Niederlande 1400-1450
57 Florenz 1450-1500
58 Gemälde für Florentiner Paläste
59 Carlo Crivelli
60 Siena und Perugia 1450-1500
61 Mantua und Venedig um 1500
62 Venedig und das Veneto 1450-1500
63 Niederlande in Europa 1450-1500
64 Köln und Westfalen 1400-1500
65 Süddeutschland und Österreich
66 Piero della Francesca

Gemälde von 1500 bis 1600

2 Leonardo und Norditalien
4 Deutschland
5 Niederlande
6 Ferrara und Bologna
7 Jacopo Pontormo
8 Florenz und Rom 1500-1560
9 Veronese und Venedig 1530-1600
10 Tizian und Venedig 1500-1530
11 Joachim Beuckelaer
12 Norditalien 1500-1580
14 Niederlande
CH Tizian und Venedig 1530-1580

Gemälde von 1600 bis 1700

15 Claude Lorrain und Turner
16 früher Rembrandt und holländ. Landschaften
17 ital. beeinflusste Holländer
17a holländ. Manierismus und Blumenmalerei
18 Frankreich
19 Nicola Poussin
20 Claude Lorrain
21 holländ. Malerei 1660-1800
22 Amsterdam und holländ. Malerei 1650-1670
23 Rembrandt und holländ. Malerei 1640-1660
24 Rembrandt und holländ. Caravaggisten
25 Vermeer und Delfter Maler
26 holländ. Alltagsszenen
27 holländ. Alltagsszenen
28 Flandern
29 Peter Paul Rubens
30 Spanien
31 Anton van Dyck
32 Italien
37 Italien

Gemälde von 1700 bis 1900

33 Frankreich 1700-1800
34 Großbritannien 1750-1850
35 Hogarth und britische Malerei
36 britische Porträts 1750-1800
38 Canaletto und Guardi
39 Spanien und Venedig 1700-1800
40 Italien 1700-1800
41 Akademiemitglieder und Landschaftsmaler
42 Freilichtmalerei
43 Manet, Monet und die Impressionisten
44 Seurat und Pissaro
45 Cézanne, Gaugin und van Gogh
46 Degas und Kunst um 1900

Ein Übergang verbindet diese Räume mit dem Westflügel im Hauptbau und schlägt die Brücke zu Leonardo da Vincis »Felsgrottenmadonna«, Tizians »Bacchus und Ariadne« und Holbeins »Die Gesandten«. Im Nordflügel hängen Schlüsselwerke des 17. Jahrhunderts wie die »Venus mit Spiegel« von Velázquez, Caravaggios »Abendmahl in Emmaus«, Rembrandts »Selbstbildnis mit 34 Jahren«, Aelbert Cuyps »Flusslandschaft«, Anton van Dycks Reiterstandbild Karls I. und Claude Lorrains »Hafen mit der Einschiffung der Königin von Saba«.

Die letzte Reise des Kriegsschiffs »Temeraire« inszenierte der Maler J. M.W. Turner als Abgesang auf eine vergangene Epoche.

Das 18. und das frühe 19. Jahrhundert trumpfen im Ostflügel mit französischen Rokokowerken von Boucher, Fragonard und Watteau auf, mit Turners »Kriegsschiff Temeraire«, einem Abgesang auf die vom Industriezeitalter überholte alte Welt, mit Constables »Heuwagen« und Stubbs' lebensgroßem Porträt von Lord Rockinghams Rennpferd »Whistlejacket«. Auf den kühlen Klassizismus von Ingres und den Realismus von Courbet folgen die Impressionisten und die Werke des frühen 20. Jahrhunderts, unter denen Renoirs »Regenschirme«, Manets Bilderzyklus zur »Hinrichtung des Kaisers Maximilian«, van Goghs »Sonnenblumen« und schließlich Cézannes »Badende« hervorzuheben sind, die auf Picasso so nachhaltend gewirkt haben.

Leicht zu übersehen sind im Flur des Treppenaufstiegs vom Haupteingang zur »Central Hall« die ausgefallenen Bodenmosaiken des russischen Künstlers Boris Anrep, auf denen Figuren wie Virginia Woolf, Greta Garbo, T. S. Eliot, Winston Churchill, Albert Einstein und die Dichterin Anna Achmatowa als Musen und »Moderne Tugenden« erscheinen.

➤ WC2, S. 8/9, [c 3] ➤ [G 4] Trafalgar Square; Tel. 77 47 28 85; www.nationalgallery.org.uk; U-Bahn: Charing Cross, Leicester Square; tgl. 10–18, Mi 10–21 Uhr; Eintritt frei

NATIONAL MARITIME MUSEUM

(→ Spezial, S. 180)

NATIONAL PORTRAIT GALLERY

Der Wunsch, die eigene Geschichte zu feiern und zu dokumentieren, liegt der Bildung dieses Walhallas für die großen

Briten zugrunde. Mit dieser nationalen Ahnengalerie wollten die Viktorianer ihrer Vergangenheit ein Gesicht geben und die Besucher zur Nachahmung motivieren. Nach langen Debatten kam die Gründung schließlich 1856 zustande. Die erste Akquisition war das sogenannte Chandos-Porträt William Shakespeares, des englischen Nationaldichters. Erst 1895 erhielt die Sammlung dank einer Spende eine bleibende Unterkunft in dem von Ewan Christian im florentinischen Renaissancestil errichteten Neubau. Von Anfang an war die Bedeutung der Person und nicht der künstlerische Rang das Kriterium für die Aufnahme von Bildern in die Sammlung. Dennoch befinden sich unter den Darstellungen von Monarchen, Staatsmännern, Feldherren, Dichtern, Sportlern, Wissenschaftlern und anderen Prominenten auch Meisterwerke, mit denen sich jedes Museum gern zieren würde, allen voran Holbeins Bildnis des aufgedunsenen, vor ungehobelter Vitalität strotzenden, aber verschlagenen Heinrichs VIII. auf dem Karton für ein verlorenes Fresko. Der Besuch fängt im obersten Stockwerk bei den Tudors an und führt durch die Etagen und Epochen, bis man auf der Straßenebene bei den prominenten Persönlichkeiten der Gegenwart anlangt. Besonders aufschlussreich ist allerdings die Darstellung von Charakteren der viktorianischen Ära.

➤ WC2 ➤ [G 4] St. Martin's Place; Tel. 73 06 00 55; www.npg.org.uk; U-Bahn: Leicester Square, Charing Cross; tgl. 10–18, Do–Fr bis 21 Uhr; Eintritt frei

NATURAL HISTORY MUSEUM

(→ S. 161)

ROYAL ACADEMY OF ARTS

Die königliche Kunstakademie besitzt eine eigene Sammlung, deren Glanzstück das »Taddei Tondo« ist, jenes Marmorrelief der Jungfrau Maria mit Jesus und dem Knaben Johannes, das Michelangelo um 1505 für den Florentiner Mäzen

Wer sich für Astronomie, Elektronik, Navigation, Luftfahrt oder Fotografie interessiert, ist im Science Museum gut aufgehoben.

Taddeo Taddei schuf. 1768 gegründet als erste Kunstschule des Landes, übt die Royal Academy of Arts diese Funktion bis heute aus. Sie zählt führende Architekten, Maler und Bildhauer zu ihren Mitgliedern. Im Innenhof von Burlington House, dem ehemaligen Stadtpalais des Grafen Burlington, das die Akademie 1868 bezogen hat, steht das Denkmal ihres ersten Präsidenten Sir Joshua Reynolds (1723–1792), dem einflussreichsten englischen Maler des 18. Jahrhunderts. Die regelmäßig stattfindenden Sonderausstellungen zählen zu den wichtigsten Attraktionen des Londoner Kunstlebens.

➤ SW1 ➤ [F 4] Burlington House, Piccadilly; Tel. 73 00 80 00; www.royalacademy.org.uk; U-Bahn: Piccadilly, Green Park; Sa–Do 10–18, Fr 10–22 Uhr; Eintritt zu den Ausstellungen gebührenpflichtig

SCIENCE MUSEUM

Es brummt und knallt im Science Museum vor lauter interaktiver Installationen,

die Groß und Klein begeistern. Sie informieren über die Errungenschaften und Aufgaben von Naturwissenschaft und Technik auf allen Gebieten, angefangen mit der frühen Astronomie und der Erfindung der Dampfmaschine im 18. Jahrhundert, die die industrielle Revolution ermöglichte, über die Mondlandung bis hin zu den neuesten Durchbrüchen in der Genforschung. Im 19. Jahrhundert fürchtete Prinz Albert, dass Großbritannien als Industrienation zurückfallen würde, wenn die Bevölkerung sich nicht stärker mit den Naturwissenschaften vertraut mache. Das 1875 gegründete Science Museum, das bis 1909 zum Victoria and Albert Museum gehörte und erst 1928 in ein eigenes Gebäude zog, stellt sich der Aufgabe, das Interesse der Öffentlichkeit für Forschung und Technik zu fördern.

Es richtet sich sogar an Kleinkinder, für die nach der wunderbaren Devise »Lernen durch Spielen« im Keller allerlei Vergnügliches bereitsteht. Sammelstücke wie Thomas Wrights mechanisches Modell des Sonnensystems, George Stephensons Dampflokomotive von 1829, Charles Babbages »Differenzmaschine 1« von 1832, der Vorläufer des Computers, oder das Flugzeug, das die berühmte englische Pilotin Amy Johnson 1930 allein nach Australien beförderte, halten Schlüsselmomente des Fortschritts fest. Der ultramoderne Wellcome Wing, in dem auf vier Ebenen aktuelle Wissenschaftsnachrichten ebenso aufgegriffen werden wie die Medizingeschichte, der neueste Wissensstand in der Hirnforschung oder die jüngste Entwicklung in der Digitaltechnologie, ist ein Beispiel für das Ziel, komplizierte Vorgänge verständlich zu machen. Davon zeugt auch der Besucherandrang. Der Museumsshop ist besonders gut sortiert.

➤ SW7 ➤ [C 6] Exhibition Road; Tel. 0 87 08 70 48 68; www.sciencemuseum.org.uk; U-Bahn: South Kensington; tgl. 10–18 Uhr; Eintritt frei

SIR JOHN SOANE'S MUSEUM

Wer einen Sinn für das Skurrile und das Fantastische hat, wird vom wunderlichen Wohnhaus des Architekten Sir John Soane (1753–1837) an der Nordseite von Lincoln's Inn Fields fasziniert sein.

Soane war der Sohn eines Maurers, der sich zu einem der führenden Baumeister seiner Zeit hochgearbeitet hat, auch wenn er nicht immer als solcher erkannt wurde. Nur wenige wissen, dass die alten roten Telefonzellen aus den 1920er-Jahren, die längst unter Denkmalschutz stehen, von Soanes Architektur inspiriert wurden. Sein wichtigster Auftrag war die Bank von England, die er, von antiken römischen Vorbildern angeregt, in seinem eigenwilligen klassizistischen Stil erweiterte. Aber die von ihm entworfenen Innenräume fielen dem Umbau zwischen den beiden Weltkriegen zum Opfer, und zahlreiche andere Projekte von Soane wurden ebenfalls abgerissen. Sein eigenes Haus ist sein größtes Vermächtnis. Vollgestopft mit antiken Vasen, Skulpturen, Gemmen, Bildern, architektonischen Fragmenten, Büchern, Gemälden und Kuriositäten, bietet es einen einzigartigen Einblick in diesen bizarren Kopf der Aufklärung.

Der Architekt John Soane gestaltete sein Wohnhaus als Schatzkammer für seine Kunstsammlung und vermachte es dem Staat.

Zwischen 1792 und 1837 hat John Soane drei nebeneinander stehende Häuser nach seinen Vorstellungen gestaltet. Nicht nur der geradezu besessene Sammlergeist, sondern auch die Essenz seiner Architektur ist in diesen labyrinthischen Räumen enthalten. Versteckte Öffnungen, Kuppeln, konvexe Spiegel und gefärbte Glasfenster zeugen vom spielerischen Umgang mit Licht und der Vorliebe für optische Täuschungen. Besonders effektvoll in Szene gesetzt wird das Interieur mit Kerzenlicht am ersten Dienstagabend jeden Monats von 18 bis 21 Uhr. Zu den Glanzpunkten der Sammlung gehören in der Gruft der Alabastersarkophag von Pharao Seti I., der 1817 in Ägypten ausgegraben wurde, sowie bedeutende Kunstwerke von Hogarth, Canaletto, Piranesi und Turner. Soane hat sein Haus dem Staat vermacht als Museum für »Amateure und Studenten« mit der Auflage, es so weit wie möglich in seinem Originalzustand zu erhalten. Daran haben sich die Kuratoren nicht immer gehalten. In den letzten Jahren aber wurde versucht, die ursprüngliche Ausstattung wiederherzustellen. Die Räume wirken nun, als habe Soane sie nur für einen kurzen Moment verlassen.

➤ WC2 ➤ [H 3] 13 Lincoln's Inn Fields;
Tel. 74 05 21 07; www.soane.org;
U-Bahn: Holborn, Chancery Lane;
Di–Sa 10–17, am ersten Di jeden Monats 18–21 Uhr; Eintritt frei

TATE BRITAIN

Im Jahr 1897 vom Zuckerfabrikanten Henry Tate gestiftet, mühte sich die Tate Gallery 100 Jahre lang mit ihrer Doppelrolle als Nationalgalerie für britische Kunst und als Museum für die internationale Moderne ab. Mit der Eröffnung von Tate Modern konnte das Museum in Millbank zu seiner ursprünglichen Bestimmung als Verwahrer der britischen Kunst von 1500 bis zur Gegenwart zurückkehren. In diesem Sinne erhielt es den Namen Tate Britain. Überschneidungen mit Tate Modern ließen sich allerdings nicht vermeiden, schließlich verdienen Künstler wie David Hockney, Rachel Whiteread oder Lucian Freud, an beiden Orten vertreten zu sein. Da jeweils nur Platz ist für die Ausstellung eines Teils der Bestände, werden die Exponate regelmäßig umgehängt. Die Sammlung bildet die Geschichte der britischen Malerei thematisch gebündelt ab. Ein besonderes Augenmerk gilt dabei den wichtigsten Künstler und Strömungen wie Hogarth, Stubbs, Blake, Reynolds, Gainsborough, Constable, die Präraffaeliten, Francis Bacon, Pop-Art oder Damien Hirst. In der 1987 von James Stirling gebauten Clore Gallery ist der dem Staat vermachte Nachlass von William Turner (1775–1851) untergebracht, der alle Peri-

oden und Aspekte seines Schaffens enthält. Die das Gebäude von Süden nach Norden wie ein Kirchenschiff durchziehenden Duveen Galleries dienen als Schaukasten für die Skulptur.

➤ SW1 ➤ [G 7] Millbank; Tel. 78 87 80 08; www.tate.org.uk; U-Bahn: Pimlico; tgl. 10–17.50, am ersten Fr jeden Monats 18–21 Uhr; Eintritt frei bis auf Sonderausstellungen

TATE MODERN 8

Im ehemaligen Kraftwerk Bankside Power Station eingerichtet, einem massiven Backsteinbau, der zwischen 1947 und 1963 errichtet wurde, um die City mit Strom zu versorgen, gehört Tate Modern seit der Eröffnung im Jahr 2000 zu den international meistbesuchten Museen für moderne Kunst. Der Rundgang ist eine Art Happening, neben dem die Sammlung mitunter eine zweitrangige Stellung einzunehmen scheint. Die Schweizer Architekten Jacques Herzog und Pierre de Meuron haben dem Kraftwerk ein neues Gesicht gegeben und dabei den Industriecharakter bewahrt. Ihr Umbau wird gekrönt von einem zweistöckigen gläsernen Aufbau, der an der Flussseite einen 140 Meter langen Lichtstrahl bildet.

Man erreicht die Galerie von Osten kommend über die von Norman Foster und dem Bildhauer Anthony Caro entworfene Millennium-Fußgängerbrücke, der ersten neuen Themseüberquerung seit 1894. Im Volksmund erhielt sie den Spitznamen »wobbly bridge«, weil sie bei der Einweihung unter dem Ansturm der vielen Menschen leicht schwankte. Dieses statische Problem ist inzwischen behoben worden. Von Westen her kommt man über eine Rampe in die gewaltige Turbinenhalle, für die sich führende zeitgenösische Künstler in jährlichem Turnus aufsehenerregende Installationen ausdenken. Die permanente Sammlung der Kunst

Tate Britain ist die weltweit größte Sammlung britischer Kunst vom 16. Jahrhundert bis zur Gegenwart.

Das ehemalige Kraftwerk ist Sitz der Tate Modern, das britische Museum für Moderne Kunst von 1900 bis zur Gegenwart (S. 193).

nach 1900 ist auf zwei Etagen in einer Reihe von Displays arrangiert, die nach vier zentralen Kunstströmungen gegliedert sind: Surrealismus, Minimalismus, die Abstraktion der Nachkriegszeit sowie die drei miteinander verketteten Bewegungen Kubismus, Futurismus und Vortizismus als spezifisch englischer Beitrag zur Moderne. In diese Arrangements sind monografische Betrachtungen von Künstlern wie Francis Picabia, Josef Beuys oder Mark Rothko gestreut und finden sich überraschende Gegenüberstellungen von Schlüsselfiguren aus unterschiedlichen Epochen wie Anish Kapoor mit Barnett Newman und Francis Bacon mit Louise Bourgeois.

Die Architekten Herzog und de Meuron arbeiten bereits an einem Erweiterungsbau in Form einer Glaspyramide, deren Eröffnung für das Olympiajahr 2012 geplant ist.

➤ SE1, S. 8/9 [c 3] ➤ [J 4/5] Bankside; Tel. 78 87 88 88; www.tate.org.uk; U-Bahn: Southwark, Blackfriars; So–Do 10–18, Fr–Sa 10–22 Uhr; Eintritt frei bis auf Sonderausstellungen

VICTORIA AND ALBERT MUSEUM

Das größte Kunstgewerbemuseum der Welt wurde 1852 gegründet, um den Geschmack der Öffentlichkeit zu bilden und das britische Industriedesign durch das Beispiel der angewandten und dekorativen Künste zu fördern. Mit dem Gewinn, den die Große Weltausstellung von 1851

AUTORENTIPP Während der Öffnungszeiten von Tate Britain und Tate Modern fährt alle 40 Minuten ein Katamaran, gestaltet vom Künstler Damien Hirst, von Millbank nach Bankside und umgekehrt. Vor Tate Britain haben David Marks und Julia Barfield, die Architekten des »London Eye« einen stählernen Steg entworfen, dessen Effekt bei Dunkelheit durch eine Lichtinstallation der Künstlerin Angela Bulloch gesteigert wird. Der Fährdienst von Thames Clippers macht am Waterloo Pier beim Riesenrad »London Eye« Station. Die Fahrt zwischen den beiden Museen bietet eine hervorragende Gelegenheit, das Londoner Stadtbild vom Fluss wahrzunehmen. Fahrkarten sind in Tate Modern und Tate Britain erhältlich, aber auch an Bord (Tel. 78 58 44 22; www.thamesclippers.com).

abwarf, wurde in South Kensington ein Geviert von 35 Hektar erworben, auf dem Institute der Wissenschaft, Bildung und Kunst einen Kulturkomplex bilden sollten. Dieses nach Königin Viktorias Gemahl benannte »Albertopolis«, das auch das Naturkundemuseum sowie das Imperial College und das Royal College of Music einschloss, wurde nur zum Teil verwirklicht. Das Kunsthandwerksmuseum war anfangs in mehreren Gebäuden untergebracht, von denen einige in den Neubau von Aston Webb integriert wurden, für den Königin Viktoria 1899 den Grundstein legte. Ihr Sohn Eduard VII. eröffnete 1909 das Museum, das die Namen seiner Eltern trägt.

Die kaum zu bewältigende Fülle der Objekte ist in einer Reihe von Galerien teils nach Ländern und Kulturen, teils nach Epochen und teils nach Materialien oder Themen wie Glas, Keramik, Textilien, Metallarbeit, Mode oder Fotografie geordnet. Die Räume werden nach und nach erneuert.

In der neuen Islamischen Galerie bildet der fast 60 Quadratmeter große Ardabil-Perserteppich aus dem 16. Jahrhundert den Mittelpunkt. Zu den beliebtesten Exponaten gehören in den »British Galleries« das riesige Bett von Ware, das schon bei Shakespeare vorkommt, und in der Indien-Abteilung »Tippoos Tiger«, ein mechanisches Orgelspiel, das sich ein indischer Fürst im 18. Jahrhundert fertigen ließ. Man hört die Schmerzensschreie eines Europäers, der von einem lebensgroßen Tiger zerfleischt wird.

In der »Raphael Gallery« sind die Entwürfe Raffaels für die Wandteppiche in der Sixtinischen Kapelle ausgestellt. Die Skulpturensammlung ist besonders reich bestückt. Miniaturen, Juwelen, chinesische Vasen, eine Gipsothek mit Abgüssen von weltberühmten Bildhauerwerken, feinste Goldschmiedearbeiten, Meißener Porzellan, japanische Lackkunst, Kostbarkeiten wie die Schatulle aus Limosiner Emaille für die Reliquien Thomas Beckets oder ein Paar knieender Lindenholzengel von Tilman Riemenschneider – das Museum ist eine unerschöpfliche Schatztruhe.

➤ SW7 ➤ [C 6] **Cromwell Road; Tel. 79 42 20 00; www.vam.ac.uk; U-Bahn: South Kensington; tgl. 10–17.45 Uhr, Mi und am letzten Fr des Monats 10–22 Uhr; Eintritt frei bis auf Sonderausstellungen**

WALLACE COLLECTION

Der Herzog von Manchester ließ sich 1776–1788 dieses Stadtpalais bauen, weil die Entenjagd in der Gegend besonders ergiebig war. Es ist vor allem berühmt für die dekorative Kunst des französischen Rokoko, die verschiedene Generationen der Marquis von Hertford gesammelt haben. Die bedeutendsten Stücke wurden im 19. Jahrhundert vom vierten Marquis erworben, der zurückgezogen in Paris lebte. Die Witwe seines unehelichen Sohns Sir Richard Wallace vermachte die Sammlung 1897 dem Staat, der das Haus erwarb und es als Museum eröffnete. Die Einrichtung der Residenz ist mit Möbeln der großen französischen Ebenisten des 18. Jahrhunderts, mit Bronzen, Gobelins, Sèvres-Porzellan, kostbaren Dosen und Gemälden von Watteau, Boucher und Fragonard im opulenten Stil der Zeit erhalten worden. In der großen Gemäldegalerie hängen Werke von Gainsborough, van Dyck, Reynolds sowie der (gar nicht) »Lachende Kavalier« von Frans Hals, Poussins wunderbare Allegorie vom Tanz des Lebens und die rätselhafte »Dame mit dem Fächer« von Velázquez. Nennenswert sind neben der Rüstungssammlung auch die niederländischen und flämischen Meister des 17. Jahrhunderts.

➤ W1 ➤ [E 3] Hertford House, Manchester Square; Tel. 75 63 95 00; www.wallacecollection.org; U-Bahn: Bond Street; Mo–Sa 10–17, So 12–17 Uhr; Eintritt frei

WELLCOME COLLECTION

Sir Henry Wellcome (1853–1936) war ein Unternehmer, Pionier und Gönner aus dem mittleren Westen Amerikas, der in England eine pharmazeutische Firma gründete. Mit seinem Vermögen bildete er eine riesige Sammlung von Objekten, die die Medizin aus naturwissenschaftlicher, historischer und künstlerischer Perspektive beleuchten. Antike Liebeswerkzeuge, Napoleons Zahnbürste, Bilder von Hieronymus Bosch, Picasso und zeitgenössischer Künstler zählen zu den Exponaten, die, anregend, lehrreich und fantasievoll dargeboten, seit Juni 2007 in dem spektakulär umgebauten 1930er-Bau seiner Stiftung zu besichtigen sind.

➤ NW1 ➤ [F 2] 183 Euston Road; Tel. 76 11 22 22; www.wellcomecollection.org; U-Bahn: Euston, Euston Square; Mo–Mi, Fr, Sa 10–18, Do 10–22, So 11–18 Uhr, 24.–26. Dez. geschl.; Eintritt frei

WHITECHAPEL ART GALLERY

Die Gründer der Whitechapel Art Gallery gehörten zu den viktorianischen Philanthropen, die an die zivilisierende Kraft der Bildung glaubten. Durch die Berührung mit der Kunst hofften sie das Elend der Armen im Londoner East End zu mindern. In der 1899 von Charles Harrison Townsend, dem Architekten des Horniman Museum, zu diesem Zweck gebaute finden wichtige Ausstellungen moderner und zeitgenössischer Kunst statt.

➤ E1 ➤ [M 3] 80–82 Whitechapel High Street; Tel. 75 22 78 88; www.whitechapel.org; U-Bahn: Aldgate East; Di–So 11–18, Do 11–21 Uhr; Eintritt frei

Den Besucher des Victoria and Albert Museum, des größten Kunstgewerbemuseums der Welt, erwarten unermessliche Schätze (S. 194).

FOKUS

Noblesse oblige: In London kann sich ein Gentleman seine Anzüge noch schneidern lassen, und adligen Großgrundbesitzern gehören bis heute ganze Stadtviertel. Multikulti herrscht in Spitalfields, dem Schmelztiegel im Osten der Stadt, die man auch auf den Spuren von Agent 007 erkunden kann. Selbst an unscheinbaren Fassaden erinnern blaue Plaketten an berühmte Bewohner. Und was verbindet viele Londoner? Die Passion für das Cricketspiel.

Savile Row – Eleganz für den Gentleman 201
Spitalfields 203
Ein Relikt aus Feudalzeiten – die Großgrundbesitzer 204
SPEZIAL Sibyllinische Spielregeln 206
Spione, die aus der Kälte kommen 209
Stadtbesichtigung – der 11er-Bus 211
Gedenken und Erinnerung 212

Keine andere Sportart wird weltweit so sehr mit England identifiziert wie Cricket (S. 206).

Harry Errington, einer der führenden Meisterschneider von Savile Row, begann seine Laufbahn vor dem Zweiten Weltkrieg in der Firma seines Onkels Errington and Whyte.

LONDONER BESONDERHEITEN

Das ständige Wechselspiel zwischen Vergangenheit und Gegenwart, Fortschritt und Tradition kennzeichnet das Wesen der Themsemetropole. Feudale Sitten überleben. Trotzdem floriert das Neue.

SAVILE ROW – ELEGANZ FÜR DEN GENTLEMAN

Hinter den Fassaden der Maßschneidereien von Savile Row, wo Vornehmheit und Zurückhaltung zum Berufsethos gehören, vermutet man zuallerletzt Züge von pöbelhafter Aufsässigkeit. Doch ist es noch gar nicht so lange her, dass die Zuschneider, Näher und Appreteure zum Demonstrieren gingen. Adrett säumten die Vertreter der Zunft die Straße und hielten statt Flugblättern die Utensilien ihres Metiers in der Hand – Scheren, Maßbänder und Stoffballen. Nicht zum ersten Mal in ihrer Geschichte bangt die Innung um ihre Existenz. Sie muss sich gegen steigende Mieten, Gewerbeabgaben und Massenhersteller wehren, die den Charakter der Straße verändern.

Um 1730 auf dem Gemüsegarten des Grafen Burlington angelegt, in dessen Stadtpalais heute die Royal Academy residiert, ist Savile Row ein Synonym für den elegant gekleideten Gentleman. In den holzgetäfelten Geschäften, die Kaiser, Großherzöge, Maharadschas, Präsidenten, Filmstars und Boulevardiers zu ihrer Klientel zählen, wird das Understatement auffällig unauffällig zur Schau gestellt. Damit verbindet sich eine Weltanschauung. Seit der Regency-Zeit, als der Dandy Beau Brummell durch Mayfair flanierte und die elegante Schlichtheit seiner Garderobe zum Maßstab für die hohe Gesellschaft wurde, verkörpert Savile Row den in aller Welt nachgeahmten »style anglais«. Vertreter der Branche vergleichen sich gerne mit den Champagnerherstellern, die den Begriff rechtlich schützen ließen, um sich von anderen Schaumweinen abzugrenzen.

Das Prestige des Viertels zieht neue Pächter an, über die Alteingesessene die Nase rümpfen. Die Geschäfte an der Ostseite, zu denen führende Namen wie Henry Poole & Co, Huntsman, Hardy Amies und Gieves & Hawkes gehören, betrachten die gegenüberliegende Konkurrenz mit der Missbilligung, die der Geldadel dem Parvenü entgegenbringt. Aber derartige Snobismen berühren die Immobilienbesitzer nicht. Die Nachfrage veranlasst sie nicht nur, die Mieten zu erhöhen, sondern auch die alten Werkstätten den Bedürfnissen moderner Geschäfte und Büros anzupassen, um ihre Erträge weiter zu steigern. Die großzügigen Räumlichkeiten am Ende der Straße sind von der New Yorker Architektin Annabelle Seldorf für den amerikanischen Trendsetter Abercrombie & Fitch umgestaltet worden, dessen verwaschene Jeans Welten entfernt sind vom exklusiven Stil der Maßschneider. Das edle Handwerk wird verdrängt durch Boutiquen, der von Hand genähte Anzug weicht der Konfektionsware und das schlichte Etikett, das ähnlich der Signatur eines alten Meisters Tag, Monat und Jahr der Herstellung vermerkt, wird durch ein Modelabel ersetzt.

In ihrer Glanzzeit um 1880 fertigte allein die Firma Poole 12 000 Maßanzüge im Jahr an, heute beläuft sich die gesamte Produktion der übriggebliebenen Maßschneider auf 10 000 Anzüge mit einem Mindestpreis von rund 2500 Pfund. Selbst Prinz Charles soll Maßkonfektion kaufen, also nach einem Standardmuster gefertigte und angepasste Ware und nicht den sogenannten »bespoke«-Artikel, der speziell auf eine Person zugeschnitten ist. Sein ehemaliger Schneider Anderson & Sheppard, in dessen Verkaufsraum Fred Astaire darum bat, den Teppich aufzurollen, damit er auf dem Parkettboden ein paar Schritte tanzen könne, um die Passform seines Anzugs zu prüfen, gehört zu den Opfern der Mieterhöhungen. Die Firma musste um die Ecke ziehen in die Old Burlington Street.

Die Geringschätzung der Häuser auf der Ostseite für die gegenüberliegenden Ausstatter rührt unter anderem daher, dass diese ihre Ware nicht von hochqualifizierten Kräften an Ort und Stelle herstellen lassen, deren Ausbildung bis zu acht Jahre in Anspruch nimmt, sondern im Fernen Osten, in Rumänien oder in Portugal. Eine Gesetzesänderung in den späten 1980er-Jahren hat dieser Entwicklung Vorschub geleistet. Bis dahin genossen die Schneidereien als Leichtindustrie im Unterschied zu den Büroflächen Mietschutz. Die Regierung Thatcher aber hob diese Regelung auf und öffnete somit den Immobilienspekulanten Tür und Tor.

Seit 1785 gibt es Gieves and Hawkes. Ursprünglich ließen sich dort vorwiegend Marineoffiziere ihre Uniformen anfertigen.

Die Stadtverwaltung von Westminster hat jüngst auf die Grundstücksbesitzer eingewirkt, um den Verlust einer der ältesten Institutionen des Landes zu verhindern. Das Empire und die Industrialisierung, die die Stoffproduktion verbilligte, haben Savile Row zum Aufstieg verholfen. Seither musste die Zunft stets die Tradition wahren und mit dem Zeitenwandel Schritt halten. Es gab immer wieder Erneuerungsversuche, am eklatantesten in den 1960er-Jahren, als Tommy Nutter mit seinen breiten Aufschlägen und Schlaghosen Kunden wie Mick Jagger und die Beatles nach Savile Row lockte. Und jetzt rufen jüngere Köpfe wieder nach Modernisierung. Aber das Herzblut von Savile Row ist das Handwerk der alten Schule. Damit steht und fällt das Ansehen der Straße, deren

Schicksal geradezu sinnbildlich ist für eine zwischen Vergangenheit und Gegenwart gefangene Nation.

SPITALFIELDS 9

Das Haus an der Ecke Brushfield Street/ Gun Street steht seit mehr als 200 Jahren. Kürschner, Diamantenschneider, Stiefelmacher und Leinenhändler haben es im Laufe der Zeit bewohnt. Im ausgehenden 19. Jahrhundert hatte die ungarisch-jüdische Hutmacherin Amelia Gold hier in Spitalfields ihr Geschäft gegenüber dem Viktualienmarkt, für den Karl II. 1682 die Lizenz erteilte. Das hübsch gemalte Ladenschild »A. Gold French milliner« weckt wie so viele beredte Überbleibsel in den Straßen rundherum Neugier auf das, was einmal gewesen ist. Inzwischen verkauft ein junges Ehepaar dort, wo Amelia Gold einst ihre Hutmodelle ausstellte, englische Feinkost. Ihren Namen haben die neuen Besitzer für ihr modisch-altmodisches Unternehmen übernommen.

Von den Römern gegründet, von den Sachsen und Normannen ausgebaut und durch immer neue Zuströme geprägt, ist London seit jeher eine Einwandererstadt. Nirgendwo wird das so augenscheinlich wie in Spitalfields, dem Schmelztiegel im Osten der Metropole. Das Viertel verdankt seinen Namen einem mittelalterlichen Kloster, das wegen seiner Krankenpflege im Volksmund als »St. Mary Spital« bekannt wurde. Nach seiner Auflösung im 16. Jahrhundert wurden die Felder rundherum bebaut – daher Spitalfields.

Die erste große Einwanderungswelle kam, als Ludwig XIV. 1685 das Edikt von Nantes widerrief, das den Protestanten in Frankreich fast 100 Jahre Toleranz zugesichert hatte. In Spitalfields, wo Ausländer bereits im 14. Jahrhundert in der Bekleidungsbranche tätig waren, fanden zahlreiche hugenottische Seidenweber Zuflucht. Die eleganten georgianischen Häuser der Tuchhändler in Fournier Street, Folgate Street und Elder Street zeugen von ihrem Wohlstand, der jedoch nur von kurzer Dauer war. Schon Ende des 18. Jahrhunderts, als mechanische Herstellungsmethoden das feine Handwerk der Seidenweber zu verdrängen begannen, fiel das Viertel in Elend. 1860 versetzte die Aufhebung von Zollgebühren für die Einfuhr französischer Seide der Industrie den Todesstoß.

Die mit offenem Kamin geheizten, von Kerzen beleuchteten Räume, die der Amerikaner Dennis Severs in seinem Museum in der Folgate Street inszeniert hat wie eine Filmkulisse, lassen die Epochen des Aufschwungs und des Elends bis hin zu den Gerüchen wiederaufleben. Auf die Hugenotten folgten Mitte des 19. Jahrhunderts die Iren, die der Hunger nach England trieb, und nach ihnen kamen die Juden auf der Flucht vor den Pogromen im zaristischen Russland. Überall trifft man noch auf die Spuren, die sie in dem Viertel hinterlassen haben, bevor sie sich den Immigrantentraum von einem besseren Leben erfüllen konnten und in angenehmere Gegenden zogen. An die Stelle des jüdischen East End mit seinen Kleidermärkten, Schneidereien, Bagelbäckereien und Synagogen traten in den 1960er-Jahren die bengalischen Einwanderer, die in den sogenannten »sweatshops« oder schweißtreibenden Fabriken

der Bekleidungsindustrie beschäftigt wurden und in Slumwohnungen hausten. Aus Spitalfields wurde im Volksmund »Banglatown«. In der Brick Lane, benannt nach den Brennöfen für Backsteine, die im 16. Jahrhundert in der Nachbarschaft qualmten, funkeln jetzt die Neonlichter der Curryhäuser. Der süße Duft asiatischer Gewürze hat den Malzgeruch verdrängt, der hier bis 1989 drei Jahrhunderte lang aus der Brauerei in der Brick Lane wehte. Selbst die Straßenschilder sind hier in Urdu geschrieben.

Nichts macht die Vielschichtigkeit von Spitalfields so anschaulich wie die Moschee an der Ecke von Brick Lane und Fournier Street. 1742 bauten sich die Hugenotten hier eine Kirche, die später als Methodistenkapelle diente. 1898 wurde sie zu einer Synagoge umgewidmet und in den 1990er-Jahren zu einer Moschee.

Inzwischen halten neue Mieter in Spitalfields Einzug: ausgefallene Boutiquen, Galerien und Cafés. Die verfallenen Tuchhändlerhäuser werden von Künstlern und Bankern renoviert; die jüdische Suppenküche in der Brune Street ist heute ein fesches Apartmenthaus; ein Teil des alten Marktes ist einem Bürogebäude von Norman Foster gewichen; neben »A. Gold« betreibt die Schriftstellerin Jeanette Winterson im Erdgeschoss ihres Hauses den Delikatessenladen Verde's, und die über dem Viertel thronende Christuskirche erstrahlt in neuem Glanz. 1729 von Nicholas Hawksmoor erbaut – als demonstratives Zeichen anglikanischer Vormacht inmitten der anderen Konfessionen, die sich zur Beunruhigung der Behörden in dem Viertel behaupteten – war die Kirche 1957 derart verfallen, dass keine Gottesdienste mehr stattfinden konnten. Eine Zeit lang diente sie als Herberge für obdachlose Alkoholiker, bis die Gelder für die Renovierung aufgebracht waren. Heute ist sie ein Wahrzeichen der Regenerierung von Spitalfields. Das flotte Nebeneinander von Alt und Neu, von Armut und Wohlstand, von Trödel und edlem Handwerk macht den Charakter des vibrierenden Viertels aus.

EIN RELIKT AUS FEUDALZEITEN – DIE GROSSGRUNDBESITZER

Der Traum vom Eigenheim wirkt sich in vielerlei Weise auf das Leben der Nation

Das Privatmuseum des Antiquitätensammlers Dennis Severs entführt seine Besucher in das 18. Jahrhundert.

aus. Zum größten Teil beruhte Margaret Thatchers Erfolg darauf, dass ihr Programm der Deregulierung Bewohner von Sozialwohnungen zu Immobilienbesitzern und Aktionären machte. Inzwischen leben 70 Prozent der Briten im Eigenheim. Die hohen Kredite, die sie aufnehmen, um sich diesen Traum zu verwirklichen, stellen einen wesentlichen Faktor in der Wirtschaftspolitik dar. Hypothekenschuldner beurteilen ihre Regierung nach der Stabilität der Zinsen. Jeder will auf die Immobilienleiter steigen. Davon zeugen ganze Wälder von Verkaufsschildern in den Wohngegenden ebenso wie die zahlreichen Grundstücksmakler. Keine Einkaufsstraße ist vollständig ohne mehrere Immobilienhändler. Es ist, als seien ihre Firmennamen alle mit dem Motto überschrieben: »An englishman's home is his castle« – das Zuhause des Engländers ist seine Burg.

Ein kurioses Überbleibsel aus der Feudalzeit führt in London allerdings dazu, dass Haus- und Wohnungsbesitzer häufig nicht ganz Herr ihrer Burg sind. Sie wohnen zur Pacht. Das heißt, ihr Eigentumsrecht ist befristet. Nur die wenigsten wissen, dass große Teile der Innenstadt oft seit mehreren Jahrhunderten Großgrundbesitzern gehören, angefangen mit der Krone, der City und der Kirche über alte Adelsgeschlechter wie den Grosvenors und den Cadogons bis hin zu Privatinternaten wie Rugby und Eton College, dem sein Gründer Heinrich VI. im 15. Jahrhundert 24 Hektar am nordwestlichen Ende des heutigen Regent's Park schenkte. Die meisten Straßennamen auf dem im 19. und frühen 20. Jahrhundert mit stattlichen Backsteinhäusern für die Mittelschicht bebauten Agrarland haben einen Bezug zu der berühmten Schule.

Auch in den Nobelvierteln Mayfair, Chelsea und Marylebone, wo ganze Straßenzüge vier Adelsfamilien gehören, und in anderen von den ursprünglichen Eigentümern längst aus der Hand gegebenen Vierteln weisen die Straßennamen auf die historischen Besitzverhältnisse hin. Diese gehen auf die Zeit zurück, da der Adel versuchte, seine »estates« oder

Weiter auf S. 208

SIBYLLINISCHE SPIELREGELN

Cricket gilt als Inbegriff des britischen Charakters. Die geistige Heimat dieses Sports liegt in London.

Wir schreiben das Jahr 1938. »England steht am Rande der Katastrophe«, warnt Hitchcocks Krimifigur Charters seinen Freund Caldicott, »wir müssen uns sofort mit London in Verbindung setzen.« Man möchte meinen, der auf dem Balkan gestrandete Brite sei besorgt wegen des sich anbahnenden Kriegs mit Deutschland. Aber die Nachricht über die »jüngsten Entwicklungen«, auf die er so gespannt wartet, haben mit der Weltpolitik nichts zu tun. Es geht um Cricket. In Alfred Hitchcocks Klassiker »Eine Dame verschwindet« wollen Charters und Caldicott auf schnellstem Wege wieder nach England, um ein Länderspiel zu sehen. Auf der langen Zugreise bauen die zwei Cricketnarren im Speisewagen aus Zuckerwürfeln ein Spiel auf und sind höchst irritiert, wenn ihre Mitreisenden sie aus dem Konzept bringen, weil sie ihren Tee süßen wollen.

Bei Hitchcock dient die Cricketbesessenheit als Metapher für das selbstgefällige Inselland, das die Bedrohung durch die Geschehnisse auf dem europäischen Festland zunächst falsch einschätzt. Mehr als Rugby oder Fußball wird dieser Sport mit jener seltsamen Mischung aus Understatement, Fairplay und Ironie als das Spiel betrachtet, das den Kern des englischen Wesens erfasst. Viele Dichter des Landes haben die Faszination, die vom Cricket ausgeht, in Versen einzufangen versucht.

Uneingeweihte werden nicht schlau aus den sibyllinischen Spielregeln und dem gemächlichen Tempo. Mitunter scheint längere Zeit gar nichts zu passieren. Sofern es das Wetter erlaubt, verbringen die Spieler bei einem über fünf Tage ausgetragenen Test Match (Länderspiel) zwischen »Elevenses« (dem zweiten Frühstück), Mittagessen und Tee, täglich sechs Stunden auf dem Feld. Der aktive Ballwechsel nimmt zusammengerechnet vielleicht 90 Minuten in Anspruch. Dennoch wirkt das Spiel wie eine Droge.

Lord's Cricket Ground in St. John's Wood gilt als die geistige Heimat des

Der Nationalsport Cricket inspirierte auch die Kunst: ein Gemälde von Henry Barraud aus dem Jahr 1874 (Museum of London).

Cricket. Hier wurde 1787 der **Marylebone Cricket Club (MCC)** gegründet, der bis heute für die weltweit gültigen Cricketregeln verantwortlich ist. Seine Mitglieder erkennt man an ihren rot-gelb gestreiften Krawatten, Jacken und Hutbändern. Das weltberühmte Stadion ist nach dem Unternehmer Thomas Lord benannt, der das Land 1814 für den MCC pachtete. Bis 1864 ließ Lord's das Spielfeld von Schafen abgrasen, die dort auf dem Weg zum Fleischmarkt von Spitalfields ihre Henkersmahlzeit erhielten. Erst dann wurde ein Mäher angeschafft.

Für die Anbauten an das spätviktorianischen Klubhaus hatte Lord's drei der namhaftesten zeitgenössischen Architekturbüros beauftragt, als wollte der Verein kundtun, dass er nicht so konservativ ist wie sein Ruf. 1998 ließ er Frauen als Mitglieder zu, aber nur, weil die Regierung sonst keine Lotteriegelder gewährt hätte. Weit mehr als der andere große Londoner Cricketplatz, The Oval, hat sich Lord's als britische Institution etabliert.

Es gehört zur Mythologie des Cricket, dass seine Anfänge in mittelalterlichen Spielen zwischen Hirten und Bauern liegen. Aus dieser Urform soll sich die Sportart entwickelt haben, deren Vorschriften 1744 erstmals kodifiziert wurden von dem Londoner Verein, dessen Vorsitzender Kronprinz Friedrich Ludwig (1707–1751) war, Sohn Georgs II. und Vater Georgs III. Des Kronprinzen Passion für das Spiel hat ihn das Leben gekostet. Einen Monat nachdem ihn ein Cricketball getroffen hatte, starb er an inneren Verletzungen. Entgegen der vielen Assoziationen mit der Oberschicht, ist Cricket auch ein egalitärer Sport (Noel McKee: Welcome to Cricket. Technik und Regeln des Cricketspiels, Meyer & Meyer Sport 1999).

Die bunten Cottages von Chelsea erinnern an die dörflichen Ursprünge des Stadtteils, der einst bei den Bohemiens begehrt war.

Ländereien in London durch Bauprojekte ertragreicher zu machen.

Nach dem Großen Brand von 1666 hat der Bedarf an neuen Häusern außerhalb der City dieser Entwicklung Vorschub geleistet. In den darauffolgenden Jahrzehnten vollzog sich die Bebauung je nach Konjunktur in Schüben. Meist verfuhren die Grundbesitzer nach demselben für sie mehr oder weniger risikofreien Muster: Sie verpachteten das Land an einen Unternehmer. Dieser errichtete oft unter Beteiligung anderer Investoren Immobilien, die sie zu Geld machten, bevor sie nach Ablauf der Pachtzeit wieder an den Verpächter zurückfielen. Der jährliche Grundzins, den die Pächter auch heute noch entrichten müssen, sichert dem Eigentümer ein regelmäßiges Einkommen für den Unterhalt und die Entwicklung seiner Besitztümer. Der Ertrag aus den königlichen Ländereien fließt dem Schatzamt zu, das einer Abmachung mit Georg III. zufolge dem Monarchen im Gegenzug eine Apanage gewährt, um die für die Erfüllung seiner öffentlichen Pflichten notwendigen Ausgaben zu decken.

Die vier Adelsfamilien hingegen verwalten ihre Lehen als Privatunternehmen. Das »Grosvenor estate« des Herzogs von Westminster befindet sich seit 1677 im Familienbesitz. Es umfasst 120 Hektar in Mayfair und Belgravia. Der herzögliche Betrieb ist inzwischen auch international aktiv. In der Immobilienfirma Grosvenor Group, die über ein Nettovermögen von 3,7 Milliarden Euro verfügt, sind 420 Mitarbeiter beschäftigt. Der Earl of Cadogan kann die Strecke zwischen den Kaufhäusern Harvey Nichols und Peter Jones zurücklegen, ohne sein Land zu verlassen. Der Portman-Besitz nördlich der Oxford Street befindet sich seit 1554 in der Familie, das benachbarte Gut der Howard de Waldens geht auf das Jahr 1708 zurück, als der erste Herzog von Newcastle die Felder um das kleine Dorf Marylebone erwarb. Das lange Fortbestehen ihres Grundbesitzes verdanken diese Familien dem Erstgeborenenrecht, das die Parzellierung verhindert.

Lange haben sich die Feudalherren mit der Rendite aus dem Grundzins zufriedengegeben. Sie sind jedoch aus ihrer Apathie gerüttelt worden durch das Grundstücksgesetz von 1993, das Pächtern ermöglicht, Volleigentümer ihrer Wohnungen zu werden. Viele meinten damals, diese Reform werde den Großgrundbesitzen den Todesstoß versetzen. Der Herzog von Westminster war über die »Zwangsenteignung« so empört, dass er aus der Konservativen Partei austrat. Aber die schlimmsten Befürchtungen haben sich nicht erfüllt. Aufgrund der stringenten Bedingungen können nicht allzu viele Pächter von dem Kaufrecht Gebrauch machen. Die Sorge um ihre Zukunft hat die großen »estates« allerdings veranlasst, neue Strategien zu entwickeln, um ihre Viertel attraktiver zu gestalten und somit auch die Vermögenswerte zu steigern. Diese Anstrengungen haben sich sehr positiv auf das Stadtbild ausgewirkt. In der Regent Street etwa hat die Krone das Ablaufen vieler Pachtverhältnisse genutzt, um ein Programm zur Verjüngung und Aufbesserung der Einzelhandelsgeschäfte zu verwirklichen. Marylebone ist durch neue Boutiquen und Lokale aufgefrischt worden, und an der King's Road hat der Cadogan-Besitz dem Verteidigungsministerium eine Kaserne abgekauft. Hier ist ein öffentlicher Platz entstanden mit Straßencafés, Boutiquen, einer Schule, Wohnungen, Büroräumen sowie dem neuen Museum für Zeitgenössische Kunst des Sammlers Charles Saatchi. Dem Cadogan-Besitz verdankt London auch die Cadogan Hall, den ersten neuen Konzertsaal seit mehr als 30 Jahren in einer 1901 im byzantinischen Stil erbauten Christian-Science-Kirche. Dort hat das Royal Philharmonic Orchestra Quartier bezogen.

SPIONE, DIE AUS DER KÄLTE KOMMEN

Keine Stadt zehrt wie London von der Faszination, die von der Welt des Geheimdienstes ausgeht. Romane und Berichte von enttarnten Agenten nähren den Mythos mit der Folge, dass Dichtung und Wahrheit schwer auseinanderzuhalten sind in der Spionagehauptstadt der Welt. Ein eklatantes Beispiel dafür liefert der rätselhafte Tod des ehemals im Dienst der russischen Spionageabwehr stehenden Alexander Litwinenko, dem Großbritannien nach der Jahrtausendwende politisches Asyl gewährte. Im November 2006 erlag er in einem Londoner Kran-

Der Hauptsitz des MI6. Bis vor Kurzem war er so geheim, dass seine Existenz offiziell nicht anerkannt wurde.

kenhaus den Folgen einer Kontaminierung mit dem radioaktiven Polonium 210. Bevor er starb, machte Litwinenko den russischen Präsidenten Putin, einst Oberstleutnant des Geheimdienstes, für seinen Tod verantwortlich. Es erhärtete sich der Verdacht, dass das Regime einen seiner Kritiker beseitigt habe.

Historie, Romane und Filme fügen sich zu einem fesselnden Bild von Verschwörung, Täuschung und Bedrohung vor der Kulisse des Londoner Alltags zu, sodass kein Leser von John Le Carrés Bestseller über George Smiley an Cambridge Circus vorbeigeht, wo der Geheimdienstchef im fünften Stock sein Büro hatte, ohne an das Doppelspiel hinter unscheinbaren Fassaden zu denken. Kein Beobachter der finsteren Grabenkämpfe im Kalten Krieg läuft über die Waterloo Bridge, ohne sich an eine Episode aus dem Jahr 1978 zu erinnern: Der bulgarische Dissident Georgi Markov wartete an der Waterloo-Brücke auf einen Bus, um seine Schicht beim Auslandssender der BBC anzutreten. Plötzlich spürte er einen stechenden Schmerz in der Wade. Er sah noch, wie ein Mann einen Regenschirm aufhob und mit ausländischem Akzent eine Entschuldigung murmelte, bevor er sich in einem Taxi davonmachte. Im Büro bemerkte Markov eine rote Punktierung am Bein. Am Abend bekam er hohes Fieber. Vier Tage später war er tot. In die Spitze des Regenschirms war ein vom sowjetischen Geheimdienst entwickelter Mechanismus eingebaut, der eine stecknadelgroße Kugel mit dem hochgiftigen Ricin in den Körper spritzte. Markov war dem KGB als Kritiker des Kommunismus nicht genehm.

In den James-Bond-Filmen rüstet die Forschungs- und Entwicklungsstätte des britischen Geheimdienstes den Agenten 007 mit allerlei technischen Spielereien aus. Am Portland Place, nicht weit von der BBC-Zentrale, unterhielt eine Spionageabteilung bis 1940 ein Labor, in dem an ausgeklügelten Sprengstoffvorrichtungen für Sabotage-Operationen gearbeitet wurde, darunter explodierende Rattenleichen und simulierte Pferdeäpfel. Wenn sich 007 in London aufhält, kehrt er gern bei seinem Herrenklub Blade's ein. Als Modell dafür diente Boodle's in St. James's, wo Bonds Schöpfer Ian Fleming

Mitglied war. In der Bywater Street, einer Seitenstraße der King's Road, ist Le Carrés verhaltener Smiley zu Hause, seine Stammkneipe ist die »King's Head & Eight Bells« im Cheyne Walk.

Lange versuchten die Abwehr- und Nachrichtendienste MI5 und MI6 (MI steht für Military Intelligence und die Nummer für die Abteilung) ihre Anonymität zu wahren. Bis vor Kurzem wurde die Existenz von MI6 geleugnet. An der Tür von 54 Broadway, SW1, wo die Organisation mehr als 40 Jahre lang ihr Hauptquartier hatte, stand zur Tarnung »Minimax Fire Extinguisher Company« – Minimax Feuerlöschgesellschaft. Inzwischen ist der Auslandsdienst an der Vauxhall-Brücke in den postmodernen Bau von Terry Farrell gezogen. Man weiß heute nicht nur, wie der Leiter von MI6 heißt, sondern auch wie er aussieht. Die Stelle unterhält sogar eine Website (www.mi6.co.uk). Auch der für die innere Sicherheit zuständige MI5 ist aus der Schattenwelt herausgetreten. Er residiert im Thames House, Millbank, einem 30er-Jahre-Bau unweit vom Parlament.

STADTBESICHTIGUNG: DER 11ER-BUS

»Die Touristen«, bemerkte der französische Schriftsteller André Gide einmal, »das sind die anderen.« Wer sich den Anschein geben will, zu den Einheimischen oder zumindest zu den Ortskundigen zu gehören, nehme statt einer Sightseeing Tour den roten 11er-Bus, der etwa alle zehn Minuten fährt. Das ist viel billiger und unterhaltsamer. Die rund elf Kilometer lange Route von Osten nach Westen streift einige der berühmtesten Wahrzeichen. Sie beginnt an der Bushaltestelle der Old-Broad-Street-Seite des Bahnhofs Liverpool Street, führt durch die City und die Fleet Street, deren Name auch heute noch, lange nachdem die großen Zeitungen weggezogen sind, als Synonym für die Printmedien dient, vorbei am Trafalgar Square, den Ministerien von Whitehall und dem Parlament über die King's Road in Chelsea bis in die westliche Wohngegend von Fulham. Auf dem Doppeldecker erlebt man auch ein Stück Londoner Stadttheater mit ständig wechselnder Besetzung. Der Essayist William Hazlitt, der 1830 arm und elend in Soho starb, behauptete, das Gespräch auf der Kutsche von London nach Oxford sei reichhaltiger und anregender als an den Ehrentischen der Oxford Colleges. Man erfährt auf jeden Fall mehr über Land und Leute als auf anderem Wege.

Der 11er-Bus nimmt im politischen Bewusstsein eine Sonderrolle ein. An den Stammtischen von Westminster wird oftmals spekuliert, wer nachrutschen würde, wenn ein 11er-Bus den amtierenden Parteiführer überfahre.

GEDENKEN UND ERINNERUNG

Sie sind nicht zu übersehen: die blauen Keramikplaketten, die an zahlreichen Londoner Häusern prangen und festhalten, welche Berühmtheiten sich im Laufe der Jahrhunderte in den Gemäuern aufgehalten haben. Die Stadt hat schon in den 1860er-Jahren begonnen, die Wohnungen derer zu kennzeichnen, die ihrer Geschichte zur Ehre gereichten. Die Tafeln sollten eine »angenehme und lehrreiche« Art sein, den »etwas langweiligen und nicht sehr schnellen Gang der Omnibusreisenden« durch die verkehrsreichen Straßen zu beleben. Die erste Plakette im Jahr 1867 markierte das längst abgerissene Geburtshaus des Dichters Lord Byron.

Der Anblick des schlichten georgianischen Backsteinhauses nahe dem Victoria-Bahnhof, das heute die Adresse 180 Ebury Street trägt, versetzt den Betrachter in den Sommer 1764, als Leopold Mozart mit seinen beiden Kindern hier einige Wochen Logis fand. Musikwissenschaftler streiten sich, ob der siebenjährige Wolfgang seine erste Sinfonie in dieser Unterkunft schrieb oder in dem heute nicht mehr stehenden Quartier in Cecil Court, WC1, das die Familie gleich nach ihrer Ankunft in London bezogen hatte.

Der Architekt Sir Giles Gilbert Scott hat neben bedeutenden Bauwerken auch die berühmten roten Telefonzellen entworfen.

Die Adresse 6 St. Augustine's Road in Camden Town, wo Theodor Fontane von 1857 bis 1859 mit Frau und Kindern wohnte, ist heute noch so, wie der Schriftsteller die Anlage in einem Brief beschrieb, nur die Hausnummer hat sich geändert. Man kann sich bildhaft vorstellen, wie der Preuße in der Stube saß und seine Korrespondentenberichte verfasste.

Im edlen Mayfair wohnte in den 1960er-Jahren in 23 Brook Street der Gitarrist Jimi Hendrix, direkt neben dem Haus, in dem Händel 1759 starb. Die Unruhen von 1848 verschlugen den zum Rücktritt gezwungenen österreichischen Staatskanzler Fürst von Metternich in ein Haus am Eaton Square (Nummer 44); in 87 Hackford Road, SW9, verliebte sich der Maler Vincent van Gogh unglücklich in die Tochter seiner Vermieterin; in dem Reihenhaus (Nummer 39) am Ende der Methley Street, SE 11, verbrachte Charlie Chaplin einen Teil seiner Kindheit in tiefster Armut – neben einer Pökelfabrik und einem Schlachthof; in 32 Craven Street, WC2, wohnte 1827 Heinrich Heine und schimpfte: »Dieses übertriebene London erdrückt die Fantasie und zerreißt das Herz.«

Seit 1985 obliegt das Anbringen der Tafeln der Denkmalschutzorganisation English Heritage. Zur Sicherheit, dass ihr Ruhm nicht allzu vergänglich ist, müssen Kandidaten mindestens 20 Jahre tot sein, um in Erwägung gezogen zu werden; es sei denn, sie werden über 100 Jahre alt.

TELEPHONE

GESTERN UND HEUTE

Jede Stadt pflegt ihre Mythen, selbst das pragmatische London. Von einer kleinen römischen Siedlung an der Themse ist die Stadt zu einem babylonischen Koloss angeschwollen, dessen bewegte Geschichte das facettenreiche Wesen der Metropole geprägt hat.

Geschichtstabelle 218
SPEZIAL Das Mysterium Monarchie 226

Seit der Liberalisierung des Handels 1986 gehört London zu den wichtigsten Finanzplätzen (S. 230).

Die Legende von Dick Whittington, einem kleinen Jungen, den es einst vom Land nach London verschlagen hat, kennt in England jedes Kind.

VON RULE BRITANNIA BIS COOL BRITANNIA

Glücksjäger und Vertriebene haben seit jeher das Wesen der wuchernden Weltstadt geprägt, die sich mittels technischer Errungenschaften immer wieder gegen die Kräfte der Natur behauptete.

DICHTUNG UND WAHRHEIT

Zu den beharrlichsten Mythen Londons gehört die Geschichte von Dick Whittington und seiner Katze. Seit Jahrhunderten wird sie in verschiedenen Variationen durch Kinderreime, Weihnachtspantomimen und Bilderbücher von einer Generation an die nächste weitergegeben. Die Legende des armen Waisen vom Land, der gehört hatte, die Straßen von London seien mit Gold gepflastert, ist geradezu exemplarisch für die Glücksjäger, die sich von der Aussicht auf Ruhm und Reichtum in die Großstadt locken lassen.

Hungrig und erschöpft vom tagelangen Fußmarsch wurde der Knabe von einem wohlhabenden Londoner Kaufmann aufgenommen. Wie alle anderen Bediensteten durfte auch Dick für den Tauschhandel etwas beitragen zur Fracht des Schiffes seines Herrn. Der Küchenjunge konnte nur eine Katze anbieten, die er von seinem spärlichen Lohn gekauft hatte, um die Ratten aus seinem Zimmer zu verjagen. Wie das Schicksal es wollte, war der Palast des Fürsten in dem fernen Land, wo das Schiff Anker legte, von Mäusen und Ratten überlaufen. In seiner Verzweiflung zahlte der Fürst dem Kapitän ein Vermögen für Dicks Katze.

In London hatte der Waise die Hoffnung auf den großen Durchbruch verloren und beschlossen, sein Glück anderswo zu suchen. Kaum dass er die Stadt verlassen hat, hört er die Glocken der Kirche von St. Mary-le-Bow rufen: »Kehr um Dick Whittington, dreimal Bürgermeister von London.« Er kehrt zu dem Kaufmann zurück. Inzwischen ist das Schiff wieder eingelaufen mit den Goldsäcken, die der Fürst für die Katze gezahlt hatte. Dick ist reich, kann die Tochter des Kaufmanns heiraten und wird, wie ihm die Glocke verhieß, dreimal zum Bürgermeister gewählt.

Tatsächlich war Richard Whittington ein wohlhabender Tuchhändler, der zwischen 1397 und seinem Tod 1423 sogar viermal Bürgermeister von London war, und sich vor allem durch Geldleihgaben an die Krone hervortat. Seine Lebensgeschichte ist jedoch nur in groben Zügen überliefert. Die Legende taucht erstmals im 17. Jahrhundert auf. Wie sich Wahrheit und Dichtung verschmelzen, zeigt der Gedenkstein am Fuße von Highgate Hill. Er markiert die Stelle, wo Dick Whittington den Ruf der Glocken erhört haben soll, als tatsächliche Begebenheit.

PEST UND FEUER

Jedes englische Kind lernt, wie in den frühen Morgenstunden des **2. September 1666 der Große Brand** beim Hofbäcker Farryner in der Pudding Lane ausbrach, der vier Tage loderte und die ganze City verwüstete. Durch den Tagebuchautor

Weiter auf S. 221

GESCHICHTSTABELLE

Wie London blutige Aufstände, Seuchen, Brände und politische Wirren überstand und zur größten Metropole Europas aufstieg.

➤ 43 n. Chr.
Ein römisches Heer unter Kaiser Claudius erobert das von Kelten besiedelte Britannien. Am Südufer der Themse (heute Southwark) wird die Hafensiedlung Londinium gegründet. Eine Holzbrücke verbindet sie mit dem Nordufer (der heutigen City).

➤ 60–61
Aufstand der keltischen Stämme unter der ostanglischen Königin Boudicca. London wird niedergebrannt, aber die Römer besiegen die Rebellen.

➤ um 200
Bau der römischen Stadtmauer. London floriert als Handelsplatz.

➤ 410
Abzug der Römer, die ihren Vorposten im Norden gegen den Ansturm der germanischen Stämme nicht halten können.

➤ um 450
Angeln und Sachsen von der deutschen Nordwestküste besiedeln das Londoner Gebiet. Die Stadt wird 150 Jahre lang nicht in Urkunden erwähnt.

➤ 604
Nachdem von Papst Gregor entsandte Mönche das Christentum auf die Insel gebracht haben, wird London Bischofssitz. Die Stadt lebt wieder als Handelszentrum.

➤ 851
Dänische Wikinger verwüsten London.

➤ 886
Der angelsächsische König Alfred der Große erobert die Stadt zurück und baut sie wieder auf. London entwickelt sich zur Hauptstadt eines gesamtenglischen Königreichs.

➤ 1060
Eduard der Bekenner verlegt seinen Hof von der City in den Palast von Westminster. Aufteilung der Stadt in zwei Machtzentren: Handel in der City und Politik in Westminster.

➤ 1066
Der Normannenfürst Wilhelm der Eroberer siegt in der Schlacht von Hastings über den letzten angelsächsischen König und wird am 1. Weihnachtstag in Westminster Abbey als Wilhelm I. gekrönt.

➤ 1348
40 Prozent der Bevölkerung fallen einer Pestepidemie zum Opfer.

➤ 1381
Bauernaufstand gegen die von Richard II. erhobene Kopfsteuer. Die Aufständischen ziehen mordend und plündernd durch London. Ihr Anführer Wat Tyler wird in Smithfields umgebracht.

Heinrich VIII. ist heute vor allem durch seine sechs Ehen bekannt. Sein Hofmaler Hans Holbein d. J. schuf 1536 dieses Porträt.

➤ 1533
Da Papst Clemens VII. ihm die Scheidung verweigert, sagt sich Heinrich VIII. von der römischen Kirche los und löst die Klöster auf. Er gründet die anglikanische Kirche und ernennt sich zu deren Oberhaupt.

➤ 1558–1603
Heinrichs Tochter Elisabeth wird Königin. England steigt zur Seemacht auf. London erlebt eine kulturelle Blütezeit.

➤ 1605
Verdrossene Katholiken, darunter Guy Fawkes, versuchen König und Parlament in die Luft zu sprengen. Die »Pulververschwörung« wird vereitelt.

➤ 1642–1660
Ausbruch des Bürgerkriegs zwischen Königstreuen und dem Parlament. Karl I. wird 1649 hingerichtet und die Monarchie abgeschafft. Oliver Cromwell regiert als Lordprotector das Commonwealth (Gemeinwesen), wie Britannien sich während des republikanischen Zwischenspiels nannte. London unterliegt den freudlosen Gesetzen des puritanischen Regimes. 1660 wird die Monarchie wiederhergestellt.

➤ 1666
Nach einer großen Pestepidemie zerstört der Große Brand vier Fünftel der mittelalterlichen Stadt.

➤ 1801
Die erste Volkszählung ermittelt, dass die Bevölkerung Londons die Millionengrenze überschritten hat.

➤ 1837–1901
Herrschaft Königin Viktorias. London profitiert von der britischen Weltmachtstellung sowie von den technischen, geistigen und wirtschaftlichen Errungenschaften der Epoche. 1851 findet im Hyde Park die Große Weltausstellung zur Förderung von Technik, Industrie und Design statt. 1863 wird in London die erste Untergrundbahn der Welt eröffnet.

➤ 1901
Die innerstädtische Bevölkerung ist auf 4,5 Millionen angestiegen, Großlondon umfasst 6,5 Millionen Menschen.

➤ **1940–1945**
Im Zweiten Weltkrieg verursachen deutsche Luftangriffe schwere Bombenschäden, vor allem im Hafengebiet und in der City. Mehr als 15 000 Londoner kommen beim »Blitz« zwischen September 1940 und Mai 1941 ums Leben.

➤ **1952**
Elisabeth II. besteigt den Thron.

➤ **1958**
Die ersten Rassenunruhen zwischen westindischen Einwanderern und Weißen im Stadtteil Notting Hill.

➤ **1971**
Der erste von mehreren Londoner Bombenanschlägen der irischen Terrororganisation IRA im Zuge der nächsten 25 Jahre. Die IRA will Nordirland von Großbritannien loslösen und die Vereinigung mit der Republik Irland im Süden der Insel herbeiführen.

➤ **1979**
Margaret Thatcher wird Premierministerin. Die Konservativen treten mit einem Privatisierungsprogramm an und fördern die freie Marktwirtschaft. In diesem Zuge wird 1981 die London Docklands Development Corporation zur Sanierung des Hafengebiets ins Leben gerufen. 1986 schafft die Regierung den Großlondoner Stadtrat ab, dessen linke Politik ihr nicht behagt.

➤ **1997**
Die Labour Party löst die Konservativen an der Regierung ab. Tony Blair wird Premierminister.

➤ **2000**
Eröffnung und Schließung des Millennium Dome, der sich als teurer Klotz am Bein entpuppt. London erhält mit dem Greater London Assembly wieder eine gewählte Stadtversammlung.

➤ **2005**
London wird als Austragungsort der Olympischen Spiele von 2012 bestimmt. Am nächsten Tag, dem 7. Juli, verüben vier muslimische Selbstmordattentäter Anschläge auf das öffentliche Verkehrsnetz und töten mehr als 50 Pendler.

➤ **2007**
Nach gut zehn Jahren in Downing Street scheidet Tony Blair im Juni aus dem Amt und wird von seinem langjährigen Rivalen Gordon Brown als Premierminister abgelöst.

Seit den 1980er-Jahren war London mehrfach Schauplatz blutiger Attentate der IRA.

Samuel Pepys und andere Zeitzeugenberichte sind wir bestens über die dramatischen Ereignisse jener Tage informiert. Für den berühmten Chronisten begannen sie gegen drei Uhr morgens, als ihn das Dienstmädchen wegen eines Feuers in der City aus dem Schlaf holte. Da solche Vorkommnisse in den engen, von Holzfachwerkhäusern gesäumten Gassen keine Seltenheit waren und ihm der Brandherd weit genug weg erschien, legte sich Pepys wieder zu Bett. Am Morgen wirkte das Feuer noch kleiner. Doch dann berichtete das Dienstmädchen, es seien schon 300 Häuser niedergebrannt.

Pepys machte sich auf zum Tower. Auf dem Aussichtsturm erkannte er das Ausmaß des Feuers, das sich, durch einen Ostwind geschürt, unaufhaltsam ausbreitete. Vergeblich versuchte man auf Befehl des Königs, dem Flammenmeer durch die Sprengung von Häusern Einhalt zu gebieten, doch das Feuer war schneller. 13 200 Häuser, 87 Kirchen und zahlreiche andere öffentliche Gebäude lagen in verkohlten Trümmern. Der Schaden wurde auf zehn Millionen Pfund geschätzt, zu einer Zeit, da das Jahreseinkommen der City 13 000 Pfund betrug. Neun Menschen kamen ums Leben.

Angefangen mit der Brandschatzung Londiniums durch die keltischen Stämme, die sich im Jahr 60 n. Chr. gegen die römische Besatzung auflehnten, bis hin zum »Blitz« im Zweiten Weltkrieg stand London so oft in Flammen, dass es schon früh den Beinamen **»der Feuerkönig«** erhielt. Der Große Brand von 1666 hat die Stadt jedoch tiefer gezeichnet als alle anderen Unglücke. Ihm gedenkt nahe der London Bridge die von einer vergoldeten Bronzeflamme gekrönte dorische Säule, die Christopher Wren 1677 errichtete. Sie heißt schlicht **The Monument,** als bedürfe sie keiner weiteren Erklärung. Die Höhe der Säule entspricht, wie eine der lateinischen Inschriften am Sockel vermerkt, genau der Entfernung von diesem Standort zur Bäckerei, wo das Feuer ausbrach: 61 Meter.

Der Brand von 1666 wirkte umso fürchterlicher, da er unmittelbar auf den verheerendsten Ausbruch der Pest seit dem »Schwarzen Tod« von 1348 folgte. Die **Seuche von 1665** forderte ungefähr 100 000 Tote, ein Drittel der Stadtbewohner. Auf dem Höhepunkt der Epidemie wurden jede Woche 6000 Leichen in die Massengräber außerhalb der Stadtmauer gekarrt. »Kummer und Sorge standen in jedem Gesicht geschrieben«, berichtet Daniel Defoe, der Schöpfer von Robinson Crusoe, über dieses Pestjahr. Der Osten Londons trägt bis heute die Narben. In Finsbury, an der Ecke Goswell Road und Seward Street, wird ein seltenes Stück unbebautes Land mit dem Namen Mount Mills als Parkplatz genutzt. Damals war es eine Pestgrube.

Bereits eine Woche nach dem Feuer legte Christopher Wren dem König einen detaillierten Masterplan für den Wiederaufbau Londons mit großen Alleen nach europäischem Vorbild vor. Drei Tage später lieferte John Evelyn, der andere bedeutende Tagebuchautor jener Zeit, seine Vision für eine Stadt mit symmetrisch angeordneten Plätzen und Straßen. Diese und andere Pläne wurden aus praktischen und finanziellen Gründen verworfen. Man wollte so schnell wie möglich wieder zur Normalität finden. So stieg die neue City im Wirrwarr mittelalterlicher Gassen aus der Asche. Diese eigenwillige Topografie hat sich bis ins Zeitalter der Wolkenkratzer bewahrt.

DER »GROSSE GESTANK« VON 1858

Zu den wiederkehrenden Motiven der Londoner Geschichte gehören die Versuche, die wuchernde, fragmentierte und undurchdringliche Stadt verwaltungstechnisch in den Griff zu bekommen. Die meisten großen Reformen sind allerdings durch Notsituationen erzwungen worden, wie die Bauvorschriften nach dem Großen Brand von 1666 oder den »Clean Air Act« von 1956, durch den man die buchstäblich atemraubende Luftverschmutzung endlich reduzieren wollte. Das Gesetz folgte auf den Winter 1952, in dem aufgrund des Smogs Tausende von Londonern an Atemwegserkrankungen starben.

Die Ereignisse vom Sommer 1858 liefern ein weiteres Beispiel für einen unter Druck entstandenen Impuls. Jahrelang hatte der Zustand der Londoner Sanitäranlagen Grund zur Sorge gegeben. Die unzulängliche Kanalisation war durch die Bevölkerungsexplosion hoffnungslos überlastet. Nach der Abschaffung der unhygienischen Jauchegruben floss der gesamte Unrat von Straßen und Häusern oftmals nur bei Niedrigwasser in die Themse und wurde von den Gezeitenströmen zunächst flussaufwärts gespült und dann wieder zurück. Der Fluss, von dem London lebte, brachte nun als Seuchenherd den Tod. Es kam zu wiederholten Choleraausbrüchen. 1853 bis 1854 erlagen fast 11 000 Londoner dieser infektiösen Darmkrankheit. Das Fehlen einer zentralen Behörde hat den Missstand noch verschlimmert, denn die einzelnen Ämter hatten nur ihr Eigeninteresse im Blick. 1848 war zwar eine Abwasserkommission bestellt worden, die in kleinen Schüben die Sanierung vorantrieb. Aber erst durch die Gründung des Metropolitan Board of Works, des Ausschusses für öffentliche Bauten, wurde ein übergeordnetes Planungsamt geschaffen, das sich gegen die Hoheit der einzelnen Bezirke durchsetzen konnte.

Es bedurfte jedoch eines weiteren Notstands, bevor das Parlament zur Tat schritt. Dieser entstand direkt unter seiner Nase und ist in die Geschichte einge-

Einer der tragischsten Meilensteine der Londoner Geschichte war die verheerende Pestepidemie von 1665 (S. 221).

gangen als »The Great Stink«. Im heißen Juni von 1858 war die Themse zu einer einzigen Kloake verkommen. Der Gestank war infernalisch. Im Unterhaus wurden die Vorhänge in Kalziumchlorid getränkt, die Abgeordneten hielten sich das Taschentuch vor die Nase und flohen aus den zum Fluss gelegenen Räumen.

Fünfmal hatte der Ingenieur Joseph Bazalgette Entwürfe für eine neue unterirdische Kanalisation vorgelegt, die das Abwasser aus den Hauptrohren abfing, in großen Becken sammelte, mithilfe von Pumpstationen weiter flussabwärts transportierte und dann kontrolliert in die Themse einleitete. Nun wurden seine Pläne plötzlich innerhalb weniger Tage durchgedrückt. Unter Bazalgettes Leitung lancierte der Board of Works ein ehrgeiziges Urbanisierungsprogramm, das nicht nur zur Säuberung der Themse führte, sondern sich auf das ganze Stadtbild auswirkte, insbesondere am Fluss entlang, wo die Kanäle unter neuen, der Themse abgewonnenen Uferstraßen verliefen. Die Arbeiten gingen mit Brückenbauten, dem Anlegen von Parks und der Sanierung von Slumgebieten einher. Viele sehen Sir Joseph Bazalgette denn auch als Stadterneuerer in einer Riege mit Christopher Wren und John Nash. »Flumini vincula posuit« – er legte dem Fluss Ketten an – lautet die Inschrift auf dem Denkmal, das dem Helden des »Großen Gestanks« in der Northumberland Avenue gesetzt wurde.

IN BLUT GETRÄNKT

In den frühen Morgenstunden, wenn sich die Kühlwagen durch die engen Straßen kämpfen, Fleischträger die Tierkadaver ausladen und die Schlachter ihre Messer wetzen, bevor sie die Rümpfe flink zerteilen, ahnt man, was sich bei Tage inmitten der City-Anzüge, der Werbebüros und modischen Lokale weniger aufdrängt: **Smithfield** ist blutgetränkt. Seit mehr als 800 Jahren ist dieser Markt nördlich von St. Paul's Londons großer

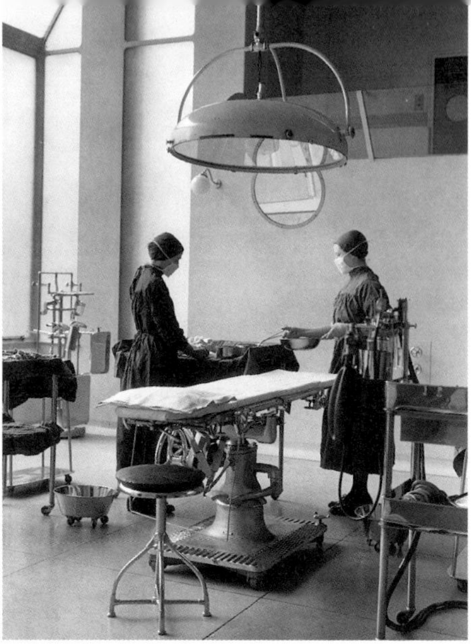

Das St. Bartholomew's Hospital, im Volksmund »Barts« genannt, geht in seinem Ursprung auf das 12. Jahrhundert zurück.

Fleischumschlagplatz. Der Fischmarkt, der seit Römerzeiten in Billingsgate war und sogar durch eine Erwähnung bei Shakespeare geadelt ist, wenngleich nur durch einen Hinweis auf die zotige Sprache der Austernweiber dort, wurde 1982 in die alten Docklands verlegt, der Obst- und Gemüsemarkt von Covent Garden schon vorher ans südliche Themseufer verbannt.

Nur Smithfield ist als Großmarkt im Zentrum bestehen geblieben, als Teil eines historischen Platzes, der das älteste Krankenhaus und die älteste Gemeindekirche der Stadt umfasst: St. Bartholomew's Hospital, eine Gründung aus dem 12. Jahrhundert, und St. Bartholomew-the-Great, atmosphärischer Drehplatz von Szenen in den Filmen »Shakespeare in Love« und »Vier Hochzeiten und ein Todesfall«. Auf dem Platz vor der Kirche fanden Mirakelspiele, Turniere, Duelle und Hahnenkämpfe statt, und das Volk amüsierte sich auf dem seit dem Mittelalter abgehaltenen Jahrmarkt von St. Bartholomew, dem die Viktorianer aus Anstandsgründen ein Ende setzten. Nördlich von hier liegen die auf das Jahr 1371 zurückgehende Kartause und das 1504 erbaute Tor des Johanniterklosters. Richtung Süden sind es wiederum nur wenige Schritte bis zur Old Bailey. Der aus unzähligen Kriminalromanen und Filmen bekannte Strafgerichtshof steht an der Stelle des 1902 geschlossenen Newgate-Gefängnisses, das Daniel Defoe als »Prototyp der Hölle« beschrieb. 1783 bis 1868 versammelte sich die gaffende Menge vor dem Gefängnis, um den öffentlichen Hinrichtungen beizuwohnen.

Als Theodor Fontane Smithfield 1852 aufsuchte, fand er den »unerträglich tierischen Geruch« der Schafherden vor, die hier zum Viehmarkt getrieben wurden. So war es seit dem frühen Mittelalter, so blieb es bis kurz nach Fontanes Londoner Aufenthalt, als der Viehmarkt verlegt und lediglich der Verkauf von geschlachteten Tieren zugelassen wurde. Der auch für die herrlichen Hallen von Billingsgate und Leadenhall verantwortliche City-Architekt Horace Jones errichtete im italienischen Renaissancestil ein Gebäude für den neuen Fleischgroßmarkt, das durch einen Unterbau direkt an das Eisenbahnnetz angeschlossen war.

Charles Dickens hatte das zwielichtige Viertel einen schändlichen Platz genannt,

»beschmiert mit Unflat und Fett und Blut und Schaum«. Doch in Smithfield floss nicht nur das Blut von Schlachtgut. Mit kaum einem Fleck in London verbindet sich so viel Grausamkeit. Im Bartholomäus-Krankenhaus gedenkt eine Tafel des schottischen Patrioten William Wallace, der sich gegen Eduard I. erhob. Er wurde im August 1305 in Smithfield aufgehängt, gestreckt und noch lebend ausgenommen. Hier kam es im Juni 1381 auch zu der Begegnung zwischen dem Kindkönig Richard II. und Wat Tyler, dem Dorfschmied, der den Bauernaufstand gegen die Kopfsteuer anführte und drei Tage lang mit seinem Mob in den Straßen Londons wütete. Der französische Chronist Jean Froissart berichtet, wie sich der Bürgermeister über die Dreistigkeit von Tyler erzürnte und ihn in Gegenwart des Königs als »hinterhältigen, stinkenden Schurken« beschimpfte, sein Schwert zog und ihm einen solchen Schlag auf den Kopf versetzte, »dass er zu Füßen seines Pferdes niedersank«. Der Rebell wurde ins Bartholomäus-Krankenhaus gebracht, aber Edelleute des Königs zerrten ihn wieder hinaus und schlugen ihm den Kopf ab. In Smithfield wurde die Todesstrafe mit dem Galgen, dem Scheiterhaufen und unter Heinrich VIII. sogar durch Kochen bei lebendigem Leib vollstreckt.

Im Englischen heißt Scheiterhaufen »stake«, was einen Witzbold veranlasste, die Geschichte von Smithfield unter dem Begriff »stake and steak« zusammenzufassen. Inzwischen ist das Viertel aufgewertet, der Fleischmarkt keimfrei und ein Teil der Halle Büros überlassen worden. Zur großen Sorge der Denkmalschützer, die Prinz Charles auf ihrer Seite haben, beäugen Bauträger die Entwicklungsmöglichkeiten von nicht genutzten Teilen der Hallen. Blut und Eingeweide, die einst das Straßenbild bestimmten, werden nun in edelster Form in dem auf Innereien spezialisierten Gourmetrestaurant »St. John« in einem ehemaligen Räucherhaus aufgetischt.

DAS LONDONER EXIL

Im Norden Londons fanden nach 1933 so viele Emigranten Zuflucht vor Hitler, dass erzählt wird, der Schaffner habe in den Kriegsjahren auf Deutsch gerufen: »Schweizer Häuschen, alle aussteigen«, wenn der Bus aus der Innenstadt die Haltestelle erreichte, wo jenes kuriose alpine Gasthaus steht, das dem Viertel Swiss Cottage seinen Namen gab.

Die Namen der Intellektuellen, Künstler, Wissenschaftler und Ärzte, die in dieser Zeit nach England kamen, lesen sich wie ein Who's who des mitteleuropäischen Kulturlebens.

Seit den hanseatischen Kaufleuten, die Hans Holbein porträtierte haben Deutsche stets ihre Spuren in London hinterlassen. Die Hannoveraner Könige und nach ihnen Prinz Albert von Sachsen-Coburg-Gotha lockten ihre Landsleute an den Hof, angefangen mit dem Komponisten Georg Friedrich Händel bis zu dem Maler Franz Xaver Winterhalter. Nach der gescheiterten Revolution von 1848 gingen zahlreiche Deutsche ins Londoner Exil, allen voran Karl Marx.

Doch keine Generation deutschsprachiger Einwanderer hat die geistige

Weiter auf S. 228

DAS MYSTERIUM MONARCHIE

Totgesagte leben länger: Das britische Königshaus ist weitaus beständiger, als seine Kritiker meinen.

Wie Mark Twain, dessen Nachruf eine Zeitung veröffentlichte, als der Schriftsteller noch quicklebendig war, könnte die britische Monarchie von sich sagen, dass Berichte über ihr Ableben stark übertrieben sind. Um 1880 hätten nur wenige darauf gewettet, dass sie weitere 100 Jahre überdauern würde. Das Ansehen des Königshauses hatte in den Jahren, in denen sich die trauernde **Königin Viktoria** kaum hatte blicken lassen, einen Tiefpunkt erreicht. In Schmähschriften, Versammlungen und Protesten machten sich die Republikaner Luft. Bei einem Diner der Liberalen Partei blieben mehr als 100 Gäste sitzen, als der Toast auf die Königin ausgebracht wurde. Und als Viktoria das East End besuchte, kam ihr ein »scheußliches Geräusch« zu Ohren. Dergleichen habe sie noch nie gehört, sagte sie zu Premierminister Lord Salisbury, sie glaube man nenne es »buhen«.

Anlässlich ihres 50. Kronjubiläums 1886 wurde die Rückkehr der »Witwe von Windsor« in die Öffentlichkeit wie das Comeback eines Hollywoodstars inszeniert. Zu Viktorias Entzücken ließ sich das Volk von der prunkvollen Demonstration dynastischer Beständigkeit mitreißen. Das Spektakel wurde zum 60. Kronjubiläum noch pompöser wiederholt, und Großbritannien schwelgte in seinem imperialen Selbstbewusstsein. Rudyard Kipling warnte damals in einem Gedicht, vor dem, was bevorstehe, wenn der Tumult und das Geschrei verhallt und die »Hauptmänner und Könige« wieder abgezogen seien: das Ende des Empire.

Allen Unkenrufen zum Trotz haben britische Monarchen immer wieder gezeigt, wie sich das Blatt durch das Zurschaustellen nationaler Zusammengehörigkeit zu ihren Gunsten wenden kann. Das war schon zu Zeiten **Georgs III.** der Fall. Als der Gedanke aufkam, sein 50. Kronjubiläum zu feiern, wurde der Vorschlag als politischer Eingriff kritisiert. Schließlich wussten alle um den

Zustand des alten Königs, der blind und geistesverwirrt war. Und doch berichtete die »Times« nach den Festivitäten im Herbst 1809 über die Anteilnahme der Bevölkerung.

Ein gehöriges Maß an Berechnung lag auch den Jubiläen **Georgs V.** 1935 und denen seiner Enkelin **Elisabeth II.** zugrunde. Die Organisatoren des goldenen Jubiläums von 2002 blickten neidvoll auf das Jahr 1977 zurück, als die ganze Nation auf den Straßen tanzte und den Union Jack schwenkte – und die Monarchie noch unangefochten war. Mittlerweile war das Bild der vorbildlichen Familie durch Affären und gescheiterte Ehen zerschlagen und das »Diana-Phänomen« warf einen langen Schatten über das Haus Windsor. Zur Beschwichtigung ihrer Kritiker sah sich die Königin 1992 sogar genötigt, erstmals Einkommens- und Kapitalsteuern zu zahlen. Das Kronjubiläum war entgegen den Voraussagen wieder ein Erfolg.

Die Monarchie lebe vom Mysterium, schrieb Walter Bagehot 1867 in seinem Buch über die englische Verfassung und warnte davor, das Tageslicht in diese Magie eindringen zu lassen. Inzwischen sind die Windsors von grellen Scheinwerfern erfasst worden.

Eine Zeit lang schien es, als verspiele sich **Elisabeth II.** mit ihrer konservativen Starrheit die Gunst der Bevölkerung. Nun deutet einiges darauf, dass ihr Sympathie zufließt, gerade weil sie sich dem Zeitgeist nicht beugte. Ungeachtet der Zugeständnisse, die sie an den Wandel machen musste, ist die Krone der ruhende Pol geblieben, ein Symbol der Kontinuität in aufgewühlten Zeiten.

Als Elisabeth II. vor Jahren an einer jubelnden Menge vorbeifuhr, bemerkte ihr Begleiter untertänigst: »Die Menschen lieben Sie wirklich, Ma'am.« Kühl erwiderte die Königin, der Beifall gelte nicht ihr, sondern der Monarchie. Der Respekt, den selbst Gegner der Institution dieser Herrscherin zollen, die das Pflichtbewusstsein stets über das eigene Glück stellt, widerspricht ihrer bescheidenen Auffassung der eigenen Rolle. Es hat sich gezeigt, dass die Stabilität der Institution auch der Person der Königin selbst zu verdanken ist.

Seit dem 2. Juni 1953 regiert Elisabeth II. mit stoischer Fassung das Vereinigte Königreich.

Der deutsche Dirigent Fritz Busch emigrierte 1933 nach England, wo er mit Carl Ebert die Festspiele von Glyndebourne ins Leben rief.

Landschaft so nachhaltig geprägt wie die von Hitler vertriebenen Juden: durch ihre Pionierarbeit in den Naturwissenschaften, durch die Verlage, die sie gründeten, durch das Opernfestspiel von Glyndebourne, das ohne Fritz Busch und Rudolf Bing nie das schon im Gründungsjahr 1934 erreichte Format bekommen hätte, durch ihre Bücher und ihr öffentliches Wirken, für das sie oftmals ins Oberhaus befördert wurden.

Für manche – wie den Schriftsteller Stefan Zweig, den Bauhaus-Architekten Walter Gropius, den Philosophen Theodor Adorno, den Schauspieler Fritz Kortner oder die Operettendiva Fritzi Massary – war die Stadt nur eine Durchgangsstation auf dem Weg über den Atlantik. Der Künstler Kurt Schwitters zog nach dem Krieg von London in den nordenglischen Lake District, wo sein Grab die Inschrift trägt, die bei vielen Schicksalsgenossen Nachhall finden dürfte: »Man kann ja nie wissen.« Oskar Kokoschka, der 1947 die britische Staatsbürgerschaft annahm, verbrachte seine letzten Jahre in der Schweiz, wie auch Elias Canetti, Nobelpreisträger für Literatur, der in seinem Erinnerungsband »Party im Blitz« seine englischen Jahre schildert. Der Publizist Sebastian Haffner und der Theaterregisseur Peter Zadek kehrten nach Deutschland zurück, der Soziologe Norbert Elias ließ sich in Amsterdam nieder.

Aber viele andere sind geblieben. In London stößt man überall auf ihre Hinterlassenschaften. Zwar gibt es die meisten Cafés, Restaurants und Vereine, in denen sich die Emigranten trafen, heute nicht mehr. Auch das deutschsprachige Londoner Blatt »Die Zeitung«, zu dessen Gründung Thomas Mann im März 1941 ein Glückwunschtelegramm schickte, ist längst eingestellt. Aber die Bildbände von Thames & Hudson und Phaidon, die bei Weidenfeld and Nicolson erscheinenden Biografien und Geschichtsbücher, der Nobelpreis für den Molekularbiologen Max Perutz, die Kunst von Lucian Freud, eines Enkels von Sigmund Freud, dessen letzte Wohnung in Hampstead ein Museum ist, die Architekturführer von Nikolaus Pevsner, die Musik des Amadeus-Quartetts, die Geschichten der Kinderbuchautorin Judith Kerr zeugen von dem, was England gewonnen und Kontinentaleuropa verloren hat.

Eine Kuriosität geht ebenfalls auf diesen Einschnitt zurück: die Figur des teuflischen Goldfinger in den James-Bond-Abenteuern. Ihr Schöpfer Ian Fleming war in Hampstead Nachbar von Ernö Goldfinger, einem aus Ungarn stammenden Architekten. Dieser hatte sich Ende der 1930er-Jahre ein Haus gebaut, an dem Fleming derart Anstoß nahm, dass er Goldfinger als Bösewicht verewigte. Das Haus gehört heute der Denkmalschutzorganisation National Trust und gilt mit seiner Einrichtung als eines der herausragenden Beispiele des Baustils jener Zeit.

VON DEN SWINGING SIXTIES ZU COOL BRITANNIA

Kaum eine Sehenswürdigkeit ist so unscheinbar wie der Zebrastreifen in der Abbey Road. Doch für Beatles-Fans ist er eine Pilgerstätte – schließlich ziert er das Cover des letzten Albums der Pilzköpfe. Auf dem 1969 aufgenommenen Bild spazieren die vier hintereinander über die Straße vor ihrem Aufnahmestudio in St. John's Wood. Ohne das Foto wäre es ein Zebrastreifen wie jeder andere. Stattdessen ist er ein Symbol jener Epoche geworden, die als die »Swinging Sixties« in die Geschichte eingegangen ist.

Es war die atemlose Ära des Minirocks und der Feinstrumpfhose, der Bob-Frisur, des knabenhaft schlanken Supermodels Twiggy, der Aufhebung der Wehrpflicht sowie von Popgruppen wie The Rolling Stones und The Who. Die Teddy Boys der 50er-Jahre mit ihrer Elvis-Tolle, den Röhrenhosen und langen Jacketts wichen den Mods, die ihre nach italienischer Art geschnittenen Anzüge in den neuen Modeboutiquen der Carnaby Street kauften. Die Frauen gingen in die King's Road zu Mary Quant, deren kesse Kleider dem Drang der jungen Generation nach mehr Freiheit, weniger Regeln und weniger Tradition Ausdruck verliehen.

Die Mode- und die Popindustrie dienten als Magnet für andere Branchen wie Werbung und Film, und so kam es, dass »Time« 1966 eine Titelgeschichte schrieb, die den Begriff vom »Swinging London« in Umlauf brachte: »In einem von der Jugend beherrschten Jahrzehnt ist London plötzlich erblüht. Es swingt, hier ist die Szene«, konstatierte das amerikanische Magazin. Diese Dynamik ergab sich aus der Kombination der Zeitstimmung mit dem zunehmenden Wohlstand der Nachkriegsjahre. Zwischen 1950 und 1970 stiegen die Gehälter um rund 70 Prozent.

Die Kaufkraft einer breiteren Schicht von Konsumenten aus dem Mittel- und Arbeiterstand wirkte sich auf die Londoner Wirtschaft aus, so wie die enormen Gratifikationen, die City-Angestellte in dem Boom der 1990er-Jahre erhielten, einer neuen Londoner Blütezeit Vorschub leisteten, die bis heute anhält.

Sie begann mit den sogenannten Britpack-Künstlern, deren auf Schockeffekt zielende Werke wie Damien Hirsts zersägte und in Formaldehyd eingelegte Kuh oder die grausamen Schaufensterpuppen der Brüder Chapman mit dem Erneuerungsgeist der im Mai 1997 gewählten Labour-Regierung Tony Blairs einhergingen. Sie brachte ihre Vorstellungen von kultureller Blüte auf den Begriff »Cool Britannia«. So wenig diese Formel Gefallen fand, ist nicht zu bestreiten, dass London im 21. Jahrhundert wieder swingt.

BIG BANG

Als die Briten während der Energiekrise zu Beginn der 1970er-Jahre die Dreitagewoche einführten, frotzelte man im Ausland, die Herren aus der Londoner City leisteten nun offiziell, was inoffiziell gang und gäbe sei. Den Mittelpunkt des Arbeitstages bildeten stundenlange, mit Bordeaux hinuntergespülte Mittagessen, von denen sich die Finanziers in ihren Herrenklubs erholten. Das Börsen- und Bankwesen lag in den Fängen des »Old Boy Network«, jener inzüchtigen Gesellschaft von Männern, die dieselben Schulen und Universitäten besucht hatten und ihre Geschäfte untereinander abwickelten. In ihrer Selbstgefälligkeit kümmerte es sie nicht, dass London als Finanzplatz zurückfiel und England als der kranke Mann Europas galt.

Am 27. Oktober 1986 trat unter der Regierung Margaret Thatchers ein Gesetz in Kraft, das die City ins 20. Jahrhundert zerrte. Die Liberalisierung setzte den festen Kommissionen beim Aktienhandel ein Ende, hob die Wettbewerbsbeschränkungen auf und öffnete den Markt für internationale Firmen, die denn auch nach und nach die traditionsreichen britischen Häuser aufkauften. Mit »Big Bang« oder dem »Tag des Urknalls« verschwand die Unterscheidung zwischen Maklern, die für Investoren auftraten, und Jobbern oder Großhändlern von Wertpapieren, und bald ersetzte der elektronische Handel das Geschäft auf dem Börsenparkett. Das Tempo beschleunigte sich, London wurde zum Gravitationszentrum und macht inzwischen New York den Rang als wichtigster Finanzplatz strittig.

Auf »Big Bang« sind auch architektonische Veränderungen zurückzuführen, die sich nicht nur in den ehemaligen Docklands bemerkbar machten, wo ein moderner Ableger der City emporschoss. Auch die sogenannte Quadratmeile erhielt durch markante Neubauten wie Norman Fosters »erotische Essiggurke« genannten Büroturm, 30 St. Mary Axe, Profil. Weitere Projekte werden die Skyline verändern und der Stadt den Stempel des 21. Jahrhunderts aufprägen.

Zwei Frauen, die Geschichte schrieben: Mary Quant, Erfinderin des Minirocks, und das Model Twiggy auf dem Titel der »Vogue« (S. 229).

VOGUE
PARIS
MAI 6 F.
REUSSIR VOTRE ETE A COUP SUR
EN ROBES DE COTON ET D'ORGANDI
EN MAILLOTS-SHORTS
ET EN BLAZERS

CANNON
STREET
No 65

REISE-SERVICE

London ist eine Metropole, die nie zur Ruhe kommt. Auch spät in der Nacht kann man noch in einen Verkehrsstau geraten. Von der Größe der sich molochartig ausbreitenden Stadt sind Besucher leicht überwältigt. Doch gibt es viele hilfreiche Einrichtungen, die es dem Besucher ermöglichen, sich im Großstadtdschungel zurechtzufinden.

Wissenswertes von A–Z 234

U-Bahn-Plan 248

Sprachführer 250

London kulinarisch 254

Glossar 256

Der alte Routemaster verkehrt nur noch auf zwei Strecken – den Touristen zuliebe.

WISSENSWERTES VON A–Z

ALLGEMEINES

Bevölkerung: Die Hauptstadt des Vereinigten Königreichs von Großbritannien und Nordirland zählt 7,172 Millionen Einwohner. Der Verwaltungsbereich Großlondon ist die kleinste, aber am dichtesten besiedelte der neun Regionen Englands mit 4573 Einwohnern pro Quadratkilometer. In den Bezirken Kensington und Chelsea liegt die Bevölkerungsdichte sogar bei 13 300 Einwohnern pro Quadratkilometer. Fast ein Achtel der britischen Bevölkerung lebt in London. Nahezu 30 Prozent der Einwohner wurden im Ausland geboren. Mehr als 250 Sprachen werden in der Vielvölkerstadt gesprochen. Aus Indien stammen 6,1 Prozent der Einwohner, aus der Karibik 4,8 Prozent, aus Afrika 5,3 Prozent.

Religion: Christen 58,2 Prozent, Muslime 8,5 Prozent, Hindus 4,1 Prozent, Juden 2,1 Prozent, Sikhs 1,5 Prozent. 15,8 Prozent der Londoner gehören keiner Religion an.

Fläche: 1584 Quadratkilometer, davon 30 Prozent Grünflächen

Verwaltung: Großlondon ist unterteilt in die autonome City of London und 32 »boroughs« oder Gemeinden. Die Greater London Authority, bestehend aus dem direkt gewählten Bürgermeister und einem Stadtparlament (London Assembly) mit 25 Mitgliedern, koordiniert die Zusammenarbeit mit den »boroughs« und ist zuständig für übergreifende Dienstleistungen wie das öffentliche Verkehrsnetz, die Polizei, die Feuerwehr und die strategische Planung. Sie hat ihren Sitz in der von Sir Norman Foster erbauten City Hall. Die Stadt ist eingeteilt in Postbezirke. Jede Adresse ist gekennzeichnet durch einen oder zwei von der geografischen Lage bestimmten Buchstaben: N für Norden, NW für Nordwesten, E für Osten, EC für East Central usw. Auf die Buchstaben folgt eine Zahl, die die Lage noch genauer definiert. So steht SW3 beispielsweise für Chelsea, und SW1 für St. James's, Belgravia und Westminster. Die volle Postleitzahl enthält eine weitere Nummer und zwei Buchstaben. Sie erlauben die genaue Lokalisierung der Adresse.

Politik: Bürgermeister und Stadtparlament werden alle vier Jahre neu gewählt. Ergebnis der Wahl von 2004: Konservative Partei 27,84 Prozent (9 Sitze), Labour Partei 24,43 Prozent (7 Sitze), Liberaldemokraten 16,5 Prozent (5 Sitze), Grüne 8,37 Prozent (2 Sitze), UK Independence 8,18 Prozent (2 Sitze), British National Party 4,71 Prozent, Respect 4,57 Prozent, sonstige 3,08 Prozent.

Die Stadtbezirke (boroughs)

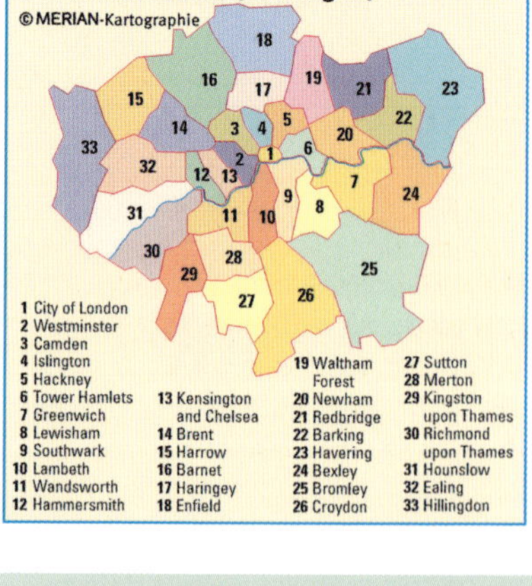

Wer in London-Gatwick landet, hat direkte Verbindung zur Victoria Station, einem der Hauptbahnhöfe in London (S. 236).

Der seit Mai 2000 amtierende Bürgermeister Ken Livingstone gehört der Labour Party an, zu der dieser eigenwillige Populist allerdings ein äußerst gespanntes Verhältnis hat. London ist mit 74 Abgeordneten im Unterhaus des nationalen Parlaments vertreten.

Wirtschaft: London ist die reichste Stadt des Vereinigten Königreichs und der wichtigste Finanzplatz Europas. 85 Prozent der Erwerbstätigen sind im Finanz- und Dienstleistungssektor beschäftigt. Die Gehälter liegen 20 Prozent über dem Landesdurchschnitt, die Lebenskosten sind auch dementsprechend höher. Rund 750 000 Pendler fahren jeden Morgen in die Innenstadt, 86 Prozent davon mit öffentlichen Verkehrsmitteln. Die Arbeitslosigkeit liegt mit 7,5 Prozent weit über dem landesweiten Durchschnitt von 5,5 Prozent.

Tourismus: rund 27 Millionen Übernachtungen im Jahr; die fünf Londoner Flughäfen fertigen jährlich mehr als 120 Millionen Passagiere ab; Touristen geben rund 15 Milliarden Pfund im Jahr in der Hauptstadt aus. Die Stadt besitzt mit dem Palast von Westminster, dem Tower, Kew Gardens und Maritime Greenwich vier Weltkulturstätten der UNESCO und 17 Nationalmuseen.

Städtepartnerschaften: mit Berlin, Moskau, New York, Paris, Peking, Tokio

ANREISE

Mit dem Auto

Wenn möglich sollte man es vermeiden, mit dem Auto anzureisen. In der Innenstadt wird an Wochentagen von 7 bis 18.30 Uhr eine Tagesmaut (Congestion Charge) in Höhe von 8 £ erhoben. Die Gebühr kann im Internet (www.cclondon.com), telefonisch (08 45 90 01 234; aus dem Ausland +44 20 76 49 91 22) und bei bestimmten Tankstellen, Geschäften und Parkhäusern entrichtet werden. Parkuhren verschlingen im Zentrum Mo–Sa 8.30–18.30 Uhr die Pfunde, die Parkzeit ist normalerweise auf maximal vier Stunden beschränkt, und ganze Bataillone von Parkwächtern stehen bereit, um Verkehrssünder mit Bußzetteln (100 £, aber 50 £ Nachlass bei Zahlung innerhalb von 14 Tagen) zu bestrafen, den Wagen mit einer Parkkralle zu blockieren (105 £) oder ihn abschleppen zu lassen (155 £ bei sofortiger Zahlung). Auskunft über abgeschleppte Fahrzeuge: Tel. 77 47 47 47. Absolutes Halteverbot gilt auf den gelben Doppelstreifen, den Zickzackmarkierungen vor Zebrastreifen und zu den Stoßzeiten auch auf einer roten

Linie. Für die meisten Wohngegenden ist ein nur Anwohnern zustehender gebührenpflichtiger Parkausweis erforderlich. In England herrscht Linksverkehr. Im Kreisverkehr gilt trotzdem die Regel rechts vor links. Anschnallen ist vorne und hinten Vorschrift. Im Stadtverkehr ist die Geschwindigkeit auf 48 km/h begrenzt, auf der Autobahn auf 112 km/h. Das Benutzen von Mobiltelefonen am Steuer wird mit 30 £ Bußgeld geahndet.
Pannenhilfe
AA (Automobile Association),
Tel. 08 00 88 77 66; www.theaa.com
RAC (Royal Automobile Club),
Tel. 08 00 82 82 82; www.rac.co.uk
Green Flag Emergency Assistance,
Tel. 08 00 05 10 636; www.greenflag.co.uk
Bei allen drei Organisationen gilt: Nichtmitglieder müssen bei Notfallhilfe zu einer erhöhten Gebühr auf der Stelle beitreten.

Mit der Bahn

London hat elf Bahnhöfe, die an das öffentliche Verkehrsnetz angeschlossen sind. Das Ankunftsziel richtet sich nach der Region, aus der man anreist. Bis November 2007 fährt der Eurostar aus Frankreich und Belgien den Terminal von Nicholas Grimshaw am Bahnhof Waterloo an. Danach werden die Züge an St. Pancras Station ankommen (www.eurostar.com). Fahrzeuge werden in Calais nach Folkestone verladen. Der Autozug legt die Strecke durch den Eurotunnel in 35 Minuten zurück. Für Züge von den Fährhäfen an der Südostküste dient Victoria als Zielbahnhof. Von Harwich kommend steigen Passagiere in Liverpool Street aus. Edinburgh wird von King's Cross bedient. Es ist wesentlich günstiger, Fahrscheine im Internet möglichst lange im Voraus zu buchen, wobei man auf die zahlreichen Optionen achten muss, die geboten werden. Auskünfte: Tel. 0 84 57 48 49 50; www.nationalrail.co.uk

Mit dem Bus

Fernbusse steuern den Busbahnhof Victoria an. www.eurolines.com; www.nationalexpress.com

Mit dem Flugzeug

London hat fünf Flughäfen.
City Airport (Tel. 76 46 00 00; www.londoncityairport.com) liegt 16 Kilometer östlich der Stadtmitte und ist wegen der Nähe zur City (10 km) und dem neuen Finanzzentrum in Canary Wharf (3 km) besonders begehrt bei Geschäftsleuten. Durch die Docklands Light Railway ist der Flughafen an das U-Bahn-Netz angeschlossen. Eine Taxifahrt ins West End kostet etwa 25 £.
Gatwick Airport (Tel. 0 87 00 00 24 68; www.gatwickairport.com) liegt rund 50 Kilometer südlich von London. Mit dem Gatwick Express erreicht man die Innenstadt in 30 Minuten. Er fährt von 5 bis 23.45 Uhr alle 15 Minuten, danach alle 30 Minuten zum Victoria Station (www.gatwickexpress.com). Die einfache Fahrt kostet 12 £. Günstigere Angebote gibt es im Internet. Das Taxi kostet etwa 80 £ ins Zentrum. Man muss mindestens 65 Minuten Fahrtzeit einplanen. Es empfiehlt sich, das Taxi vorab zu buchen (Tel. 01 29 35 67 790; www.checkercars.com).
Heathrow Airport (Tel. 0 87 00 00 01 23; www.heathrowairport.com) liegt 25 Kilome-

ter westlich der Innenstadt. Die blaue Piccadilly-Line der U-Bahn verbindet den Flughafen mit der Stadt. Sie verkehrt montags bis samstags von 5 bis 23.30 Uhr alle 5 bis 10 Minuten, sonntags fährt die Linie erst ab etwa 6 Uhr. Die Fahrt ins Zentrum dauert knapp eine Stunde. Aus London kommend hält die Bahn erst an den Terminals 1, 2 und 3, dann am Terminal 4. Die schnellste Verbindung bietet der Heathrow Express (Tel. 0 84 56 00 15 15; www.heathrowexpress), der in 15 Minuten (23 Minuten von Terminal 4) am Bahnhof Paddington ist. Züge verkehren von 5 bis 23.30 Uhr alle 15 Minuten. Ein Ticket für die einfache Fahrt kostet 14,50 £, für Hin- und Rückfahrt 27 £. Im Internet spart man 1 £. Löst man das Ticket im Zug, werden 2 £ draufgeschlagen.

Luton Airport (Tel. 0 15 82 49 51 00; www.london-luton.co.uk) liegt 50 Kilometer nordwestlich von London und wird von Billigfliegern angeflogen. Ein kostenloser Shuttlebus pendelt zum 10 Minuten entfernten Bahnhof Luton Airport Parkway, von wo Thameslink-Züge regelmäßig unter anderem nach King's Cross, London Bridge, Wimbledon und West Hampstead fahren (www.firstcapitalconnect.co.uk; Tel. 0 84 57 48 49 50); die Fahrt nach King's Cross dauert 30–45 Minuten und kostet 11 £.

Easybus (www.easybus.co.uk) betreibt einen Shuttledienst, der Baker Street in einer Stunde erreicht. Im Internet kann man Karten ab 2 £ kaufen. Sonst beträgt der Preis 8 £. Taxis verlangen in die City rund 65 £.

Stansted Airport (Tel. 0 87 00 00 03 03; www.stanstedairport.com) wird ebenfalls von Billigfliegern genutzt. Der von Norman Foster erbaute Flughafen liegt 55 Kilometer nordöstlich von London. Schnellzüge verkehren von etwa 5 bis 23 Uhr alle 15 Minuten zwischen Liverpool Street in der City und dem Bahnhof unter dem Terminal. Die Station Tottenham Hale ist an die Victoria-Line der U-Bahn angebunden. Das Einzelticket kostet 15,50 £. Fahrtdauer ungefähr 45 Minuten. Viel Zeit einplanen wegen häufiger Änderungen. Busse steuern verschiedene Ziele in der Innenstadt an. Sie brauchen 75 bis 90 Minuten, je nach Verkehrslage (www.nationalexpress.com; www.lowcostcoach.com). Eine Taxifahrt ins Zentrum kostet 95 £.

Mit dem Schiff

Mit der Autofähre setzt man in 75 Minuten von Calais nach Dover, 130 Kilometer südöstlich von London, über (Tel. 01 30 04 24 14 27; www.doverport.co.uk). Für die Strecke zwischen Hoek van Holland und dem 180 Kilometer östlich von London liegenden Hafen Harwich benötigt man vier Stunden (Tel. 0 12 55 24 20 00; www.harwich.co.uk).

APOTHEKEN

Nicht verschreibungspflichtige Medikamente sind in London auch im Supermarkt und bei vielen Zeitungshändlern erhältlich. Die meisten Filialen der allgegenwärtigen Boots-Kette – eine Mischung aus Drogerie, Parfümerie und Apotheke – führen auch Arzneimittel, für die man ein Rezept braucht. In London gibt es nur eine Apotheke, die täglich rund um die Uhr geöffnet hat: Zafash, 233-5 Old Brompton Road, SW5; Tel. 73 73 27 98; U-Bahn: Earl's Court.

Lange Öffnungszeiten hat Bliss Chemist, 5 Marble Arch, W1; Tel. 77 23 61 16; U-Bahn: Marble Arch; tgl. 9–24 Uhr

ÄRZTE UND MEDIZINISCHE BEHANDLUNG

Bürger der EU und der Schweiz werden vom staatlichen Gesundheitsdienst (National Health Service/NHS) im Notfall kostenlos behandelt. Normalerweise wird der Pass oder Personalausweis verlangt und es empfiehlt sich, eine Europäische Krankenversicherungskarte (EHIC) mitzuführen. Bei der zahnärztlichen Behandlung besteht eine hohe Eigenbeteiligung. Für Arzneimittel wird eine Verschreibungsgebühr erhoben. Um Kosten abzudecken, die von der gesetzlichen Krankenkasse nicht getragen werden, ist der Abschluss einer Reiseversicherung ratsam.

Notrufnummer für Krankenwagen, Polizei und Feuerwehr: 999

Kostenloser medizinischer Rat rund um die Uhr bei NHS direct: Tel. 08 45 46 47

Die folgenden Krankenhäuser haben ständig besetzte Notaufnahmen:
Charing Cross Hospital, Fulham Palace Road, W6; Tel. 88 56 12 43; U-Bahn: Hammersmith
Chelsea & Westminster Hospital, 369 Fulham Road, SW10; Tel. 79 55 50 00; U-Bahn: South Kensington, Fulham Broadway (beide 15–20 Min. zu Fuß entfernt)
Royal Free Hospital, Pond Street, NW3; Tel. 77 94 05 00; U-Bahn: Belsize Park
Royal London Hospital, Whitechapel Road, E1; Tel. 73 77 70 00; U-Bahn: Whitechapel
St. Mary's Hospital, Praed Street, W2; Tel. 78 86 66 66; U-Bahn: Paddington
St. Thomas's Hospital, Lambeth Palace Road, SE1; Tel. 71 88 71 88; U-Bahn: Westminster
University College Hospital, Grafton Way, WC1; Tel. 73 87 93 00; U-Bahn: Euston Square, Warren Street

Zahnärztliche Notbehandlung
Guy's Hospital, Tel. 71 88 05 11, Mo–Fr 9–17 Uhr, und Royal London Hospital (siehe links), Mo–Fr 8–15.30 Uhr. Außerhalb dieser Zeiten steht die Notaufnahme zur Verfügung.

Die Firma Medicentre betreibt in London mehrere private Gesundheitszentren, die ärztliche Dienste ohne Voranmeldung anbieten und Rezepte ausstellen, ohne horrende Beträge zu verlangen, Tel. 0 87 06 00 08 70. Die längsten Öffnungszeiten hat die Filiale am Bahnhof Victoria (neben Gleis 15); SW1; Tel. 78 28 54 95; U-Bahn: Victoria; Mo–Fr 8–20, Sa 9–18, So 10–16 Uhr

Unter www.deutsche-in-london.net sind **deutschsprachige Ärzte** aufgelistet.

AUSKUNFT

Britische Fremdenverkehrsämter im Ausland:
Britain Visitor Centre, Hackescher Markt 1, 10178 Berlin, Mo–Fr 11–18 Uhr; Tel. 01 80 01 46 86 42 (Ortstarif), Mo–Do 10–17, Fr 10–13 Uhr; www.visitbritain.de
c/o British Council, Siebensterngasse 21, 1070 Wien; Tel. 08 00 15 01 70 (gebührenfrei); www.visitbritain.at; Öffnungszeiten: Di 12–19, Mi–Fr 11–17 Uhr

Das Büro in Zürich wurde geschlossen, telefonische Auskünfte: 08 44 00 70 07 (Ortstarif); www.visitbritain.ch

In London

Britain and London Visitor Centre, 1 Regent Street, SW1; www.visitbritain.com;
U-Bahn: Piccadilly Circus; Mo 9.30–18.30, Di–Fr 9–18.30, Sa, So 10–16 Uhr; Juni–Sept. Sa 9–17 Uhr
Für Informationen über Unterkünfte, Restaurants, Sehenswürdigkeiten, Veranstaltungen steht auch das London Information Centre bereit; Leicester Square, WC2;
Tel. 72 92 23 33; www.londontown.com;
U-Bahn: Leiceister Square; Mo–Fr 8–23, Sa, So 10–18 Uhr

Informationen über Veranstaltungen

Einen umfassenden Überblick bietet die dienstags erscheinende Wochenzeitschrift »Time Out« (www.timeout.com/london). Der »Evening Standard«, der an Wochentagen in mehreren Ausgaben herauskommt, enthält die wichtigsten Nachrichten und einen Veranstaltungskalender. Die Samstagsausgaben der »Times«, des »Guardian« und des »Independent« weisen in Sonderbeilagen auf die wichtigsten Kulturereignisse hin.

Im Internet

www.visitlondon.com
www.thisislondon.com: Auf der Website der Londoner Abendzeitung »Evening Standard« findet man Veranstaltungen, Rezensionen und Restaurantbesprechungen
www.24hourmuseum.co.uk: Informationen über Museen und Ausstellungen

BEHINDERTE

Neue Einrichtungen, seien es Sehenswürdigkeiten, Hotels oder Verkehrsmittel, müssen rollstuhlgerecht sein. Busse haben sich weitgehend auf die Bedürfnisse von Fahrgästen mit Mobilitätsbeschränkungen eingestellt. Schwarze Taxis müssen eine tragbare Rampe mitführen. Das veraltete U-Bahn-Netz ist mit Ausnahme der Docklands Light Railway und des neuen Abschnitts der Jubilee Line zwischen Westminster und Stratford für Behinderte nur sehr bedingt geeignet. Auf U-Bahn-Plänen sind die rollstuhlgerechten Stationen vermerkt, www.tfl.gov.uk/tube/using/acccess.asp; Auskunft über geeignete Routen: Tel. 72 22 12 34. Vor der Fahrt sicherstellen, dass die Fahrstühle funktionieren.
Der Führer »Access in London« erteilt ausführliche Informationen für Behinderte. Gegen eine Spende von 10 £ erhältlich über www.accessinlondon.org oder Radar (Royal Association for Disability and Rehabilitation), www.radar.org.uk; Tel. 72 50 32 22.

BUCHTIPPS

Brick Lane von Monica Ali, Knaur 2005, ISBN 978-3-426-62937-6, 9,95 €.
Roman, der einen Einblick in den multikulturellen Osten Londons gewährt, wie ihn eine Einwanderin aus einem Dorf in Bangladesch erlebt.
Das geheime Tagebuch von Samuel Pepys, Insel 1995, ISBN 978-3-458-32337-2, 15 €.
Der große Chronist des 17. Jahrhunderts plaudert über hohe Politik und Literatur, über große Katastrophen und kleine Begebenheiten seines Londoner Alltags.

London. Die Biografie von Peter Ackroyd, Knaus 2006, ISBN 978-3-8135-0290-9, 25 €. Ein thematisch gegliedertes Charakterbild der brodelnden Metropole von der Vorgeschichte bis zur Gegenwart.
Lust und Laster von Evelyn Waugh, Diogenes 2003, ISBN 978-3-257-21174-0, 8,90 €. Das müßige Tun und Treiben der Londoner Gesellschaft in den 1920er-Jahren, mit satirischer Feder gezeichnet.
MERIAN London, Magazin mit ca. 148 Seiten und extra Faltkarte, Jahreszeiten Verlag 2004, ISBN 978-3-7742-6911-8, 7,50 €
Oliver Twist von Charles Dickens, Diogenes 2005, ISBN 978-3-257-21035-4, 9,90 €. Das Elend der Londoner Unterwelt im 19. Jahrhundert dient als Kulisse für das Schicksal des Waisenjungen.
Ein Sommer in London von Theodor Fontane, Insel 1995, ISBN 978-3-458-33423-1, 8 €. Londoner Skizzen des großen Preußen aus dem Jahr 1852.

DIEBSTAHL

London gilt als relativ sicher, doch ist wie in jeder Großstadt Vorsicht geboten. Es empfiehlt sich in jedem Fall, eine Reiseversicherung abzuschließen. Ferner sollte man gut beleuchtete Straßen benutzen und Abkürzungen durch schmale Gassen und bewaldete Grünflächen meiden. Taschendiebe sind in der U-Bahn und in den belebten Einkaufstraßen aktiv. Möglichst wenig Bargeld mitführen, Wertsachen auf mehrere Taschen verteilen, die Hand- oder Brieftasche eng am Körper tragen, sie nie aus den Augen lassen und besonders aufmerksam sein bei der Nutzung von Geldautomaten. Im Notfall 999 wählen. Auch kleinere Diebstähle sollten schon aus Versicherungsgründen entweder bei der nächsten Polizeistelle (eine Liste ist unter www.met.police.uk/local/ erhältlich) oder im Internet gemeldet werden (www.onlinepolice.uk). Für Vergehen in den öffentlichen Verkehrsmitteln ist die British Transport Police zuständig, Tel. 08 00 40 50 40. Die National Victim Support Line, Tel. 0 84 53 03 09 00, ist ein Notruf, der Rat gibt und Unterstützung leistet.

DIPLOMATISCHE VERTRETUNGEN

Deutsche Botschaft, 23 Belgrave Square, SW1; Tel. 78 24 13 00; www.german-embassy.org.uk; U-Bahn: Hyde Park Corner
Österreichische Botschaft, 18 Belgrave Mews West, SW1; Tel. 72 35 37 31; www.austria.org.uk; U-Bahn: Hyde Park Corner
Schweizerische Botschaft, 16–18 Montagu Place, W1; Tel. 76 16 60 00; www.swissembassy.org.uk; U-Bahn: Baker Street

FRAUEN

Solange sie Vernunft walten lassen, können sich Frauen getrost allein durch die Stadt bewegen. Es gelten die selben Hinweise wie zur Verhinderung von Diebstahl. Bei Dunkelheit entlegene U-Bahn-Stationen und verlassene Straßen ebenso meiden wie leere U-Bahnabteile. Niemals bei einem Minicab-Fahrer einsteigen, der sich an der Straße um einen Auftrag bemüht. Ladycabs, Tel. 72 54 35 01, stellt nur Fahrerinnen ein.

FUNDBÜRO

Gegenstände, die in öffentlichen Verkehrsmitteln und Taxis gefunden worden sind, werden nach einigen Tagen beim Fundbüro abgegeben: 200 Baker Street, NW1; Tel. 0 84 53 30 98 82 (mit viel Geduld zu wählen!), Mo–Fr 8.30–16 Uhr.

GELD

Die Währung ist das Pfund Sterling (£). Ein Pfund besteht aus 100 Pence, kurz »p« genannt, englisch »pee« ausgesprochen. Es sind Noten im Wert von 5 £, 10 £, 20 £ und 50 £ im Umlauf und Münzen von 1 p, 5 p, 10 p, 20 p, 50 p, 1 £ und 2 £. Geld lässt sich mühelos an den zahlreich vorhandenen Automaten abheben. Die Banken haben das Geldwechseln am Schalter stark eingeschränkt. Man ist auf Wechselstuben (bureaux de change) angewiesen. Immer erst Kurse vergleichen und nach der Provision fragen. Die Banköffnungszeiten variieren je nach Filiale. Die meisten Banken haben Mo–Fr 9–16.30 Uhr geöffnet, einige auch Sa 9–13 Uhr.

WECHSELKURSE

GBP	Euro	sFr.
0,50	0,74	1,22
1	1,47	2,43
2	2,95	4,87
5	7,37	12,17
10	14,73	24,34
20	29,47	48,68
30	44,20	73,02
50	73,67	121,70
100	147,35	243,39
250	368,36	608,47
500	736,73	1216,95
750	1105,09	1825,43
1000	1473,46	2433,91

Stand: Juni 2007

GOTTESDIENSTE DEUTSCHSPRACHIG

Katholische Messe: St. Boniface, 47 Adler Street, E1; Tel. 72 47 95 29; www.rcdow.org.uk/germanchurch/; 2., 4., 5. So im Monat 11.30 Uhr; U-Bahn: Aldgate East

Evangelischer Gottesdienst: Christuskirche, 19 Montpellier Place, SW7; Tel. 88 76 63 66; www.ev-kirche-london-west.org.uk; So 11 Uhr. Das Altarsilber der 1904 geweihten Kirche nahe Harrod's wurde von Kaiser Wilhelm II. entworfen und gestiftet. U-Bahn: Knightsbridge

INTERNET

Cybercafés sind stadtweit präsent. EasyInternetCafé ist mit mehr als 20 Niederlassungen vertreten. Die Filiale 160–166 Kensington High Street, W8, hat fast 400 PCs; tgl. 7–23 Uhr; U-Bahn: High Street Kensington; Netstream in Soho hat rund um die Uhr geöffnet, auch an Feiertagen: 9–12 St. Anne's Court, W1; U-Bahn: Tottenham Court Road. Einige städtische Bibliotheken bieten einen kostenlosen Zugang an; www.londonlibraries.org.

KLEIDUNG

Die Kleiderordnung ist sehr gelockert worden. In einigen Restaurants herrscht jedoch Krawattenpflicht. Dort sind Turnschuhe auch nicht angebracht. Aber es gilt immer mehr das Motto von Preußenkönig Friedrich dem Großen, dass »jeder nach seiner Façon selig werden kann«.

KONFEKTIONSGRÖSSEN

Deutsch - Englisch
Größe 36 - Size 8
Größe 38 - Size 10
Größe 40 - Size 12
Größe 42 - Size 14
Größe 44 - Size 16

LEIHWAGEN

Autovermietungen sind an den Flughäfen und in der Stadt zahlreich vertreten. Sie sind im Branchentelefonbuch (yellow pages) aufgeführt. Internetbuchungen über
www.avis.com
www.easycar.com
www.europcar.co.uk
www.hertz.com
www.thrifty.co.uk

MASSE UND GEWICHTE

1 inch = 2,54 cm
1 foot = 30,48 cm
1 yard = 91,44 cm
1 mile = 1,609 km
1 pint = 0,57 l
1 gallon = 4,54 l
1 ounce = 28,35 g
1 pound = 453,59 g

ÖFFENTLICHE VERKEHRSMITTEL

London ist hervorragend mit öffentlichen Verkehrsmitteln erschlossen. Die Stadt hat die älteste U-Bahn der Welt – der erste Zug fuhr am 10. Januar 1863 – und eines der größten Netze. Trotz der veralteten Infrastruktur und den vielen Zwischen- und Ausfällen erreicht man mit der U-Bahn, meist Tube genannt, am schnellsten sein Ziel, wobei die Stoßzeiten Mo–Fr 8–9.30 und 19–20.30 Uhr wegen Überfüllung möglichst gemieden werden sollten. Bei heißem Wetter empfiehlt es sich, eine Flasche Wasser dabeizuhaben.
Zusätzlich zu den zwölf, durch unterschiedliche Farben gekennzeichneten Linien gibt es die Docklands Light Railway (DLR), eine fahrerlose Stadtbahn, die die City mit den östlichen Bezirken im ehemaligen Hafengebiet und dem Südosten verbindet. Aktuelle Informationen über das gesamte Verkehrsnetz einschließlich der Themsefähren: www.tfl.gov.uk, Tel. 72 22 12 34. Dort können auch Pläne heruntergeladen werden. U-Bahn-Pläne liegen an allen Stationen aus. Der Onlinedienst www.journeyplanner.org errechnet die beste Route für die gewünschte Fahrt. Werktags fahren die ersten Züge gegen 5 Uhr, am Sonntag erst gegen 7 Uhr, und die letzten verkehren zwischen 23.30 und 0.30 Uhr, je nach Linie.

NEBENKOSTEN
(umgerechnet in €)

1 Tasse Kaffee	2,80
1 Bier	3,80–4,80
1 Cola/Softdrink	2,50
1 Brot (ca. 400 g)	0,90
1 Liter Benzin	1,40
Einzelfahrt mit U-Bahn/Bus	6/2,20
Mietwagen am Tag	75

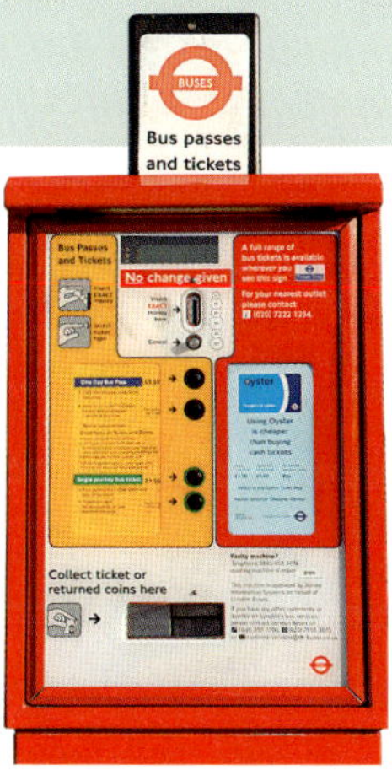

Die Oyster Card wird am Automaten wieder aufgeladen.

Die traditionellen **Doppeldeckerbusse (Routemaster)**, die einst zum Stadtbild gehörten, befahren nur noch die Touristenstrecken 9 und 15, tgl. alle 15 Min. 9.30–18.30 Uhr. Die alten Busse sind durch modernere Modelle ersetzt worden. **Auf vielen Routen sind Busse durchgehend im Dienst.** Zwischen 23 und 6 Uhr gibt es zusätzlich Nachtbusse, die mit einem N vor der Nummer gekennzeichnet sind. In der Innenstadt muss die Fahrkarte vor dem Einstieg erworben werden.

Boot

Auf der Themse verkehren zwischen Putney Pier und Woolwich Arsenal verschiedene Fährbetriebe für Pendler und Touristen.

Fahrkarten

Das U-Bahn-Netz ist in sechs Zonen aufgeteilt. Je höher die Ziffer der Zone, desto weiter ist sie von der Stadtmitte entfernt. Der Pauschalpreis für eine Einzelfahrt beträgt 4 £. Am günstigsten und bequemsten bewegt man sich mit der U-Bahn, den Bussen, der DLR und auf einigen Bahnstrecken im Nahverkehrsnetz mit einer Oyster Card fort, einer aufladbaren, kreditkartengroßen Plastikkarte, die bei jeder Fahrt über ein Lesegerät gezogen werden muss. Die Lesegeräte berechnen automatisch den preiswertesten Tarif. Die normale Einzelfahrt mit der U-Bahn reduziert sich mit Oyster je nach Zeit und Zone von 4 £ auf bis zu 1,50 £. Normale Busfahrkarten kosten 2 £, mit Oyster nur 1 £ pro Fahrt. An einem Tag werden nie mehr als 3 £ von der Karte abgezogen, selbst wenn man sie öfter einsetzt.

Die **Oyster Card** ist gegen eine Einlage von 3 £ an U-Bahn-Stationen, manchen Bahnhöfen und Zeitungsläden erhältlich sowie beim Informationszentrum von London Transport an der U-Bahn-Station Heathrow. Sie kann an Fahrkartenautomaten und im Internet neu aufgeladen werden; www.tfl.gov.uk/oyster. Aufgeladene Karten können auch im Voraus über die britischen Fremdenverkehrsämter im Ausland erworben werden (s. Auskunft, S. 238). Das Guthaben auf der Oyster Card verfällt nicht. Die Karte kann für spätere Besuche aufgehoben oder an andere weitergereicht werden. An den U-Bahn-Stationen werden bei Rückgabe der Karte die Einlage und das Guthaben erstattet.
Für Kurzbesuche empfiehlt sich eine **Day Travelcard** oder eine **3 Day Travelcard** (Ein- oder Dreitageskarte). Eine

AUTORENTIPP Besucher, die sich auf den Rolltreppen der U-Bahn breitmachen, sodass niemand links überholen kann, werden zum öffentlichen Ärgernis. Es gilt die ungeschriebene Regel: immer rechts stehen.

Peak-Travelcard (peak = zur Hauptverkehrszeit) kostet für die Zonen 1–2 pro Tag 6,60 £ und berechtigt Mo–Fr bis 4.30 Uhr des folgenden Morgens zur Nutzung des Netzes in dem Bereich. Eine Off-Peak-Travelcard (außerhalb der Hauptverkehrszeit) kostet für die beiden Zonen 5,10 £ pro Tag. Das Netz darf Mo–Fr erst nach 9.30 Uhr genutzt werden. Sa, So und an Feiertagen ist die Off-Peak-Card ganztags gültig. Der Preis erhöht sich, je mehr Zonen die Karte einschließt. Kinder unter 11 Jahren fahren in Begleitung eines Erwachsenen kostenlos mit der U-Bahn. Die Aufseher öffnen ihnen die Schranken. In Bussen brauchen sie auch ohne Begleitung bis zum 14. Geburtstag nichts zu zahlen. Es gibt auch Tageskarten zum Kindertarif (bis 15 Jahre). Oyster bietet bis zum 18. Geburtstag Vergünstigungen. Die Beschaffung der Karte ist für Minderjährige allerdings umständlich. Der Aufwand lohnt sich nur bei längeren Aufenthalten.

ÖFFNUNGSZEITEN

Die Geschäftszeiten werden sehr flexibel gehalten. Kleinere Läden und Boutiquen haben Mo–Sa 10–18 Uhr geöffnet. In Knightsbridge ist mittwochs, in Oxford Street donnerstags späterer Ladenschluss. Manche Kaufhäuser haben Mo–Sa bis 19 oder 20 Uhr geöffnet, einige sogar länger. Sonntags wird in vielen Geschäften von 11 bis 17 Uhr oder 12 bis 18 Uhr verkauft. Supermärkte haben mitunter von 7 bis 24 Uhr geöffnet. In Büros wird gewöhnlich von 9 bis 17 oder 18 Uhr gearbeitet, Behörden haben von 9.30 bis 16.30 Uhr geöffnet. Pubs: Mo–Fr 11–2, So 12–22.30 Uhr.

POST

Postämter sind Mo–Fr 9–17.30, Sa 9–12.30 Uhr geöffnet. Das Postamt Trafalgar Square hat Mo, Mi, Do, Fr 8.30–18.30, Di 9.15–18.30, Sa 9–17.30 Uhr auf. Briefmarken sind auch bei manchen Zeitungshändlern und in einigen Supermärkten erhältlich. Postkarten und Briefe bis zu 20 g kosten innerhalb Europas 44 p.

RADFAHREN

London lässt sich auch mit dem Fahrrad gut erschließen. Geführte Radtouren bietet: The London Bicycle Tour Company, 1a Gabriels Wharf, 56 Upper Ground, SE1; Tel. 79 28 68 38; www.londonbicycle.com. Oder man kann sich mithilfe der Radpläne von Transport for London auf den Weg machen (kostenlos an U-Bahn-Stationen). Die Firma Velorution vermietet Falträder und liefert sie ins Hotelzimmer (18 Great Titchfield Street, W1; Tel. 76 37 40 04; www.velorution.biz).

REISEWETTER

Das Klima ist in London relativ mild, aber abwechslungsreich. Es schneit selten und regnet nicht so häufig, wie behauptet wird. Oft aber ist die Stadt von einem grauen Dunstschleier umhüllt. Im Sommer können die Temperaturen 30 Grad überschreiten, im Winter liegen sie selten unter null Grad. Fünftägige Wettervorhersage für London: www.visitlondon.com/info/weather

RUNDFUNK UND FERNSEHEN

Die öffentlich-rechtliche BBC (bbc.co.uk) betreibt zusätzlich zu ihren fünf Haupthörfunkprogrammen (BBC Radio 1: Ukw 97–99

Mittelwert	JAN	FEB	MÄR	APR	MAI	JUN	JUL	AUG	SEP	OKT	NOV	DEZ
Tagestemperatur	6	7	10	13	17	20	22	21	19	14	10	8
Nachttemperatur	2	2	3	6	8	12	14	13	11	8	5	4
Sonnenstunden	2	2	4	6	7	7	7	6	5	3	2	1
Regentage pro Monat	15	13	11	12	12	11	12	11	13	13	15	15

Quelle: Deutscher Wetterdienst, Offenbach

– Pop, BBC Radio 2: Ukw 88–91 – Unterhaltung, BBC Radio 3: Ukw 90–93 – Klassik, BBC Radio 4: Ukw 92–94 – Sprechprogramm) den regionalen Sender BBC London: Ukw 94,9. BBC Radio 4 strahlt Mo–Fr 6–9, Sa 7–9 Uhr das »Today Programme« aus, ein seriöses Nachrichtenmagazin. Daneben gibt es u. a. die privaten Sender Jazz FM: Ukw 102,2, Classic FM: Ukw 100–102 und Capital FM: Ukw 95,8 für Chat und Musik.
TV-Nachrichten BBC 1: Mo–Fr 18 und 22 Uhr. Die umfassendsten Nachrichten bringt der kommerzielle Sender Channel 4 Mo–Fr um 19 Uhr. Der Satellitensender Sky News sendet rund um die Uhr Nachrichten.

SPORT

Infomationen zu sportlichen Aktivitäten und Veranstaltungen: www.visitlondon.com

Reiten

Hyde Park Stables, 63 Bathhurst Mew, W2; Tel. 77 23 28 13; www.hydeparkstables.com; U-Bahn: Lancaster Gate; Mo–Fr 7.15–17, Sa, So, 9–17 Uhr; ab 49 £ die Stunde

Schwimmen

In London gibt es zahlreiche natürliche Gewässer und öffentliche Schwimmbäder (→ Der gute Tipp von MERIAN, S. 50; → S. 107)

SPRACHSCHULEN

Central School of English, 1 Tottenham Court Road, W1; Tel. 75 80 28 63; www.centralschool.co.uk; U-Bahn: Tottenham Court Road; ab 170 £ pro Woche. Keine Anmeldegebühr. Einstufungstest, Zertifikat. Auch Privatunterricht.
Shane Global Language Centre, 59 South Molton Street, W1; Tel. 74 99 85 33; www.shaneglobal.com; U-Bahn: Bond Street; ab 130 £ pro Woche, 50 £ Anmeldegebühr, Materialien 18 £.

STADTBESICHTIGUNG

Mit dem offenen Doppeldeckerbus

Original London Sightseeing Tour, Tel. 88 77 17 22; www.theoriginaltour.com. Beliebiges Ein- und Aussteigen an mehr als 90 Haltestellen.

Mit dem Boot

City Cruises, Tel. 77 40 04 00; www.citycruises.com
London Duck Tours, Straßen- und Flusstour mit Amphibienfahrzeugen, Tel. 79 28 31 32; www.londonducktours.co.uk

Mit dem Hubschrauber

Cabair, Tel. 89 53 44 11; www.cabairhelicopters.com; 149 £ pro Person

Mit dem Taxi
Black Taxi Tours, Tel. 79 35 93 63; www.blacktaxitours.co.uk; 5 Personen 2 Stunden ab 85 £.

Zu Fuß
Täglich thematische Führungen: Original London Walks, Tel. 76 24 39 78; www.walks.com

Die typischen Londoner Taxis werden in der mittelenglischen Stadt Coventry gebaut.

STROM

Die Netzspannung beträgt wie in Deutschland 220–240 Volt/50 Hz. Für mitgebrachte Elektrogeräte braucht man jedoch einen Adapter, da die Briten dreipolige Stecker haben. Rasierapparate und andere kleine Stromverbraucher funktionieren in den Rasiersteckdosen im Badezimmer.

TAXI

Typisch für London sind die **Black Taxis**, die nicht immer schwarz sind. Wenn das Taxizeichen leuchtet, kann das Fahrzeug herangewunken werden. Der Preis, der mit einer Grundgebühr von 2,20 £ beginnt, errechnet sich aus einer Mischung aus Zeit und zurückgelegter Strecke. Nach sechs Meilen und nach 20 Uhr wird es erheblich teurer. Black Taxis können auch telefonisch bestellt werden. Tel. 087 18 71 87 10 (Zuschlag 2 £). Bei Regen und zu den Stoßzeiten sind sie schwer zu finden.
Außerdem gibt es **Minicabs**. Sie kosten oft weniger als die Black Taxis, aber viele sind nicht lizensiert, und die Fahrer, die sich auf der Straße anbiedern, sind mitunter nicht versichert. Die gelbe Lizenz muss auf der Windschutzscheibe sichtbar sein. Unbedingt den Preis vorher aushandeln.

Luxuslimousinen mit Chauffeur stellt unter anderem Luxury Vacations zur Verfügung; Tel. 86 69 36 66; www.luxuryvacationsuk.com.

TELEFONIEREN

Vorwahl von D, A, CH nach London 00 44 20
Innerhalb Großbritanniens 020
Von GB nach D: 00 49, nach A: 00 43, in die CH: 00 41
Auskunft international: 11 85 05; Inland 11 85 00
Zeitungshändler und Supermärkte verkaufen Telefonkarten ab 5 £, mit denen man von privaten Anschlüssen, Telefonzellen und Mobiltelefonen günstiger ins Ausland telefonieren kann. Billigere Tarife gibt es auch in einigen Internetcafés. Das britische GMS-Netz ist mit kontinentaleuropäischen Mobiltelefonen kompatibel. Die Roamingkosten sind allerdings so teuer, dass sich unter Umständen der Kauf einer britischen SIM-Karte lohnt.

TRINKGELD

Im Restaurant ist häufig ein Zuschlag von 12,5 Prozent für die Bedienung inbegriffen. Er wird normalerweise als »discretionary service charge« (dem Ermessen anheim gestelltes Bedienungsgeld) aufgeführt. Ansonsten sind 10–15 Prozent Trinkgeld üblich. Im Hotel sollte man dem Gepäckträger nicht weniger als 1 £, dem Zimmermädchen bis zu 5 £ geben. Bei Taxis um 10 Prozent aufrunden, das Gleiche gilt beim Friseur.

TRINKWASSER

Londoner Leitungswasser schmeckt zwar nicht besonders gut, ist aber trinkbar.

VERGÜNSTIGUNGEN

Der »London Pass« bietet Ermäßigungen bei mehr als 50 Sehenswürdigkeiten sowie Rabatte bei ausgewählten Geschäften, Lokalen und Kinos. Mit dieser Karte bleibt einem auch das Schlangestehen erspart. Sie ist kombinierbar mit der Travelcard für das öffentliche Verkehrsnetz, ab 34 £ pro Tag; www.londonpass.com. Der Ausweis ist auch über die britischen Fremdenverkehrsämter erhältlich (s. Auskunft).

ZEITUNGEN

Ausländische Zeitungen sind im Zentrum an großen Kiosken und in manchen Zeitungsläden erhältlich, unter anderem rund um die Uhr bei Emans News, 123 Queensway, W2; Tel. 77 27 61 22; U-Bahn: Bayswater.

Die Londoner Lokalzeitung »Evening Standard« informiert umfassend über das Stadtgeschehen. Außerdem werden drei boulevardartige Gratisblätter verteilt: »Metro«, »London Lite« und »The London Paper«. Die auflagenstärkste seriöse Tageszeitung ist der konservative »Daily Telegraph«, der im ewigen Wettstreit mit der »Times« steht. Linksliberale lesen den »Guardian« oder den »Independent«. Sonntags erscheinen die Schwesterzeitungen dieser Titel, darunter die »Sunday Times« und der zum »Guardian«-Verlag gehörende »Observer«. Die Wirtschaft liest die »Financial Times«. Die mittelständische Boulevardzeitung »Daily Mail« spricht für das konservative Herzland, die »Sun« und ihr Sonntagsblatt »News of the World« entsprechen am ehesten der »Bild«.

ZEIT

London liegt eine Stunde hinter der mitteleuropäischen Zeit, auch vom letzten Sonntag im März bis zum letzten Sonntag im Oktober, wenn auch die Briten Sommerzeit haben und der Greenwich Mean Time (→ Top Ten, S. 180) eine Stunde voraus sind.

ZOLL

Für Mitglieder der Europäischen Union fallen keine Zollabgaben an, solange die eingeführten Waren für den persönlichen Gebrauch bestimmt sind. Reisende aus der Schweiz dürfen Duty-free beispielsweise 200 Zigaretten, 1 Liter Spirituosen, 60 cc Parfüm sowie Geschenke und andere Artikel im Wert von 145 £ einführen. Nähere Informationen auf der Website des britischen Zolls www.hmrc.gov.uk. Weitere Auskünfte unter www.zoll.de, www.bmf.gv.at/zoll und www.zoll.ch.

a
b
c
1
2
3
4
5
6
Chesham
Chalfont & Latimer
Chorleywood
Amersham
Rickmansworth
Watford
Croxley
Moor Park
Northwood
Northwood Hills
Pinner
North Harrow
Northwick Park
Harrow & Wealdstone
Kenton
Preston Road
Stanmore
Canons Park
Queensbury
Kingsbury
Wembley Park
Neasden
Dollis Hill
Willesden Green
Kilburn
Edgware
Burnt Oak
Colindale
Hendon Central
Brent Cross
West Ruislip
Hillingdon
Uxbridge
Ickenham
Ruislip
Ruislip Manor
Eastcote
Ruislip Gardens
Rayners Lane
West Harrow
Harrow-on-the-Hill
South Kenton
North Wembley
Wembley Central
Stonebridge Park
Harlesden
Willesden Junction
South Ruislip
Northolt
Greenford
Perivale
South Harrow
Sudbury Hill
Sudbury Town
Alperton
Hanger Lane
Park Royal
North Ealing
Ealing Broadway
West Acton
North Acton
East Acton
Acton Central
Ealing Common
South Acton
Acton Town
South Ealing
Northfields
Boston Manor
Osterley
Hounslow East
Hounslow Central
Hounslow West
Hatton Cross
Heathrow Terminals 1,2,3
Heathrow Terminal 4
Chiswick Park
Turnham Green
Stamford Brook
Ravenscourt Park
Gunnersbury
Kew Gardens
Richmond
Kensal Rise
Brondesbury
Brondesbury Park
Kensal Green
Queen's Park
Kilburn Park
Maida Vale
Warwick Avenue
North London
West Hampstead
Finchley Road & Frognal
Finchley Road
Swiss Cottage
St. John's Wood
Belsize Park
Chalk Farm
Baker Street
Edgware Road
Marylebone
Royal Oak
Westbourne Park
Ladbroke Grove
Paddington
Edgware Road
Great Portland Street
Regent's Park
Latimer Road
Bayswater
White City
Holland Park
Queensway
Marble Arch
Oxford Circus
Notting Hill Gate
Lancaster Gate
Bond Street
Tottenham Court Road
Shepherd's Bush
Shepherd's Bush
Kensington (Olympia)
High Street Kensington
Leicester Square
Goldhawk Road
Hyde Park Corner
Green Park
Piccadilly Circus
Knightsbridge
Gloucester Road
Sloane Square
St. James's Park
Hammersmith
Barons Court
West Kensington
Earl's Court
South Kensington
Victoria
Westminster
West Brompton
Fulham Broadway
Parsons Green
Putney Bridge
Pimlico
Vauxhall
East Putney
Southfields
Wimbledon Park
Wimbledon
South Wimbledon
Tooting Broadway
Balham
Clapham North
Morden
Colliers Wood
Tooting Bec
Clapham South
London Underground
© MERIAN-Kartographie

Stand: Juni 2007

SPRACHFÜHRER

Allgemeines

ja – *yes*
nein – *no*
bitte – *please*
danke – *thank you*
Gern geschehen – *You're welcome*
Entschuldigung – *sorry*
Vorsicht! – *beware!*
Wie bitte? – *Sorry, what did you say?*
Ich verstehe nicht – *I don't understand*
Können Sie mir bitte helfen? – *Could you help me, please?*
wann – *when*
wer – *who*
wo – *where*
wie – *how*
was – *what*
Haben Sie ...? – *Have you got ...?*
Darf ich ...? – *May I ...?*
Ja, Sie können – *Yes, you may*
Ich möchte – *I would like*
Wie spät ist es? – *What time is it?*
Wo ist die Toilette? – *Where is the toilet?*
vielleicht – *perhaps*
nie – *never*
immer – *always*
selten – *rarely*
selbstverständlich – *of course*
Deutschland – *Germany*
Österreich – *Austria*
Schweiz – *Switzerland*

Begrüßung

hallo – *hello*
Guten Morgen – *Good morning*
Guten Abend – *Good evening*
Ich heiße – *My name is*
Wie heißen Sie/heißt Du? – *What is your name?*
Wie geht es Ihnen/Dir? – *How are you?*
Danke, gut – *I'm fine/very well, thank you*
Ich komme aus – I am from
Sprechen Sie/sprichst Du Deutsch? – *Do you speak German?*
Ich spreche kaum Englisch – *I speak very little English*
Auf Wiedersehen – *Good bye*
Bis später – *See you later*
Bis morgen – *See you tomorrow*
Schönen Tag – *Have a nice day*

Zeiten

heute – *today*
gestern – *yesterday*
morgen – *tomorrow*
übermorgen – *the day after tomorrow*
Vormittag – *morning/a. m.*
Nachmittag – *afternoon/p. m.*
Abend – *evening*
Nacht – *night*
heute Nacht – *tonight*
Woche – *week*
in einer Woche – *a week from now*
nächste Woche – *next week*
vor einer Woche – *a week ago*
Monat – *month*
Jahr – *year*
jetzt – *now*
bald – *soon*
später – *later*
neun Uhr – *nine o'clock*
halb zehn – *half past nine/nine thirty*
Viertel nach neun – *quarter past nine/nine fifteen*
Viertel vor zehn – *quarter to ten/nine fortyfive*
zwölf Uhr mittags – *noon/midday*
Mitternacht – *midnight*
eine Stunde – *one hour*

Zahlen

eins – *one*
zwei – *two*
drei – *three*
vier – *four*
fünf – *five*
sechs – *six*
sieben – *seven*
acht – *eight*
neun – *nine*
zehn – *ten*
elf – *eleven*
zwölf – *twelve*
dreizehn – *thirteen*
vierzehn – *fourteen*
fünfzehn – *fifteen*
sechzehn – *sixteen*

siebzehn – *seventeen*
achtzehn – *eighteen*
neunzehn – *nineteen*
zwanzig – *twenty*
einundzwanzig – *twentyone*
dreißig – *thirty*
hundert – *one hundred*
tausend – *one thousand*
die Hälfte – *half*
ein Drittel – *a third*
ein Viertel – *a quarter*

Wochentage

Montag – *Monday*
Dienstag – *Tuesday*
Mittwoch – *Wednesday*
Donnerstag – *Thursday*
Freitag – *Friday*
Samstag – *Saturday*
Sonntag – *Sunday*

Monate

Januar – *January*
Februar – *February*
März – *March*
April – *April*
Mai – *May*
Juni – *June*
Juli – *July*
August – *August*
September – *September*
Oktober – *October*
November – *November*
Dezember – *December*

Jahreszeiten und Feste

Frühjahr – *spring*
Sommer – *summer*
Herbst – *autumn*
Winter – *winter*
Weihnachten – *Christmas*
Ostern – *Easter*
Pfingsten – *Whitsun*

Farben

blau – *blue*
braun – *brown*
gelb – *yellow*
grün – *green*
rot – *red*
schwarz – *black*
weiß – *white*
hell – *light*
dunkel – *dark*

Unterwegs

Wo ist ...? – *Where is ...?*
Wie weit ist es nach ...? – *How far is it to ...?*
Ist es weit/nah? – *Is it far/near?*
links – *left*
rechts – *right*
geradeaus – *straight ahead*
zurück – *back*
hinter – *behind*
vor – *in front of*
Bahnhof – *station*
Gleis – *platform*
Bushaltestelle – *bus stop*
U-Bahn-Station – *tube station*
Flughafen – *airport*
Ankunft – *arrival*
Abflug/Abfahrt – *departure*
Gepäck – *baggage*
eine einfache Fahrkarte – *a single ticket*
Eine Hin- und Rückfahrkarte, bitte – *A return ticket, please*
Wo muss ich aussteigen? – *Where do I get off?*
Wo muss ich umsteigen? – *Where do I change?*
Wo ist die Touristeninformation? – *Where is tourist information?*
Wo kann ich Geld wechseln? – *Where can I change money?*
Wo ist die nächste Bank? – *Where is the nearest bank?*
Wo ist die nächste Post? – *Where ist the nearest post office?*
Ich möchte ein Auto/Fahrrad mieten – *I would like to rent a car/bicycle*
Versicherung – *insurance*
Wo ist die nächste Tankstelle? – *Where is the nearest petrol station?*
Volltanken, bitte – *Fill it up, please*
bleifrei – *unleaded*
Ich habe eine Panne – *My car has broken down*
Wo ist die nächste Werkstatt? – *Where is the nearest garage?*
Abschleppdienst – *breakdown service*
abschleppen – *tow away*
Ich hatte einen Unfall – *I have had an accident*
Hilfe – *help*
Erste Hilfe – *first aid*
Krankenwagen – *ambulance*
Krankenhaus – *hospital*

Ich brauche einen Arzt/Zahnarzt – *I need a doctor/dentist*
Apotheke – *chemist*
Es tut hier weh – *It hurts here*
schwindelig – *dizzy*
Zahnschmerzen – *toothache*
Kopfschmerzen – *headache*
Bauchweh – *tummyache*
Herz – *heart*

Übernachtung

Ich suche ein Hotel – *I am looking for a hotel*
Ich habe ein Zimmer reserviert – *I have booked a room*
Haben Sie ein Zimmer frei? – *Do you have a room?*
Ich hätte gern eine Einzel-/Doppelzimmer – *I would like a single/double room*, please
mit Bad/Dusche – *with a bath/shower*
für eine Nacht – *for one night*
Was kostet die Übernachtung? – *How much is it a night?*
Ist das Frühstück inbegriffen? – *Is breakfast included?*
Kann ich das Zimmer sehen? – May/*can I see the room?*
Ich nehme das Zimmer – *I will take the room*

Restaurant

Könnten Sie mir bitte einen Tisch reservieren? – *Could you book a table for me, please?*
Ich habe einen Tisch reserviert – *I have booked a table*
Die Speisekarte, bitte – *Can I see the menu, please?*
Weinkarte – *wine list*
Ich hätte gerne – *I would like*
Kellner – *waiter*
Glas – *glass*
Gabel – *fork*
Löffel – *spoon*
Messer – *knife*
Frühstück – *breakfast*
Mittagessen – *lunch*
Abendessen – *dinner*
Die Rechnung, bitte – *Could I have the bill, please?*

Einkaufen

Kaufhaus – *department store*
Lebensmittelgeschäft – *food shop*
Markt – *market*
Zeitungsgeschäft – *newsagent*
geöffnet – *open*
geschlossen – *closed*
Ausverkauf – *sale*
Haben Sie ...? – *Do you have ...?*
Wo gibt es ...? – *Where can I find ...?*
Was kostet das? – *How much is this?*
Geben Sie mir bitte 100 Gramm/ein Pfund/ein Kilo – *I would like to have one hundred grammes/one pound/one kilo*
Kleider – *clothes*
Anzug – *suit*
Hemd – *shirt*
Jacke – *jacket*
Krawatte – *tie*
Hosen – *trousers*
Kleid – *dress*
Kostüm – *suit*
Bluse – *blouse*
Rock – *skirt*
Pullover – *jersey*
Mantel – *coat*
Strümpfe – *socks*
Strumpfhose – *tights*
Unterwäsche – *underware*
Größe – *size*
lang – *long*
kurz – *short*
zu eng – *too tight*
zu weit – *too large*
zu teuer – *too expensive*
Briefmarken für einen Brief/eine Postkarte – *stamps for a letter/postcard*

Sehenswürdigkeiten

Öffnungszeiten – *opening hours*
Bild – *picture*
Skulptur – *sculpture*
Brunnen – *fountain*
Denkmal – *monument*
Friedhof – *cemetery*
Galerie – *gallery*
Kapelle – *chapel*
Kirche – *church*
Kirchturm – *spire/steeple*
Künstler – *artist*
Museum – *museum*
Platz – *square*
Eintritt – *entrance fee*
Vergünstigung – *concession*
Rentner – *senior citizen*

LONDON KULINARISCH

A

almond – *Mandel*
appetizer – *Häppchen*
apple pie – *gedeckter Apfelkuchen*
asparagus – *Spargel (fast immer grüner Spargel)*

B

bacon – *Speck*
baked – *gebacken*
banger – *Würstchen*
basil – *Basilikum*
beans – *Bohnen*
beef – *Rind*
bitter – *dunkles Bier*
boiled – *gekocht*
bread and butter pudding – *Brotscheiben und Sultaninen in Vanillecreme gebacken*
brownie – *Schokoladenkuchen*
brusselsprouts – *Rosenkohl*
bun – *süßes Brötchen*

C

cabbage – *Kohl*
calf's liver – *Kalbsleber*
carrot – *Karotte*
cauliflower – *Blumenkohl*
cereals – *Sammelbegriff für Müsli, Cornflakes usw.*
Cheddar – *kräftiger Hartkäse*
cheese – *Käse*
cherry – *Kirsche*
chicken – *Huhn*
- breast – *Hühnerbrust*
- drumstick – *Hähnchenkeule*
chocolate – *Schokolade*
chop – *Kotelett*
cider – *Apfelwein*
clotted cream – *dicker Rahm*
cod – *Kabeljau*
coffee – *Kaffee*
corn-on-the-cob – *Maiskolben*
crab – *Krebs*
cranberry – *Preiselbeere*
cream – *Sahne*
cumble – *mit Teigbröseln überbackenes Obst*
cucumber – *Gurke*
custard – *Vanillesauce*
cutlet – *Kotelett*

D

decaffeinated – *koffeinfrei*
dessert – *Nachtisch*
dish of the day – *Tagesgericht*
draught beer – *Bier vom Fass*
dry – *trocken (Wein)*
duck – *Ente*
dumplings – *Klöße*

E

eel – *Aal*
egg – *Ei*
- hard-/softboiled – *hart/weich gekochtes Ei*
- fried egg – *Spiegelei*
- poached egg – *pochiertes Ei*
- scrambled egg – *Rührei*
escalope – *Schnitzel*

F

fish and chips – *panierter Fisch mit Pommes*
fish cake – *Fischfrikadelle*
french beans – *grüne Bohnen*
french fries – *Pommes frites*
fried – *gebraten*
fruit salad – *Obstsalat*

G

game – *Wild*
gammon – *geräucherter Schinken*
garlic – *Knoblauch*
gherkin – *Essiggurke*
goat's cheese – *Ziegenkäse*
grape – *Weintraube*
gravy – *Bratensauce*
grilled – *gegrillt*
grouse – *Moorhuhn*

H

haddock – *Schellfisch*
ham – *Schinken*
herbs – *Kräuter*
honey – *Honig*
horseradish – *Meerrettich*
hot – *heiß oder scharf*

I

ice – *Eiswürfel*
icecream – *Eis*

J

jam – *Marmelade*
jelly – *Gelee, Wackelpudding*
juice – *Saft*

K

kidney – *Niere*

L

lager – *helles Bier*
lamb – *Lamm*
leek – *Lauch, Porree*
lemon – *Zitrone*
lentils – *Linsen*

lettuce – *Kopfsalat*
liver – *Leber*
lobster – *Hummer*
loin – *Lendenstück*
M
mackerel – *Makrele*
main course – *Hauptspeise*
marmelade – *Orangen-marmelade*
mashed potato – *Kartoffelpüree*
meat – *Fleisch*
mince – *Hackfleisch*
mineral water – *Mineralwasser*
– sparkling – *mit Kohlensäure*
– still – *ohne Kohlensäure*
mint sauce – *Minzsauce (wird zu Lamm gegessen)*
mushroom – *Pilz*
mussel – *Muschel*
mustard – *senf*
mutton – *Hammelfleisch*
O
olive oil – *Olivenöl*
onion – *Zwiebel*
oyster – *Auster*
P
pancake – *Pfannkuchen*
parsley – *Petersilie*
parsnip – *Pastinakwurzel*
pastry – *Gebäck*
peach – *Pfirsich*
peas – *Erbsen*
pear – *Birne*
pepper – *Pfeffer*
peppers – *Paprika (Gemüse)*
pickles – *eingelegtes Gemüse*
pineapple – *Ananas*
plaice – *Scholle*
Ploughman's Lunch – *Brot, Käse, Pickle und Salat*
plum – *Pflaume*
poached – *pochiert*
pork – *Schweinefleisch*
porridge – *Haferbrei*
potato – *Kartoffel*
poultry – *Geflügel*
prawn – *Garnele*
pumpkin – *Kürbis*
R
rabbit – *Kaninchen*
raspberries – *Himbeeren*
rare – *blutig*
raw – *roh*
red wine – *Rotwein*
rhubarb – *Rhabarber*
rib – *Rippe*
rice – *Reis*
roast – *Braten*
roast potato – *Röstkartoffel*
rocket – *Rucola*
roll – *Brötchen*
S
salmon – *Lachs*
salt – *Salz*
sausage – *Wurst*
scallop – *Jakobsmuschel*
scones – *brötchenartiges Tee-gebäck*
seafood – *Meeresfrüchte*
shepherd's pie – *Lamm- oder Rinderhackauflauf mit Kartof-felpüree überbacken*
shrimps – *Krabben*
sirloin – *Lendenstück vom Rind*
smoked – *geräuchert*
sole – *Seezunge*
soft drink – *alkoholfreies Ge-tränk*
sparkling wine – *Sekt*
spicy – *pikant*
spinach – *Spinat*
squid – *Tintenfisch*
starter – *Vorspeise*
steak and kidney pie – *Rind-fleisch- und Nierenauflauf mit Teig überbacken*
steamed – *gedämpft*
stew – *Eintopfgericht*
Stilton – *Blauschimmelkäse*
stout – *Starkbier*
strawberries – *Erdbeeren*
stuffed – *gefüllt*
sweet – *Süßspeise*
sweetcorn – *Mais*
T
tart – *Torte*
tea – *Tee*
trifle – *Biscuit mit Früchten*
trout – *Forelle*
tuna – *Thunfisch*
turkey – *Pute*
turnip – *Rübe*
V
veal – *Kalbfleisch*
vegetable – *Gemüse*
venison – *Hirsch, Reh*
vinegar – *Essig*
W
well-done – *durchgebraten*
whipped cream – Schlagsahne
white wine – Weißwein
Y
Yorkshire pudding – *gebacke-ne Teigbeilage zu Roastbeef*

GLOSSAR

Allegorie
Bildliche Darstellung eines abstrakten Begriffs.

Anglikanische Kirche
Sie entstand 1535, als sich Heinrich VIII. von der römischen Kirche lossagte, weil sich der Papst weigerte, seine Ehe zu annulieren. Der König erklärte sich zum Oberhaupt der zwischen protestantischem und katholischem Bekenntnis stehenden Kirche von England.

Art déco
Kurzform für den französischen Begriff »arts décoratifs« (dekorative Künste). Sie kennzeichnet den Modestil der Jahre zwischen den Weltkriegen, der vor allem in der angewandten Kunst und in der Architektur Ausdruck fand.

Barock
Der in Europa von etwa 1600 bis 1750 vorherrschende Kunststil, der sich insbesondere durch feierliche, kühne und geschwungene Dekorationen auszeichnet.

Dandy
Ein Mann, der den aristokratischen Stil nachahmt, für die Exklusivität lebt und seinem Erscheinungsbild übertriebene Aufmerksamkeit schenkt. Im 18. Jahrhundert war die Pose des Dandys auch als Protest gegen die um sich greifenden egalitären Grundsätze aufzufassen.

Empire
Englisch für »Reich«. Der Begriff »British Empire« wurde im 16. Jahrhundert geprägt, als die Seemacht unter Elisabeth I. ihre ersten Kolonien gründete. Im Laufe von 300 Jahren entstand das riesige, auf alle Kontinente verteilte Weltreich, in dem, wie es wegen der geografischen Ausdehnung hieß, »die Sonne nie unterging«. Nach dem Ersten Weltkrieg begannen sich in den Kolonien die Unabhängigkeitsbewegungen zu behaupten. Der Zweite Weltkrieg beschleunigte den Prozess der Entkolonialisierung. Fast alle ehemals britischen Territorien sind inzwischen in die Unabhängigkeit entlassen worden.

Fächergewölbe
Aufwendige, in der spätgotischen englischen Architektur verwendete Gewölbeform, bei der zahlreiche Rippen von einem Punkt der stützenden Bauteile fächerförmig ausstrahlen.

Georgianisch
Aus der Herrschaftszeit der vier Georgs, die 1714 begann, als der Hannoveraner König Georg I. den britischen Thron bestieg, und mit dem Tod Georgs IV. im Jahr 1830 endete. Den Bauwerken dieser Epoche ist die an die Antike angelehnte, schlichte und symmetrische Linienführung gemeinsam.

Gotisch
Den Kunst- oder Baustil der Gotik betreffend. Die Gotik entstand im 12. Jahrhundert in Frankreich und herrschte nördlich der Alpen bis zum Ende des 15. Jahrhunderts vor. In England war sie besonders langlebig. Der Begriff leitet sich von dem barbarischen Volksstamm der Goten ab und war ursprünglich ein Schimpfwort. In der Baukunst ist der Stil unter anderem durch gen Himmel strebende Spitzbögen gekennzeichnet.

Hosenbandorden
So genannt nach dem dunkelblauen Knieband mit Goldrand. Der älteste und höchste Orden, den der Monarch und Ordenssouverän aus eigenem Recht verleiht. Er wurde 1348 von Eduard III. ins Leben gerufen. Ordensträger sind außer dem Prinzgemahl, dem Thronfolger

und einigen der allerengsten Mitgliedern der Königsfamilie auch ausländische Monarchen sowie maximal 24 vom Monarchen gekürte Ritter, darunter ehemalige Premierminister. Das Motto des Ordens lautet »Honi soit qui mal y pense« (Ein Schelm, wer Böses dabei denkt).

Hugenotten

Französische Protestanten, die in ihrer Heimat verfolgt wurden. 1685 erließ Ludwig XIV. ein Gesetz, das die Praktizierung des protestantischen Glaubens verbot. In den folgenden Jahren flohen 250 000 Hugenotten in die protestantischen Nachbarländer. Zwischen 1670 und 1710 ließen sich ungefähr 50 000 Hugenotten in England nieder, etwa die Hälfte davon in London, wo sie sich vor allem in der Seidenindustrie hervortaten.

Klassizistisch

In einem Stil, der die klaren und strengen Formen des klassischen Altertums nachahmt.

Neugotisch

Kunst- und Architekturstil des 19. Jahrhunderts, der auf die mittelalterliche Gotik zurückgriff und in Großbritannien besonders beliebt war.

Nonkonformist

In diesem Fall ein die Autorität der anglikanischen Staatskirche ablehnender Protestant.

Normannisch

Im Stil der Normannen, die Großbritannien 1066 eroberten. Die kräftigen, klaren Bauformen, wie sie etwa beim Tower of London in Erscheinung treten, und der geometrische Zierrat sind in der romanischen Kunst verankert und zeugen vom Machtwillen der neuen Herrscher.

Palladianismus

Klassizistischer Stil, der sich an die Architektur des aus Venetien stammenden Baumeisters Andrea Palladio (1508–1580) anlehnt. Der Palladianismus wurde in England im frühen 17. Jahrhundert durch den Architekten Inigo Jones eingeführt und wirkt bis heute nach. Im 18. Jahrhundert ließ sich der britische Land- und Geldadel zahlreiche Landsitze nach dem Vorbild von Palladios Villen in Venetien bauen.

Regency

Streng genommen die Zeit von 1811 bis 1820, in der der Prinz von Wales, der spätere Georg IV. die Regierungsgeschäfte übernehmen musste, weil sein Vater erkrankt war. Der Thronfolger erhielt den Titel Prinzregent. Der Begriff »Regency« wird auf die Epoche von etwa 1800 bis 1830 angewandt, die den Übergang vom georgianischen Klassizismus zur frühviktorianischen Neugotik markiert.

Rokoko

Aus dem Barock hervorgehende Stilrichtung, die sich um 1735 durchsetzt und bis weit in die zweite Jahrhunderthälfte vorherrscht. Sie ist durch beschwingte Formen, überbordende Verzierungen und eine heitere Grundstimmung gekennzeichnet.

Tudor

Aus der Zeit der Tudordynastie. Sie wurde 1485 von Heinrich VII. gegründet und endete 1603 mit dem Tod seiner Enkelin Elisabeth I. Der Tudorstil verbindet Elemente der Gotik und der Renaissance. Bei repräsentativen Bauten ist Backstein das bevorzugte Material.

Viktorianisch

Aus der Herrschaftszeit Königin Viktorias (1837–1901). Die Monarchin verkörperte die Vorstellung von Fortschritt und Weltfrieden unter dem britischen Empire. In Kunst und Architektur mischten die Viktorianer eine Vielfalt historisierender Stile und zeigten eine Vorliebe für aufwendige Dekoration.

Hier finden Sie alphabetisch aufgeführt alle in diesem Band beschriebenen Orte und Ziele, Hotels und Restaurants. Bei einzelnen Nennungen stehen jeweils dazugehörige Orte in Klammern, bei manchen die Nummer einer Tourenkarte, wenn diese dort hinführt, z. B. (Tour 1). Außerdem enthält das Register sämtliche MERIAN Top Ten sowie wichtige Stichworte aus den SPEZIALS sowie dem Kapitel »Der gute Tipp von MERIAN«. Wird ein Begriff mehrfach aufgeführt, verweist die fett gedruckte Zahl auf die Hauptnennung, eine kursive Zahl auf ein Foto oder eine Zeichnung.

A

Abbey Road 229
Academy of St. Martin-in-the-Fied 154
Adam, Robert 143
Albert Memorial 132, *132, 133*
Albert von Sachsen-Coburg-Gotha 132, 152
Ambassadors' Court 152
Anchor & Hope (R) 89
Anreise 235
Antiquariate 95
Antiquitäten 95
Apotheken 237
Apsley House 174, *174, 175*
Ärzte 238
Auktionshäuser 95
Auskunft 238

B

B&B Belgravia (H) 81
Baglioni (H) 77, *77*
Baker & Spice (R) 92
Baker, Herbert 129
Bank of England 129
Bank of England Museum 129
Banks, Joseph 146
Bankside House Residence (H) 81
Banqueting House *128*, 129
Barbican Hall 113
Barry, Charles 72, 149, 151, 160
Bars 109
Base2Stay (H) 73
Battersea Park 145
BBC Television Centre 131
Beaufort (H) 80
Beefeater 56, *57*
Behinderte 239
Bell Tower 159
Berry Bros & Rudd 152
Bevis Marks Synagogue 129
Bevis Marks The Restaurant (R) 130
Bevölkerung 234
Bibendum Oyster Bar (R) 84
Big Bang 230
Big Ben 149, *155*
Blakes (H) 78
Bloody Tower 159
Blue Bar im Berkeley Hotel (R) 90, 91
Bond, James 99, 210
Books for Cooks (Der gute Tipp von MERIAN) 47
Bootfahren 105
Borough Market (Der gute Tipp von MERIAN) 48, 49
British Library 130, *130*
British Museum (MERIAN Top Ten) *26*, 171
Broadcasting House 131
Brompton Oratory 131
Brown's Hotel (Der gute Tipp von MERIAN) *40*, 41
Bücher 96
Buchtipps 239
Buckingham Palace 134, *134*
Bunhill Fields 145
Burgh House (Tour 5)
Burton, Decimus 60, 146

C

Cabinet War Rooms *172*, 173
Cadogan Hall 113
Canary Wharf Tower *154*
Carluccio (R) 86, *86*
CDs/DVDs 96
Cesar Pellis (Tour 1)
Chambers, William 146, 176
Changing of the Guard 135
Chapel of St. John the Evanglist 159
Chapel Royal 152
Chelsea Physic Garden 136
Chinatown 136
Christie's 95
Churchill Museum 173
Cinnamon Club (R) 84, *84*
City Hall *136*, 137
City of London 139
Clarence House 152
Claridge's (H) 74, *74*
Clarke's (R) 84
Cleopatra's Needle 137
Clockmaker's Museum 140
Conran, Terence 177
Courtauld Institute of Art Gallery 176

Courtauld, Samuel 176
Covent Garden Hotel (H) 78, *78*
Covent Garden Piazza 138, *138*
Cricket *198*, 206, *206*
Cromwell, Oliver 140
Cutty Sark 180

D
D. R. Harris & Co (Der gute Tipp von MERIAN) 52
Day-Spas 105
Design Museum 177
Dessous 97
Diana, Prinzessin von Wales 142, 152, 156
Dickens, Charles 15, (Tour 1), (Tour 4)
Diebstahl 240
Diplomatische Vertretungen 240
Diskotheken 110
Downing Street 139
Dulwich Picture Gallery 178
Durrants (H) 80

E
E. Pellicci (R) 89, *89*
EasyHotel (H) 81
Economist Building 153
Eduard der Bekenner 149, *169*
Eduard IV. 159
Eduard VII. 140
Eel Pie Island (Tour 3)
Egerton House Hotel (H) 79
Electric Cinema (Der gute Tipp von MERIAN) 55, *55*
Eleven Cadogan Gardens (H) 81
Elisabeth I. 140, 159
Elisabeth II. *20*, 135, *226*, 207
Eltham Palace 139
Emigranten 225
English National Opera 113
Estorick Collection 179
Events 119

F
F. Cooke (R) 89
Fawkes, Guy 149
Feiertage 121
Fenton House (Tour 5)
Fernsehen 131, 244
Feste 119
Flamsteed House *180*, 181
Fleet Street 139
Fleming, Ian 210, 229, (Tour 5)
Flohmärkte 97
Food For Thought (R) 88
Fortnum & Mason (MERIAN Top Ten) 100, *100*
Foster, Norman 137, 154, 160
Frauen unterwegs in London 240
Freud Museum 179
Friseure 106
Fundbüro 241

G
Galerien 98
Galvin (R) 85
Garden Café (R) 92
Gay Hussar (R) (Der gute Tipp von MERIAN) 43
Geales (R) 87
Gedenkplaketten 212
Geffrye Museum *178*, 179
Geld 241
Geo. F. Trumper 106, 106
Georg I. 153
Georg II. 140
Georg III. 134, 146, 147, 226
Georg IV. 134, (Tour 2)
Georg V. 227
Geschenke 98
Geschichte 218
Gewichte 242
Gilbert Collection 177
Gibbs, James 153
Giros Grab (Der gute Tipp von MERIAN) 62
Gordon Ramsay (R) 90
Gordon's Wine Bar (Der gute Tipp von MERIAN) 54
Goring (H) 80, *80*
Gottesdienste, deutschsprachig 241
Great Eastern Hotel (H) 72
Green Park 145
Greenwich (MERIAN Top Ten) 180
Großer Brand 221
Guildhall 139
Guildhall Art Gallery 140
Guinness, Edward 143

H
Hakkasan (R) 90, *91*
Halkin (H) 72
Ham House (Tour 3)
Hampstead (Tour 5)
Hampstead Heath (Der gute Tipp von MERIAN) **50**, 143, 145
Hampstead Village Guesthouse (H) 81
Hampton Court Palace 140, *140*, (Tour 3)
Handel House Museum 182
Harrods 99, *99*

Hatchard's *32*, 36, 96
Haus- und Grundbesitz 204
Haushaltswaren 103
Hawksmoor, Nicholas 142
Heinrich VIII. 141, 149, 152, 159, *219*, (Tour 1), (Tour 3)
Hermitage Rooms 177
Herrenklubs 151
Highgate Cemetery 141
Hoesch, Leopold von 62, *62*, 63
Horniman Museum 182
Horse Guards Parade 135
Hotels allgemein 71
Houses of Parliament 149
Hoxton (H) 76, *76*
Hunterian Museum 183
Hyde Park 145

I
Imperial War Museum 183
Inns of Court (MERIAN Top Ten) (Tour 4)
Internet 241
Itsu (R) 87

J
J. Sheekey (R) 86
James Lock & Co 152
Jazz 111, 154
John Lobb 153, *153*
Jones, Horace 159
Jones, Inigo 129, 138

K
Karl I. 140, 149, 152, 153, 160
Kaufhäuser 99
Keats House (Tour 5)
Kensington House Hotel (H) 72
Kensington Palace 142, *142*
Kensington Roof Gardens (Der gute Tipp von MERIAN) 61, *61*
Kent, William 140
Kenwood House (MERIAN-Top Ten) 143, *143*
Kew Gardens (MERIAN Top Ten) 146, *146*
Kew Palace 147
Kinderkleidung 102
King's Head 116, *117*
Kingston upon Thames (Tour 3)
Kinos 55, 112
Kleidung 241
Klubs 110
Konfektionsgrößen 242
Konzertsäle 113
Kosmetik 107
Kronjuwelen 159

L
Lanesborough (H) 74, *75*
Lebensmittel 102
Leighton House 147
Leihwagen 242
Lincoln's Inn (Tour 4)
Little Venice 59
Lloyds of London 147, *148*
Lobby Bar im One Aldwych Hotel *68*, 109
London Canal Museum 60
London Eye *22*, 148, *155*
London Symphony Orchestra 113
Lubetkin, Berthold 60
Lucky 7 (R) 87
Luftverschmutzung 222

M
Madame Tussaud's 184, *184*
Mandarin Oriental Spa 106, 106
Marble Hill House (Tour 3)
Maria II. 140, 142
Marx, Karl 141, 171
Marylebone (Der gute Tipp von MERIAN) 44
Maße 242
Mayflower Hotel (H) 73
Medizinische Behandlung 238
MI6 *210*, 211
Middle Temple (Tour 4)
Middle Temple Hall (Tour 4)
Millennium Bridge *10*
Millennium Dome *154*
Miller's Residence (H) 78
Mode 102
Monarchie 226
Monmouth Coffee Company (R) 92
Moro (R) 85
Morus, Thomas 149, 159
Moschee (Tour 2)
Museum of Brands, Packaging and Advertising 185
Museum of London 185

N
Nash, John 59, 134, 135, 150, 160, (Tour 2)
National Gallery (MERIAN Top Ten) 185
National Maritime Museum 180
National Portrait Gallery 187
National Theatre 117
Natural History Museum 161–168
Neasden Temple 148

Nelson, Horatio 152, 156, 160, 180, 181
Notting Hill Carnival 123, 125
Nullmeridian 180
Number Sixteen (H)79

O

Öffentliche Verkehrsmittel 242
Öffnungszeiten 244
Old Curiosity Shop (Tour 4)
Old Operating Theatre (Der gute Tipp von MERIAN) 58, *58*
Old Royal Naval College 181, *181*
Old Vic 117
Oper 113
Orangery (R) *92*, 93
Oxo Tower *24*

P

Palace of Westminster 149
Pearly Kings and Queens (Der gute Tipp von MERIAN) 66, *67*
Pepys, Samuel 77, **221**
Pest 221
Piccadilly Circus 150, *150*
Politik 234
Portobello Road 55, *97*, 98
Porzellan 103
Post 244
Premier Travel Inn, County Hall (H) 76
Premier Travel Inn, Southwark (H) 77
Primrose Hill (Tour 2)
Prinz Charles 142, 156
Proms 122
Prospect of Whitby (R) 92, (Tour 1)
Pubs 109, (Tour 1), (Tour 3)
Puppet Theatre Barge 60

Q

Quant, Mary 229, *231*
Queen's Chapel 152
Queen's Gallery 136
Queen's House (Greenwich) 180, *181*
Queen's House (Tower of London) 159

R

Radfahren 244
Rasa Samudra (R) 87
Reform Club 151
Regent's Canal (Der gute Tipp von MERIAN) 59, (Tour 2)
Regent's Park *104*, (Tour 2)
Reisewetter 244, 245
Religion 234
Richard III. 158
Richmond (Tour 3)
Ritz (H) 75
River Café (R) 91
Rock 111
Rockwell (H) 76
Rogers, Richard 147
Ronnie Scott's
Rookery (H) (Der gute Tipp von MERIAN) 42, *42*
Rose Theatre 157
Rotherhithe Tunnel (Tour 1)
Royal Academy of Arts 188
Royal Albert Hall **114**, 133
Royal Ascot 121, *122*, *123*
Royal China (R) 88
Royal Courts of Justice (MERIAN Top Ten) (Tour 4)
Royal Hospital (Der gute Tipp von MERIAN) 64
Royal Mews 135
Royal Observatory 181
Royal Opera House, Covent Garden 115
Royal Philharmonic Orchestra 113
Royal Shakespeare Company 117
Rudern 119, 122
Rundfunk 131, 154, 244

S

Sadler's Wells Theatre 115
St. Bride's Church 139
St. Clement Danes (Tour 4)
St. James's Palace 152
St. James's Park *144*, 145
St. James's Street 152
St. John's, Smith Square 115
St. Kathrine's Docks (Tour 1)
St. Martin-in-the-Fields 153
30 St. Mary Axe *19*, 154
St. Mary-le-Bow 154
St. Paul's Cathedral *10*, *24*, 155, *156*
St. Paul's Church 138
St. Thomas's Tower 159
Sanderson (H) 75, *75*
Savile Row 201
Schlüsselzeremonie im Tower (Der gute Tipp von MERIAN) 56
Schmuck 103
Schwimmbäder 50, 107
Science Museum *188*, 189
Scott, George Gilbert 132

Scott's (R) *82*, 91
Selfridges 99
Shaftesbury Avenue *12*
Shakespeare, William 157 (Tour 4)
Shakespeare's Globe Theatre 157
Silver Vaults (Der gute Tipp von MERIAN) 46
Sir John Ritblat Gallery 130
Sir John Soane's Museum 190, *191*
Sloane, Hans 136, 161, 171
Smithfield 223
Soane, John 129, 178
Soho Square 157
Somerset House 176
Sotheby's 96, *96*
South Bank Centre 115
Southwark Cathedral 157
Spielzeug 102
Spione 209
Spirituosen 102
Spitalfields (MERIAN Top Ten) 203
Sport 245
Sprachschulen 245
Stadtbesichtigung 211, 245
Staple Inn (Tour 4)
Strawberry Hill House (Tour 3)
Strom 246

T
Tabak 102
Tanz 113
Tapas Brindisa (R) 88
Tate Britain 192, *192*
Tate Modern (MERIAN Top Ten) *170*, 193, *194*
Taxi 246
Tea Palace (R) 93
Tee 103
Telefonieren 246
Temple Bar (Tour 4)
Temple Church (Tour 4)
Thames Barrier (Tour 3)
The Monument 221
The Place Below (R) 155
Theater 116
Themse (Tour 3)
Thornhill, James 156, 181
Tower Bridge 126, 136, 155, 159
Tower of London 56, **158**
Townsend, Charles Harrison 182
Trafalgar Square 160
Traitor's Gate 159
Trinkgeld 247
Trinkwasser 247
Trooping the Colour 121

V
Vergünstigungen 247
Verwaltung 234
Victoria and Albert Museum 194, *197*
Victoria Memorial 135
Victoria Park 145
Victoria Tower *154*
Viktoria 132, 134, 142, 152, 226

W
Waddesdon Manor (Buckinghamshire) (Tour 6)
Wallace Collection 196
Wapping Food (R) 86, *86*
Wapping Pier Head (Tour 1)
Wechselkurse 241
Wellcome Collection 196
Wellington-Denkmal 156
Wellington Arch 174
Westminster Abbey (MERIAN Top Ten) 169, *169*
Westminster Hall 149
White Tower 159
Whitechapel Art Gallery 196
Whitehall Palace 129
Whittington, Richard 217
Wigmore Hall 115
Wilhelm der Eroberer 158, 169
Wilhelm III. 141, 142
Wilhelm Rufus 149
William I. 149
Wilton's (R) 83
Wimbledon Lawn Tennis Championship 122
Wirtschaft 135
Wolfe Barry, John 159
Wolseley (R) (Der gute Tipp von MERIAN) 53
Woolf, Virginia 31, 33, 34, 35, 36, *37*
Wren, Christopher 64, 139, 140, 142, 155, 156, 180, 181, 221

Y
Yeoman Warders 56, *56*

Z
Zeit 247
Zeitungen 139, 151, 247
Zetter (H) 72, 73
Zoll 247
Zoo 60, 158